Dr. Burischs Burnout-Kur – für alle Fälle

Matthias Burisch

# Dr. Burischs Burnout–Kur – für alle Fälle

Anleitungen für ein gesundes Leben

Mit 7 Abbildungen und 1 Tabelle

**Matthias Burisch**
Burnout-Institut Norddeutschland (BIND)
Moorrege
Deutschland

ISBN 978-3-662-46774-9     ISBN 978-3-662-46775-6 (eBook)
DOI 10.1007/978-3-662-46775-6

Die Deutsche Nationalbibliothek verzeichnet diese Publikation in der Deutschen Nationalbibliografie; detaillierte bibliografische Daten sind im Internet über ▶ http://dnb.d-nb.de abrufbar.

© Springer-Verlag Berlin Heidelberg 2015
Das Werk einschließlich aller seiner Teile ist urheberrechtlich geschützt. Jede Verwertung, die nicht ausdrücklich vom Urheberrechtsgesetz zugelassen ist, bedarf der vorherigen Zustimmung des Verlags. Das gilt insbesondere für Vervielfältigungen, Bearbeitungen, Übersetzungen, Mikroverfilmungen und die Einspeicherung und Verarbeitung in elektronischen Systemen.
Die Wiedergabe von Gebrauchsnamen, Handelsnamen, Warenbezeichnungen usw. in diesem Werk berechtigt auch ohne besondere Kennzeichnung nicht zu der Annahme, dass solche Namen im Sinne der Warenzeichen- und Markenschutz-Gesetzgebung als frei zu betrachten wären und daher von jedermann benutzt werden dürften.

Der Verlag, die Autoren und die Herausgeber gehen davon aus, dass die Angaben und Informationen in diesem Werk zum Zeitpunkt der Veröffentlichung vollständig und korrekt sind. Weder der Verlag noch die Autoren oder die Herausgeber übernehmen, ausdrücklich oder implizit, Gewähr für den Inhalt des Werkes, etwaige Fehler oder Äußerungen.

Umschlaggestaltung: deblik, Berlin
Abbildungen: Claudia Styrsky, München; © VBG, Hamburg/CConsult
Satz: Crest Premedia Solutions (P) Ltd., Pune, India

Gedruckt auf säurefreiem und chlorfrei gebleichtem Papier

Springer-Verlag ist Teil der Fachverlagsgruppe Springer Science+Business Media
www.springer.com

# Vorwort

Über Burnout ist eigentlich alles gesagt, oder? Na ja, leider nicht nur Hilfreiches …

Nach einigen Jahrzehnten Beschäftigung mit dem Thema Burnout, reichlich Eigenerfahrung damit und vielen, vielen Kontakten zu Ausbrennern beiderlei Geschlechts, möchte ich weitergeben, was ich daraus gelernt zu haben meine. Es geht um die Frage: Wie können wir selbstbestimmt und psychisch möglichst gesund überleben in einer Welt, die dazu einlädt, sich selbst verrückt zu machen – oder sich machen zu lassen? Darum dieses Buch.

- **Was Sie von diesem Buch *nicht* erwarten sollten:**

Wenn Sie sich dieses Buch besorgt haben, haben Sie wahrscheinlich schon das eine oder andere über das B-Wort gehört oder gelesen. Tipps, die Sie hier nicht zum hundertsten Mal finden werden, sind:
- Ausgewogene Ernährung
- Verzicht auf Suchtmittel wie Alkohol und Nikotin
- Viel Bewegung, vor allem im grünen Wald
- Regelmäßig Sport
- Gesunde Lebensweise.

Jedenfalls nicht so platt. Das ist nämlich alles nicht falsch. Bloß hilft es niemandem, der schon gefährdet ist. Und was empfehlenswerte Ernährung ist, da haben 10 Experten ungefähr 12 verschiedene Meinungen. Das also nicht.

- **Was Sie von diesem Buch erwarten können:**
- Eine Menge Fragen, die nur Sie beantworten können, aber auch sollten.
- Einige Hilfsangebote, wie Sie zu Antworten, zumindest vorläufigen, gelangen können.
- Eine Menge Informationen, die Sie hoffentlich nicht verwirren, sondern Ihnen weiterhelfen werden.
- Ab ▶ Kap. 3: Ein Quantum Ermutigung. Sie müssen nicht in Ihrer Falle ausharren!

Eine kleine **Warnung** vorab: Sollten Sie Ihr Leben wie ein Autorennen führen und weiter führen wollen: *Ein* Boxenstopp wird nicht reichen. Wenn Sie das schreckt, ist Ihr Leidensdruck noch nicht hoch genug. Sie können die Lektüre in beliebig kleine Häppchen aufteilen. Aber Zeit werden Sie sich nehmen müssen. Legen Sie sich Lesezeichen bereit. Es ist sogar ratsam, das Buch nicht in einem Rutsch durchzulesen. Schließlich geht es um Ihr Leben …

Wenn Ihnen die *Burnout-Kur* geholfen hat, freue ich mich über eine Rückmeldung. Wenn Sie etwas vermisst haben, auch.

■ **Danksagungen**

Wer ein Buch wie dieses verfasst, steht selbstverständlich auf den Schultern von Vorgängern. Besonders viele Anregungen verdanke ich einem Ratgeber von Ann McGee-Cooper (1990), der leider nie übersetzt worden ist und meines Wissens nicht mehr erhältlich ist. Dipl.-Psych. Rainer Müller und Dr. Alexander Spauschus bin ich für wertvolle Hinweise dankbar. Ich danke den Mitarbeiterinnen von Springer für die professionelle Begleitung des Buches, insbesondere Monika Radecki, Sigrid Janke und Kirsten Pfeiffer (Lektorat).

**Matthias Burisch**

Mai 2015

# Inhaltsverzeichnis

| | | |
|---|---|---|
| 1 | **In der Burnout-Eingangshalle** | 1 |
| | *Matthias Burisch* | |
| 1.1 | Willkommen zur Burnout-Kur | 2 |
| | | |
| 2 | **Willkommen im Burnout-Besucher-Pavillon** | 5 |
| | *Matthias Burisch* | |
| 2.1 | Ein Check auf die Schnelle | 6 |
| 2.2 | Burnout – gibt's das überhaupt? | 8 |
| 2.3 | Was soll ich mir unter Burnout vorstellen? | 11 |
| 2.3.1 | Definitionen | 11 |
| 2.3.2 | Woran man es merkt | 13 |
| 2.3.3 | Wie spielt Burnout sich ab? | 15 |
| 2.4 | Wie häufig ist Burnout? | 18 |
| 2.5 | Gibt es gefährdende Berufe? | 20 |
| 2.6 | Ist Burnout eigentlich etwas Neues? | 23 |
| 2.7 | Woher kommt's? | 24 |
| 2.8 | Gibt es gefährdende Umstände? | 30 |
| 2.9 | Wer ist gefährdet? | 38 |
| 2.9.1 | Getrieben von inneren Stimmen | 39 |
| 2.10 | Wer trägt die Schuld an Burnout? | 45 |
| 2.11 | Fazit | 49 |
| | Literatur | 49 |
| | | |
| 3 | **Im Burnout-Forschungs- und Entwicklungslabor** | 51 |
| | *Matthias Burisch* | |
| 3.1 | Die Auslöser von Burnout: Fallen, Zwickmühlen, Konflikte | 52 |
| 3.2 | Das Radler-Modell | 55 |
| 3.2.1 | Von der Wichtigkeit von Zielen | 58 |
| 3.2.2 | Schwacher Energienachschub: Wenn die Pulle leer bleibt | 74 |
| 3.2.3 | Der tägliche Ärger | 81 |
| 3.2.4 | Gebeugt unter fremden Lasten | 92 |
| 3.2.5 | Schwachstellen | 104 |
| 3.2.6 | Innere Bremse | 110 |
| 3.2.7 | Ansprüche an sich selbst | 113 |
| 3.2.8 | Gefahren und Hindernisse | 123 |
| 3.2.9 | Magere Diät – Hunger nach Belohnungen | 129 |
| 3.3 | In der Röntgen-Abteilung | 138 |
| 3.3.1 | Wer bin ich und wenn ja, warum? | 139 |
| 3.3.2 | Die innere Visitenkarte | 142 |
| | Literatur | 144 |

| 4 | **In der Burnout-Notfall-Ambulanz** .................................................. | 145 |
|---|---|---|
|   | *Matthias Burisch* |   |
| 4.1 | Sie wissen nicht mehr ein noch aus und möchten sich das Leben nehmen? ........... | 146 |
| 4.2 | Sie wissen nicht mehr ein noch aus? ................................................... | 147 |
| 4.3 | Sie wissen schon länger nicht mehr ein noch aus – ohne dass das abrupt schlimmer geworden wäre? ............................................................. | 148 |
| 4.4 | Ambulant, stationär, Tagesklinik? Coaching? ......................................... | 149 |
| 4.4.1 | Ambulante Psychotherapie ............................................................ | 150 |
| 4.4.2 | Stationäre Psychotherapie ............................................................. | 150 |
| 4.4.3 | Tageskliniken ........................................................................... | 152 |
| 4.4.4 | Coaching ................................................................................. | 152 |
| 4.4.5 | Zuhause sitzen? ......................................................................... | 153 |
| 4.5 | Die Abschlussübung ...................................................................... | 153 |
|   | Literatur .................................................................................. | 154 |

# Serviceteil

**Stichwortverzeichnis** ............................................................... 156

# Der Autor

Matthias Burisch war Professor für Psychologie an der Universität Hamburg, wo er u. a. das *Studienmodul Organisations- und Personalentwicklung* gründete und leitete. Sein Buch *Das Burnout-Syndrom – Theorie der inneren Erschöpfung* (5. Aufl. 2014) gilt als das deutschsprachige Standardwerk zum Thema. Er ist dem Thema nach wie vor auf vielfältige Weise verbunden. 2008 gründete er das Burnout-Institut Norddeutschland (▶ www.burnout-institut.eu, Stand 3.4.2015). Dort sind u. a. mehrere Broschüren gratis abrufbar. Burisch hält Vorträge, berät Organisationen und Individuen und ist publizistisch aktiv.

# In der Burnout-Eingangshalle

*Matthias Burisch*

1.1 Willkommen zur Burnout-Kur – 2

Hier erwartet Sie ein erster Überblick über die Burnout-Kureinrichtungen. Je nachdem, warum Sie sich zur Kur eingefunden haben, können Sie weiter in den **Burnout-Besucher-Pavillon** (▶ Kap. 2) gehen oder gleich ins **Burnout-Forschungs- und Entwicklungslabor** (▶ Kap. 3). Oder auf direktem Weg in die **Burnout-Notfall-Ambulanz** (▶ Kap. 4).

## 1.1 Willkommen zur Burnout-Kur

Sie haben ein Buch über Burnout zur Hand genommen. Da wird Ihr Interesse vermutlich zwischen eigener Betroffenheit einerseits, womöglich schwerer, und leiser Neugier andererseits liegen. Der Einfachheit halber wollen wir drei Möglichkeiten unterscheiden:

A. Die Hütte brennt bereits. Sie wissen nicht mehr ein noch aus und schon gar nicht, wo Ihnen der Kopf steht. Sie denken womöglich daran, sich umzubringen. Es muss rasch etwas passieren. Gehen Sie bitte ohne Umwege zur **Notfall-Ambulanz** (▶ Kap. 4).

B. Oder: Es kriselt. Sie stecken in einer Krise, die schon spürbare Folgen hinterlassen hat. Im Beruf sind Sie nicht mehr voll einsatzfähig, oder/und Ihr Privatleben hat kräftig gelitten. Der Feierabend, wenn Sie überhaupt einen haben, die Wochenenden und sogar der Urlaub, wenn Sie überhaupt welchen nehmen, reicht zur Wiederherstellung nicht mehr aus. Sie haben schon öfter gedacht »So kann es nicht mehr weiter gehen«, aber komischerweise ist es immer so weiter gegangen. Irgendwann, sagt Ihr Gefühl, könnten Sie zusammenklappen. Vielleicht sind Sie schon ein- oder mehrmals zusammengeklappt. Haben sich aber jedes Mal wieder aufgerappelt. Dann erwarten wir Sie im **Forschungs- und Entwicklungslabor** (▶ Kap. 3).

C. Oder aber: Sie möchten mehr *wissen*. Sie spüren ein leichtes Unbehagen, ein Gefühl, dass etwas nicht stimmt in Ihrem Leben. Oder: Sie haben viel gehört von Burnout und möchten rechtzeitig vorbauen. Vielleicht hat jemand Sie gewarnt: »Pass auf!« Oder: Sie möchten sich eine eigene Meinung bilden, was denn nun dran ist an dieser merkwürdigen Störung, von der so viel geredet wird. Treffender: Über die so viel gestritten wird. Dann sind Sie wahrscheinlich im **Besucher-Pavillon** (▶ Kap. 2) richtig.

Ganz sauber lassen sich die drei Möglichkeiten sowieso nicht auseinander halten. In jedem Fall ist es gut, dass Sie einen ersten

Schritt getan haben! Denn davor schrecken Ausbrenner meist lange zurück. Aber passives Zuwarten bringt beinah nie etwas.

Dieses Buch wird Ihnen Informationen und Empfehlungen für alle Fälle anbieten. Weil es sich so logischer aufbauen lässt, beginnt der Rundgang mit den allgemeineren Themen im **Besucherpavillon**. **Wenn Ihnen aber schon jetzt klar ist, dass Sie rasch Hilfe brauchen, dann zögern Sie nicht, sofort zum vierten Kapitel zu springen, das für Sie gedacht ist.** Hier steht sozusagen ein Erste-Hilfe-Koffer bereit.

Grundsätzlich lassen sich die Teile des Buches in beliebiger Reihenfolge lesen. Aber, das ist wichtig, besser in kleineren Etappen. Auch für eine Kur in einer realen Klinik müssten Sie sich ja Zeit nehmen. *Ein* Gedanke, über den Sie gründlich nachdenken und der Ihr Leben verändert, ist wichtiger, als dieses Buch *durchgelesen* zu haben.

# Willkommen im Burnout-Besucher-Pavillon

*Matthias Burisch*

| | | |
|---|---|---|
| 2.1 | Ein Check auf die Schnelle | – 6 |
| 2.2 | Burnout – gibt's das überhaupt? | – 8 |
| 2.3 | Was soll ich mir unter Burnout vorstellen? | – 11 |
| 2.3.1 | Definitionen – 11 | |
| 2.3.2 | Woran man es merkt – 13 | |
| 2.3.3 | Wie spielt Burnout sich ab? – 15 | |
| 2.4 | Wie häufig ist Burnout? | – 18 |
| 2.5 | Gibt es gefährdende Berufe? | – 20 |
| 2.6 | Ist Burnout eigentlich etwas Neues? | – 23 |
| 2.7 | Woher kommt's? | – 24 |
| 2.8 | Gibt es gefährdende Umstände? | – 30 |
| 2.9 | Wer ist gefährdet? | – 38 |
| 2.9.1 | Getrieben von inneren Stimmen – 39 | |
| 2.10 | Wer trägt die Schuld an Burnout? | – 45 |
| 2.11 | Fazit | – 49 |
| | Literatur | – 49 |

M. Burisch, *Dr. Burischs Burnout-Kur - für alle Fälle*,
DOI 10.1007/978-3-662-46775-6_2, © Springer-Verlag Berlin Heidelberg 2015

Dieses Kapitel soll Ihnen bei der Orientierung helfen. Die wichtigste Frage zuerst: Sind Sie gefährdet, gar betroffen – oder nur neugierig? Wenn einfach nur neugierig, dann erfahren Sie hier, im **Burnout-Besucher-Pavillon**, was man über Burnout wissen sollte. Anhand der drei wichtigsten Fragen: Woran merkt man Burnout? Woher kommt Burnout? Was kann man gegen Burnout tun? Sollten Sie die Berichterstattung der letzten Jahre in den Medien mitbekommen haben, fragen Sie sich vielleicht auch: Burnout – gibt's das überhaupt? Und auch dazu werden Sie Antworten finden. Dann noch einiges Wissenswertes, was Sie vielleicht nicht unbedingt wissen wollten, weswegen Sie es getrost auch überspringen können.

## 2.1 Ein Check auf die Schnelle

Lassen Sie doch bitte die folgenden Aussagen einmal auf sich wirken. Vielleicht machen Sie ein Kreuzchen oder Pünktchen bei denjenigen, zu denen Sie ehrlicher Weise »ja« sagen müssen.

1. Mir fällt es heute schwerer, nach der Arbeit abzuschalten.
2. Ich habe seit einer Weile Hobbys eingeschränkt, weil mir die Zeit und Kraft dafür fehlen.
3. Ich arbeite neuerdings deutlich mehr als mir lieb ist.
4. Mein privater Bekanntenkreis hat sich verkleinert.
5. Ich bin deutlich reizbarer geworden als früher.
6. Ich hatte in letzter Zeit häufiger als früher das Gefühl, dass mir alles über den Kopf wächst.
7. Ich schlafe mittlerweile schlechter ein und/oder wache auch öfter in der Nacht auf.
8. Ich spüre häufiger als früher ein Gefühl der Erschöpfung, ohne körperlich gearbeitet zu haben.
9. Ich fühle mich, anders als früher, nicht mehr allen beruflichen Anforderungen gewachsen.
10. Meine Arbeit kommt mir zunehmend sinnlos vor.
11. Ich habe immer mehr das Gefühl, mit der Arbeit nie fertig zu sein.
12. Ich fühle mich zunehmend gehetzt.
13. Ich empfinde einen steigenden Widerwillen gegen meine Arbeit.
14. Mehr und mehr habe ich das Gefühl, für meine Anstrengungen zu wenig zurück zu bekommen.
15. Neuerdings können mir Kleinigkeiten den ganzen Tag verderben.

Ausnahmsweise sollen Sie jetzt nicht Ihre Kreuzchen zählen. Denn: Schon ein einziges Symptom aus der obigen Liste könnte ein erstes Alarmzeichen darstellen, über das es lohnt nachzudenken. Sie werden bemerkt haben, dass alle Formulierungen *Veränderungen* beinhalten. Natürlich wäre es auch bedenklich, wenn Sie schon Ihr ganzes Leben lang schwer abschalten konnten, wenn Sie schon immer schlecht geschlafen haben, ohne dass sich dieser Zustand letzthin verschlechtert hat. Aber wahrscheinlich hätten Sie in diesem Fall schon früher Mittel und Wege gefunden, damit zu leben.

Nun noch ein paar weitere Fragen, die Sie sich stellen sollten: Hat sich in letzter Zeit an Ihren beruflichen oder privaten Lebensumständen etwas verändert? Also z. B.:

16. Haben Sie einen neuen Chef bekommen, hat sich im Team etwas verändert? Gibt es Konflikte bei der Arbeit?
17. Haben Sie (oder Partnerin/Partner) einen neuen Job angetreten, hat sich an Ihrer Position etwas verändert, haben Sie sich selbständig gemacht? Ist Ihnen gekündigt worden oder steht das bevor? Sind Sie in Rente gegangen? Unfreiwillig arbeitslos geworden?
18. Hat sich für Ihr Unternehmen etwas geändert, z. B. veränderte Marktverhältnisse, Expansion oder Fusion?
19. Haben Sie geheiratet, sich zusammengetan, sich getrennt; haben Sie ein Kind oder Enkelkind bekommen? Schwangerschaft?
20. Gab es in Ihrer Beziehung oder Ehe Streitigkeiten? Konflikte mit den Kindern oder anderen Familienangehörigen?
21. Hat sich in der Familie etwas getan, ist z. B. jemand krank oder pflegebedürftig geworden? Gestorben? Ist ein Kind in die Schule gekommen oder aus dem Haus gegangen?
22. Haben Sie ein Haus oder eine Wohnung gemietet oder gekauft? Sind Sie umgezogen?
23. Sind Sie in wirtschaftliche Schwierigkeiten geraten?

Auch wenn Sie bei den Punkten 1–15 überall mit dem Kopf geschüttelt haben (aber fragen Sie sicherheitshalber jemanden, der Sie gut kennt): Wenn etwas von den Punkten 16–23 zutrifft, dann sollten Sie sich in Zukunft gut beobachten (und beobachten lassen). Es ist nämlich so: Veränderte Lebensumstände zwingen uns zu Anpassungsleistungen. Wir müssen Dinge tun, die uns neu sind, oder wir müssen vertraute Dinge anders tun als früher. Der berufliche Aufstieg, die Heirat, der Einzug in eine bessere Wohnung, das sind ja erst mal erfreuliche Ereignisse. Damit sind aber auch neue Anforderungen verbunden: Man muss vielleicht erstmals führen, man muss sich zusammenraufen, man muss mit neuen Nachbarn zurechtkommen. Das alles kann auch schiefgehen. Und dabei können aus kleinen Anfängen mittelprächtige Krisen erwachsen.

Obwohl wir hier ja noch im Besucher-Pavillon sind, schon einmal ein Tipp, wenn Sie bei Aussage 1 oben genickt haben. Das ist

Ein Tipp zum Abschalten vorab

nämlich ein Frühwarn-Symptom erster Güte, zudem ein weit verbreitetes. Wenn Sie nach der Arbeit nicht abschalten können, weil Ihr mentaler Rucksack voll von »Tagesresten« ist, unverdauten Erlebnissen oder Problemen, dann besteht die Gefahr, dass Sie zu Hause nicht richtig ansprechbar sein werden. Was auf die Dauer jede Beziehung belastet, auch die zu den Kindern. Obendrein werden Sie schlecht schlafen. – Eine Möglichkeit ist, die ersten Minuten des Feierabends zu einigen Notizen zu nutzen. So haben Sie die Sachen aus dem Gedächtnis »externalisiert« und brauchen sich nicht zusätzlich zu sorgen, dass Sie etwas Wichtiges vergessen könnten. Vielleicht fällt Ihnen beim Formulieren sogar eine Lösung ein. Eine zweite Möglichkeit besteht darin, von der Arbeit nicht auf kürzestem Weg nach Hause zu eilen, sondern eine wenigstens kurze »Dekompressionszeit« einzuschalten, in der Sie z. B. einen Cappuccino trinken oder (langsam!) durch einen Park schlendern. Wenn Jogging etwas für Sie ist, können Sie auch dabei abschalten. Und noch ein Tipp: Wenn Ihnen bestimmte Szenen – z. B. der Konflikt mit dem Chef – wieder und wieder durch den Kopf gehen, dann spielen Sie sich den Video-Clip so vor, wie ihn ein unbeteiligter Dritter gesehen hätte. Vergrößern Sie mental den Abstand des Beobachters immer mehr. Das hilft, die Sache auf Distanz zu bringen.

Das da oben war, wie gesagt, ein Quick-Check, der keinen Anspruch auf Wissenschaftlichkeit oder Vollständigkeit erhebt. Wenn Sie sich bezüglich Burnout ernsthafter den Puls fühlen wollen: Einen wissenschaftlich fundierten Burnout-Test (und viele Gratis-Informationen) gibt es kostenpflichtig auf ► http://www.burnout-institut.eu. (Stand 3.4.2015). Eine Kurzform dieses Tests mit sparsamerer Rückmeldung finden Sie gratis auf ► http://www.cconsult.info/selbsttest/burnout-test.html. (Stand 3.4.2015).

## 2.2 Burnout – gibt's das überhaupt?

Um Burnout ist in den letzten Jahren ein Gelehrtenstreit entbrannt, der Sie eigentlich nicht zu interessieren braucht. Insofern können Sie also auch ohne weiteres zum nächsten ► Abschn. 2.3 springen. Andererseits kann es natürlich passieren, dass Sie einem Bekannten erzählen, dass Sie gerade ein Buch zum Thema lesen, und dass der einwirft: »Burnout? Das gibt's doch gar nicht!« Für diesen Fall das Folgende. Wir machen es kurz.

- **Zum besseren Verständnis: Ein bisschen Wissenschaft**
Krankheiten – oder allgemeiner: Störungen – der Psyche sind schwerer voneinander abzugrenzen als andere. Zwar ist beispiels-

weise ein Bandscheibenvorfall (*Prolaps*) etwas ziemlich eindeutig Definiertes. Aber schon die Symptome können bei verschiedenen Menschen unterschiedlich und unterschiedlich schwer ausfallen, und es gibt eine Vorform (*Protrusion*), die u. U. schwer nachweisbar ist. Dazwischen liegt eine diagnostische Grauzone. Andererseits wird niemand einen Prolaps mit einem Beinbruch oder einem Magengeschwür verwechseln. Dennoch: Hier gibt's so leicht kein Vertun.

Wo es um Gefühl und Verstand geht, ist das anders. Es gibt eine Reihe psychiatrischer bzw. klinisch-psychologischer Krankheitsbilder, von denen jeder schon einmal gehört hat, z. B. Schizophrenie (mit vielen Unterformen), Manie oder Depression (ebenfalls uneinheitlich). Daneben aber *ein* von Einheiten, die bestenfalls etwas für Spezialisten sind. Und sogar Spezialisten tun sich mit der Abgrenzung schwer, zumal *ein* Übel selten allein auftritt. Schon gar keine Einigkeit besteht in den meisten Fällen über die Verursachung, also die Frage: Woher kommt's? Da gibt es Dutzende von Lehrmeinungen und Denkschulen.

*Schwierige Abgrenzung*

Eine solche begriffliche Unschärfe ist natürlich unbefriedigend. Es behindert auch den Erkenntnisfortschritt, wenn Forscher nicht einmal klar abgrenzen können, wen oder was sie denn eigentlich beforschen.

Um dem abzuhelfen, haben zwei einflussreiche Organisationen verstärkt ab etwa 1950 begonnen, sog. Diagnoseschlüssel zu entwickeln, Listen von Diagnosen nebst zugehöriger Symptome. In den USA gibt die Amerikanische Psychiatrische Gesellschaft das *Diagnostic and Statistical Manual of Mental Disorders (DSM)* heraus, in den meisten westeuropäischen Ländern ist die *International Classification of Diseases (ICD)* der *World Health Organisation (WHO)* maßgeblich, beides dicke Wälzer. Ein Problem der ICD ist, dass sie die Vorstellungen von Psychiatern aus allen Mitgliedsländern der WHO unter einen Hut bringen muss, das sind fast 200. Und die Vorstellungen unterscheiden sich vielerorts ziemlich drastisch. Möglich war dieser Spagat nur durch den weitestgehenden Verzicht auf Aussagen zur Verursachung. Festgelegt werden nur Symptomkataloge und, äußerst willkürlich, Mindestanzahlen von Symptomen, die vorhanden sein müssen, damit eine Diagnose vergeben werden darf. Ebenfalls willkürlich ist festgelegt, bei welchen Diagnosen Krankenkassen Therapien finanzieren müssen. Burnout ist, mit einer sehr einsilbigen Charakterisierung, in der geltenden Fassung der ICD sogar enthalten. Aber eben nicht kassenfähig.

*ICD-Diagnose*

Dieses sehr zweifelhafte Instrumentarium ist nun seit 2000 verpflichtend für alle deutschen Ärzte, die mit Kassen abrechnen wollen. Ohne ICD-Diagnose keine kassenfinanzierte Therapie. Und der Umstand, dass Burnout nicht dazu gehört, ist der alleinige Hintergrund für die Behauptung, dass es Burnout »in Wirklichkeit« gar nicht gibt! Das grenzt an Volksverdummung.

Es fällt auf, dass die meisten (nicht alle) der Burnout-Leugner Psychiater in psychiatrischen Kliniken sind. Ärzte in psychosomatischen Kliniken und Praxen ebenso wie klinische Psychologen sehen die Sache meist (nicht immer) differenzierter. Sie treffen nämlich auch auf andere Patient(inn)en als nur allerschwerste Fälle. Letztere bevölkern die Psychiatrien.

Nun ist unbestritten, dass man schwer Depressive von weit fortgeschrittenen Burnout-Verläufen kaum noch unterscheiden kann, jedenfalls nicht anhand der Symptome. Man müsste sich schon in die Vorgeschichte vertiefen, um Unterschiede herauszuarbeiten. Aber genau das ist in der ICD nicht vorgesehen!

*Burnout ist nicht Depression*

Dabei lassen sich sehr wohl grobe Faustregeln zur Unterscheidung von Ausbrennern und Depressiven nennen:

- Ausbrenner haben prinzipiell lösbare Probleme, die mit etwas Einfühlung stets nachvollziehbar sind. Depressive leiden an Unabänderlichem; kleinste Anlässe können zu unverhältnismäßig starken Reaktionen führen.
- Ausbrenner kämpfen oder haben zumindest gekämpft; sie sind nicht nur niedergeschlagen und erschöpft, sondern auch wütend. Depressive haben nichts, wogegen sie kämpfen könnten.
- Ausbrenner überschätzen ihre Kräfte und geben erst spät auf; Depressive resignieren vor Anforderungen, die dem Außenstehenden zumutbar erscheinen.
- Ausbrenner hätten durchaus Freude an allerlei, wenn sie nicht so saft- und kraftlos wären; mit genügend viel Geld könnte man sie aus ihren Fallen freikaufen. Depressive haben an nichts mehr Freude, können sich für gar nichts mehr begeistern.
- Kliniken machen die Erfahrung, dass Ausbrenner und Depressive nicht in dieselbe Therapiegruppe gehören. Während erstere aktiv mitarbeiten wollen, Pausen ablehnen, verlangen letztere rasch nach Schonung.

Ein weiteres Argument gegen Burnout ist die Behauptung: Das ist doch gar nicht definiert, wahrscheinlich gar nicht definierbar! Das war schon früher falsch, es gab eher ein Überangebot an Definitionsvorschlägen. Wahr ist, dass sich keiner von diesen durchgesetzt hat. Es gab aber auch keinen praktischen Druck, sich auf eine Definition zu einigen, die natürlich auch immer ein Element

## 2.3 Was soll ich mir unter Burnout vorstellen?

von Willkür beinhaltet hätte. Seit Herbst 2011 ist das nun anders. Davon im ▶ nächsten Abschnitt mehr.

## 2.3 Was soll ich mir unter Burnout vorstellen?

### 2.3.1 Definitionen

Das niederländische Krankensystem ist seit ein paar Jahren anders organisiert als das deutsche. Die ICD ist dort nicht die Bibel, und so ist Burnout bei unseren westlichen Nachbarn weniger Glaubenssache als bei uns. Man kann sich individuell durchaus gegen dieses Risiko versichern. Aber damit das funktionieren kann, war eine Definition vonnöten. Dazu taten sich drei Spitzenverbände zusammen, nämlich der Landesweite Verband von Notfallpsychologen, die Niederländische Hausärztegesellschaft und der Niederländische Verband für Arbeits- und Betriebsmedizin. Nach mehrjähriger Vorarbeit veröffentlichten diese 2011 eine umfangreiche Richtlinie, die auch einen Definitionsvorschlag enthält. Eine deutsche Übersetzung des letzteren finden Sie unter ▶ http://www.burnout-institut.eu/fileadmin/user_upload/Def_BO_NL.pdf (Stand 3.4.2015). Dieses Papier könnten hiesige Institutionen zumindest als Grundlage eigener Ausarbeitungen benutzen. Freilich müsste man es dazu erst einmal zur Kenntnis nehmen. Daran scheint bislang kein Interesse zu bestehen…

Die holländische Definition

Sie sind interessiert? Dann lesen Sie die folgende Zusammenfassung. Sonst gleich weiter mit ▶ Abschn. 2.3.2.

**Definition Burnout**
- Mindestens drei (typischerweise wesentlich mehr) der folgenden Beschwerden müssen gegeben sein:
  - Müdigkeit
  - Gestörter oder unruhiger Schlaf
  - Reizbarkeit
  - Gesunkene Fähigkeit, Druck und Unsicherheit zu bewältigen
  - Emotionale Labilität
  - Grübeleien
  - Gefühl von Gehetztheit
  - Konzentrationsprobleme und/oder Vergesslichkeit.
- Die Gefühle von Kontrollverlust und/oder Hilflosigkeit müssen darauf zurückgehen, dass Stressoren nicht bewältigt werden können.
- Mindestens eine soziale Rolle (z. B. »Arbeitnehmer« oder »Elternteil«) kann höchstens noch zur Hälfte ausgefüllt werden.

> - Die obigen Symptome dürfen nicht ausschließlich auf eine psychiatrische Erkrankung (z. B. eine Depression) zurückgehen.
> - Die Beschwerden müssen mindestens seit 6 Monaten bestehen.

Ganz schön happig, was? Da liegt die wesentliche Schwachstelle dieser Definition: Sie legt die Latte sehr hoch. Wer als Mutter oder Vater oder bei der Arbeit mehr als ein halbes Jahr zur Hälfte ausgefallen ist, steckt auf jeden Fall in einer schweren Krise. Aber dieser Mangel der Definition wäre ja leicht zu beheben. Die meisten psychischen ICD-Diagnosen verlangen lediglich zwei Wochen Symptomvorlauf. Und so früh ließe sich auch sehr viel besser eingreifen.

Immerhin: Diese Definition erscheint inhaltlich sinnvoll und praktisch brauchbar. Man müsste jetzt prüfen, ob sie auch »zuverlässig« anwendbar und »trennscharf« (im technischen Sinn) ist. Dazu müssten mehrere unabhängig arbeitende Gutachter hochgradig übereinstimmende Voten über Stichproben von Patienten abgeben. Und Burnout-Fälle müssten sich von anderen in ihren Diagnosen unterscheiden lassen. Meines Wissens ist diese Forschungsaufgabe noch nicht angegangen worden.

*Danke, Holland!*

Welchen Fortschritt an Handhabbarkeit die holländische Definition bringt, kann man ermessen, wenn man ältere Versuche daneben legt. Ein knappes Dutzend davon diskutiert Burisch (2014, S. 20ff). Manche davon laden wahrscheinlich eher zur Identifikation ein, z. B. die folgende von Maslach u. Leiter (2001):

» … eine Erosion der Werte, der Würde, des Geistes und des Willens – eine Erosion der menschlichen Seele. Es ist ein Leiden, dass sich schrittweise und ständig ausbreitet und Menschen in eine Abwärtsspirale zieht, aus der das Entkommen schwer ist.«

Aber eben: Für die Diagnose eines konkreten Falles hilft das nicht weiter. Und das Krankheitsbild der Depression ließe sich genauso kennzeichnen.

- **Kleines Zwischenfazit**
- Burnout ist ein Prozess, der oft bei Veränderungen des beruflichen oder des privaten Lebens einsetzt.
- Burnout ist eine »verständliche«, nachvollziehbare Reaktion.
- Burnout kann zwar in eine Depression münden, ist aber nicht dasselbe.
- Es gibt eine auch praktisch brauchbare Definition, die sich aber in Deutschland noch nicht herumgesprochen hat.

## 2.3.2 Woran man es merkt

Die holländische Definition enthält acht mit Bedacht ausgewählte Symptome, die sich leicht abfragen oder sogar von außen beobachten lassen. Aber es gibt mehr; die Übersicht bei Burisch (2014, S. 26ff) enthält mehr als 130 davon! Auch wenn diese Vielzahl teils auf Überschneidungen zurückgeht, ist Burnout sicher vielgestaltig. Es wären aber etliche Symptome zu nennen, die es ebenso gut in die Auswahl hätten schaffen können, aber nicht geschafft haben:

- Unfähigkeit abzuschalten
- Sozialer Rückzug (von privaten und/oder beruflichen Partnern)
- Abflauendes Interesse an Anderen, Gleichgültigkeit
- Motivationsabbau
- Widerwillen gegen die eigene Arbeit
- Verbitterung (Gefühl, zu kurz zu kommen)
- Diffuse Angst
- Innere Unruhe
- Unspezifische Schmerzen
- Andere psychosomatische Beschwerden

*Das Symptombild ist vielfältig*

Es sei auch nicht verschwiegen, dass sowohl die meisten der Symptome in der holländischen Definition als auch die ergänzend vorgeschlagenen wenig zur Abgrenzung gegenüber Depression beitragen; einzig die Reizbarkeit (früher sprach man von »reizbarer Schwäche«) dürfte charakteristisch für Burnout sein. Die Abgrenzung geschieht vielmehr über die Ursache: Stressoren nicht mehr bewältigen können, die einem über den Kopf gewachsen sind. Ursachenforschung ist aber, wie gesagt, in der ICD nicht vorgesehen.

*Depression: Symptomatisch ähnlich*

Wenn also Sie, liebe Leserin, lieber Leser, sich fragen: Ist meine Freundin X oder mein Kollege Y ein Fall von Burnout oder von Depression?, dann ist folgende Überlegung nützlich. Würde ich, stünde ich in ihren bzw. seinen Schuhen, ähnliche Symptome zeigen? Schlecht schlafen, lustlos aber unruhig sein, nicht abschalten können, wegen Kleinigkeiten ausrasten zum Beispiel? Wenn ja, besteht wenig Grund, die Sache zu psychiatrisieren; Burnout ist nichts Geheimnisvolles, sondern etwas absolut »Normales«. Wenn sie bzw. er dagegen immer wieder in schwarzen Löchern versinkt, ohne dass ein Anlass erkennbar wäre – eine Fliege, die von der Wand fällt, reicht –, dann drängen Sie dazu, einen Arzt oder psychologischen Therapeuten aufzusuchen. Depression ist gut behandelbar, im Prinzip jedenfalls.

Man sollte allerdings wissen, dass ein Psychotherapie-Platz meist erst nach Monaten Wartezeit gefunden wird, und dass die schneller zugängliche Alternative »Psychopharmakon« (gibt's vom niedergelassenen Psychiater) ebenfalls Ausdauer erfordert, weil vielleicht erst das vierte Antidepressivum anschlägt und dann erst nach einigen Wochen. Genau diese Durchhaltefähigkeit fehlt aber fortgeschrittenen Fällen. Umso wichtiger, dass so früh wie möglich etwas passiert.

Auch bei Burnout muss etwas passieren, und zwar ebenfalls möglichst bald. Aber hier sind im Regelfall nicht Ärzte die erste Wahl, schon weil sie in die moderne Arbeitswelt oft nicht den rechten Einblick haben. Das kann natürlich auch auf Psycholog(inn)en zutreffen. Coaches, Lebensberatungsstellen, Sozialarbeiter oder Sozialpädagogen, Betriebsräte, womöglich Rechtsanwälte sind die ersten Adressen. Mittlerweile gibt es eine Anzahl von Online-Präventionsangeboten, die nicht zu verachten sind.

*Die große Verleugnung*

Aber, auch das noch zum Thema: Die unauffälligeren der obigen Symptome werden regelmäßig erst einmal für eine Weile verdrängt und verleugnet, vor allem von Männern. Ausbrenner gehören nicht zu denen, die »wegen jeder Kleinigkeit zum Arzt rennen«. Hilfe beim Psycho-Spezialisten wird erst dann gesucht, wenn entweder Partnerin bzw. Partner mit Trennung droht oder wenn der Körper einen unmissverständlichen Schuss vor den Bug schickt. Dieser Schuss kann je nach psychosomatischer Schwachstelle das Herz-Kreislauf-System (Herzrasen, Schwindel) betreffen oder das Magen-Darm-System (Gastritis, Blähbauch); es können Ohrgeräusche (Tinnitus) oder gleich ein Hörsturz auftreten. Oder aber Schmerzen aller Art, häufig Rückenschmerzen, bei denen heute glücklicherweise sogar der Orthopäde oft fragt: »Na, Stress gehabt?« Aber solange die Krankenakte erst dünn ist, folgt darauf normalerweise die Antwort »Nö, wieso? Ich hab Rücken, nix an der Birne!«

*Wer Sorgen hat, hat auch Likör*

Der Schweizer Politiker Rolf Schweiger, der 2004 von allen seinen Ämtern zurücktrat – erklärtermaßen wegen Burnout –, hat einmal erzählt, wie seine Tage anfingen und endeten, wenn in Bern Sitzungen waren: Morgens trank er Mengen von Kaffee und nahm aufputschende Medikamente, um sich hoch zu fahren. Abends leerte er im Hotel die Minibar, um von seiner Drehzahl herunter zu kommen.

Ähnlich machen es viele Ausbrenner. Nach dem Frühstadium lassen die Kräfte nach, aber die Ansprüche an die Leistungsfähigkeit werden nicht heruntergeschraubt. Das kann überwiegend äußere Gründe haben. »Wer stehen bleibt, der fällt zurück«, verkündete unlängst ein Wirtschaftsführer als Gesetz seines Unternehmens. Wer als Berater in einer der Consulting-Firmen arbeitet, die das Prinzip »*up or out*« (Aufstieg oder Ausstieg) hoch halten, für den muss es bedrohlich sein, wenn er morgens immer schwerer aus dem Bett findet.

Meist sind es doch aber innere Glaubenssätze, die das Zurückschalten verhindern: »Keine Müdigkeit vortäuschen« – es kann doch nicht sein, dass ich meine Grenzen erreicht habe?! Das wäre die Katastrophe! Mancher greift dann zu Kokain, neuerdings auch zu Ritalin, das offenbar ähnliche Wirkungen hat. Bei Koks sind die Risiken und Nebenwirkungen schon länger bekannt, bei Ritalin weiß man anscheinend nur, dass nach einer Weile die erforderliche Dosis steigt. Sich darauf einzulassen, bedeutet einen Pakt mit dem Teufel. Illegal ist beides.

Alkohol, das überall rezeptfrei erhältliche Genussmittel mit der garantierten Sofortwirkung, hilft nicht nur beim Herunterkommen von Drehzahlspitzen. Er wirkt, bei den Meisten, anfangs angstlösend und euphorisierend. Insofern, als er auch Hemmungen abbaut (»Das Über-Ich ist in Alkohol löslich«), kann er die Produktivität von Menschen sogar steigern, die von ihrem Perfektionismus behindert werden, eine Zeitlang jedenfalls. Vielleicht deshalb gilt oder galt der Journalismus als »feuchte« Branche: Ein Viertelchen oder ein Whisky lockert die Schreibhand, wo sie blockiert ist.

Jedenfalls: Süchte, vor allem Alkoholismus, sind eine häufige Begleiterscheinung von Burnout. Diese kann sich auch selbständig machen und ihre eigene Dynamik entfalten. Man hat es dann nicht nur mit dem einen Teufelskreis zu tun, sondern noch mit einem weiteren.

### 2.3.3 Wie spielt Burnout sich ab?

Dass Burnout ein Prozess ist, haben Sie schon erfahren. Niemand erreicht das Endstadium ohne Vorlauf in nur einem Schritt; andernfalls würde man ihn unter *Posttraumatische Belastungsstörung (PTBS)* einordnen. Mindestens einige Wochen bis zu vielen Jahren, womöglich Jahrzehnten, dauert es schon, bis die Symptome schwerer werden bzw. bis sie ins Bewusstsein dringen.

Der Prozess ist im Prinzip auch jederzeit beendbar, wenn sich nämlich die auslösenden Problemlagen ändern. (Mehr zu diesen Auslösern unten in ▶ Abschn. 2.8) Allerdings wird das mit fortschreitendem Schweregrad immer unwahrscheinlicher.

Ob der Prozess schnell verläuft oder langsam – oder ob er gestoppt wird –, und auch, wovon das genau abhängt, das ist in

Verlaufsprognosen: Höchst unsicher

jedem Fall anders. So sind auch Verlaufsprognosen höchst unsicher. Man kann allenfalls im Nachhinein sagen: Aha, darum hat sie dann doch noch die Kurve gekriegt! Oder: Darum musste es erst zum Totalzusammenbruch kommen!

**Wie bei der Grippe**  Zur Erklärung mag der Vergleich mit der Grippe herhalten, der selbstverständlich ein wenig hinkt. Wir alle wissen, dass einem einmaligen Hatschi, einem einmaligen Huster in der Regel nichts weiter folgt. Oder aber es folgt doch mehr desselben. Und *peu a peu* stellen sich auch die anderen sattsam bekannten Symptome ein: Die Nase fängt an zu laufen, die Temperatur steigt, die Glieder schmerzen, die Augen tränen, Abgeschlagenheit macht sich breit. Und so nimmt dann für 14 Tage (wenn unbehandelt) oder zwei Wochen (wenn behandelt) die Sache ihren Lauf. Oder, auch das kommt vor: Am vierten Tag wacht man auf und der Spuk ist vorüber.

Das folgt einem erkennbaren Muster. Dennoch sind die Verläufe sehr unterschiedlich. Die eine hustet unentwegt und bekommt alsbald hohes Fieber, der andere niest andauernd, wird aber nicht einmal heiser und kommt nur auf 38°C. Woran das liegt und wieso es der eine oder die andere auch schneller übersteht als in zwei Wochen, man weiß es nicht genau. Kann aber drei große Wirkfaktoren vermuten: Den Infektionsdruck und den Erregertyp, das wären die Außenfaktoren. Und die Stärke des Immunsystems, das wäre der Oberbegriff über die Innenfaktoren, die Resilienz sozusagen. Drittens die Behandlung, die Intervention. Wer sich Schonung verordnet, Entzündungshemmer einsetzt und einen vorhandenen Vitaminmangel rasch kompensiert, der hat wahrscheinlich bessere Chancen, mit einem kurzen und flachen Verlauf davon zu kommen.

Wo hinkt der Vergleich mit der Grippe? Bei dieser lässt sich der Erreger identifizieren, und auch die Ansteckungswege sind bekannt. Das ist bei Burnout anders. (Obwohl auch Burnout, wiederum als Metapher, »anstecken« kann.)

Gemeinsam ist beiden Phänomenen, dass wir nur im Rückblick sagen können: Mit diesem Nieser am Tag X, mit diesem Erlebnis am Tag Y nahm alles seinen Anfang. Aber wie es danach weitergehen würde, das konnte damals noch niemand sagen.

Noch eine schiefe Metapher: Jedes Fußballspiel beginnt mit einem Anpfiff. Der Rest des Spiels ist damit aber nicht vorbestimmt.

Warum so viele Worte zu diesem Thema? In der Wissenschaft wird Burnout oft auch mit dem Argument abgetan, dass man über die Wirkfaktoren so wenig weiß. Nun gut, das Burnout-Virus, nach dem die frühe Burnout-Forschung zu suchen schien, gibt es tatsächlich nicht. Aber auch bei etablierten Krankheitseinheiten, beispielsweise der »banalen Erkältung«, liegt ähnlich vieles im Unklaren.

Verschiedenen Autoren haben sich jedoch auch bei Burnout gewisse Entwicklungsmuster aufgedrängt, gewisse Regelmäßigkeiten im Verlauf. Es gibt Modelle mit drei Entwicklungsphasen, aber auch solche mit deren fünfzehn. Burisch (2014, Kap. 2.3) diskutiert die verbreitetsten davon. Da dies eher ein Thema für Spezialisten ist und nicht zum Basiswissen gehört, um das es uns im Besucher-Pavillon geht, werde ich Sie damit verschonen, auch mit meinem eigenen 7-Phasen-Modell.

Nur eines noch, das Ihr Nachdenken über Burnout klären kann: Wenn wir über »Störungen« oder gar Krankheiten sprechen, neigen wir zu einem Schwarz-Weiß-Denken: Man hat es oder man hat es nicht. Bei manchen Phänomenen ist das auch zulässig, etwa bei Schwangerschaft, Schienbeinbruch oder Fußpilz. Man (besser: frau) ist schwanger oder nicht, das Schienbein ist durch oder nicht, es gibt Pilze auf dem Fuß oder nicht. Beim Suchen nach Beispielen war ich übrigens überrascht, wie wenige zu finden waren. Okay, »ein bisschen schwanger« gibt es nicht. Aber schon das Schienbein kann ja auch angebrochen sein. Ein paar nachweisbare Pilze auf dem Fuß machen noch keinen Leidensdruck. Sogar in den beiden letzteren Beispielen gibt es also einen Ermessensspielraum, ob man auf »schwarz« erkennen will oder auf »weiß«.

*Wo fängt Burnout an?*

Deutlich größer ist der Ermessensspielraum bei Phänomenen wie Übergewicht, Kurzsichtigkeit oder Bluthochdruck. Die WHO erkennt auf »übergewichtig« ab einem *Body-Mass-Index (BMI)* von 25. Aber der BMI als aussagekräftiges Maß aller Dinge steht in der Kritik, und vor allem: Warum ausgerechnet ab 25?

Die Wahrheit ist, dass all diese Grenzsetzungen schwimmen. Wie schlimm es kommen muss, bevor wir es offiziell »schlimm« (und gar behandlungsbedürftig) finden, das bestimmen bestenfalls Expertenkommissionen nach langer, reiflicher Abwägung. Aber selbst in diesem besten Fall bleibt ein gewaltiger Spielraum für Willkür, sprich Meinungen. Ein Beispiel: Die ICD-10 (s. oben ▶ Abschn. 2.2) unterscheidet drei Schweregrade von »depressiven Episoden«. Für die »leichte« Episode reichen 2–3 Symptome, für die »mittelgradige« braucht es 4 oder mehr, für die »schwere« sind diverse Symptome aus zwei Listen Bedingung, alles mindestens 14 Tage andauernd. Aber warum gerade diese Anzahlen von eh nicht objektiv festzustellenden Symptomen für gerade diese Mindestdauer? Wie würden Sie, liebe Leserin, lieber Leser, sich behandelt fühlen, wenn Ihnen Ihr Arzt eröffnete, zu dem Sie sich wegen Suizidgedanken geschleppt haben: »Sorry, Sie haben 1 Symptom zu wenig; ich kann Ihnen nur eine mittelgradige depressive Episode bescheinigen; nichts Ernsthaftes«? (Das wird nicht passieren; Suizidgefahr gilt überall als Alarmzeichen.)

*Prozess statt Zustand*

Noch einmal: Warum so viele Worte zu diesem Thema? Es ist Ermessenssache, ab wann man von Burnout spricht. In Holland werden viele schwerwiegende Symptome über den Zeitraum von sechs Monaten verlangt. Aber das ist willkürlich und dient lediglich der Handhabbarkeit der Diagnose im Verhältnis zwischen Patient, Arzt und Krankenkasse. Ab wann wollen wir von Burnout sprechen? Erinnern wir uns – auch die schwerste Grippe beginnt mit einem Hatschi oder Huster. Darum macht es wenig Sinn zu sagen, jemand »habe« ein Burnout bzw. er oder sie habe keins. Vernünftiger ist die Formulierung, jemand sei »in einem Burnout-Prozess mehr oder weniger weit fortgeschritten«. Oder eben überhaupt nicht drin.

Wolfgang Seidel (2011), ein erfahrener Arzt, schlägt vor, dann die Alarmglocken zu läuten, wenn die Erholung (am Feierabend, am Wochenende, im Urlaub) nicht mehr möglich ist. Das ist immerhin eine handhabbare Faustregel.

## 2.4 Wie häufig ist Burnout?

*Nichts Genaues weiß man nicht*

Verfolgt man die Berichterstattung in den Medien, kann man auf die Idee kommen, eine Mehrheit der Bevölkerung, jedenfalls der deutschen, sei von Burnout betroffen. Jeder fünfte, vierte, dritte oder zweite Manager, Student, Arzt usw. leide schwer darunter oder sei doch wenigstens »stark gefährdet«. Mit derartigen Meldungen versuchen Einzelne oder Institute, sich als Experten zu profilieren. Aber Behauptungen dieser Art sind nicht seriös. Warum?

Nun, zum einen ist zu fragen, welche Art von Daten die Grundlage bilden. Zum anderen, wie umfangreich die Stichproben waren und ob sie als »repräsentativ« für die Gesamtbevölkerung gelten können.

Selbst »hart« aussehende Daten, wie Statistiken über Arbeitsunfähigkeits-Tage, Frühverrentungen und Medikamenten-Verschreibungen, wie Krankenkassen sie regelmäßig veröffentlichen, sind nicht über jeden Zweifel erhaben, obwohl sie in der Regel auf sehr großen Kollektiven beruhen, nämlich allen Versicherten der betreffenden Kasse. Gezählt wird ja, wie oft auf der Krankschreibung, dem »gelben Schein«, die Diagnose »Z.073 Burnout« stand bzw. wie viele AU-Tage dieser Diagnose dann folgten. Oder wie viele Frühverrentungen mit »psychischen Ursachen« begründet wurden, was schon einmal der Oberbegriff für eine ganze Reihe von Diagnosen ist, von denen Burnout eine der selteneren ist. Oder es wird der Gesamtumsatz bestimmter Medikamente, hier also von Antidepressiva, ermittelt. All diese Zahlen sind in den letzten Jahren gestiegen, teils dramatisch. Man muss aber sehen, dass auch die Bekanntheit des Begriffs Burnout und seine Akzeptanz in diesen Jahren gestiegen ist, bei Patienten wie bei Ärzten. Ein einflussreicher Ärzteverband hat erst 2012 dazu aufgerufen, die Diagnose Z.073 vermehrt zu verwenden, wo sie zu passen scheint – obwohl aufgrund dieser Diagnose keine Kasse eine Therapie bezahlt.

Bei den Antidepressiva ist zu bedenken, dass vermutlich heute mehr Menschen zu diesen chemischen Krücken zu greifen bereit sind als früher. In vielen Berufen, vor allem der Dienstleistungsbranche, sind die Ansprüche gestiegen, jederzeit »motiviert«, »engagiert« und »kundenorientiert« aufzutreten. Menschen erwarten aber auch selbst, allzeit »gut drauf« zu sein, sozusagen als ihr Menschenrecht. Und für Ärzte ist es allemal einfacher, ein Rezept auszustellen, als ein ausführliches Gespräch zu führen, das im Übrigen ja auch keineswegs sicher zur Besserung führen würde. Die Zeit ist nicht da, und der Patient will nicht mit leeren Händen aus der Praxis gehen.

Wie sieht es aus, wenn Burnout-Fragebögen eingesetzt werden? Selbst die beiden bekanntesten, Übersetzungen amerikanischer Bögen, haben keine deutschen Normen, was heißt, dass man bei ihnen nicht einmal weiß, wie viele Punkte denn »statistisch normal« sind. Bei unserem *Hamburger Burnout-Inventar (HBI)* ist das anders. Aber auch hier ist es letztlich Ermessenssache, ob man von Burnout erst spricht, wenn ein Punktwert beispielsweise in den obersten 5 % der Häufigkeitsverteilung liegt – oder schon, wenn er bloß überdurchschnittlich hoch ist. Noch einmal: Burnout ist etwas anderes als ein Beinbruch.

Ganz dubios wird es, wenn selbstgebastelte Fragebögen zur Anwendung kommen, über deren technische Qualität rein gar nichts bekannt ist. Das geschieht gern bei sog. Online-Befragungen, an denen sich beteiligen kann, wer per Zufall oder gezielte Suche auf eine *Website* gerät. Man weiß, dass das besonders bereitwillig Menschen tun, die einen entsprechenden Leidensdruck verspüren. Und so kommen auf diese Weise meist die dramatischsten Befunde zustande.

Was wäre denn, wenn man einfach eine große, repräsentativ zusammengesetzte Stichprobe fragte, ob sie sich »ausgebrannt« fühle? Genau dies geschah 2007 und noch einmal 2011. »Ja« sagten 10.5 % bzw. 7.7 % von rund 2.000 Befragten.

Was bedeutet das nun? Natürlich wissen wir nicht, was die Umfrageteilnehmer unter »ausgebrannt« verstanden haben und ob sie bei einer erneuten Befragung zwei Wochen später dasselbe gesagt hätten. Aber immerhin: Etwa so viele Menschen waren damals in Deutschland bereit, sich mit dem Etikett Burnout zu belegen. (Dass der Prozentsatz zwischen 2007 und 2011, also vor und nach Ausbruch einer Weltwirtschaftskrise, *sank*, gibt natürlich ein gesondertes Rätsel auf.)

## 2.5 Gibt es gefährdende Berufe?

*Die Rahmenbedingungen sind wichtig*

Das ist ähnlich schwierig zu beantworten wie die vorige Frage nach der Häufigkeit, teils aus denselben Gründen. Woran machen wir Burnout fest? Und sobald wir Zahlen haben, was sagen sie uns? In Spezialkliniken sind Berichten zufolge Lehrerinnen und Lehrer (und allgemein der Öffentliche Dienst) weit überproportional häufig anzutreffen. Wer sich an die eigene Schulzeit erinnert, den wundert das auch nicht. Andererseits ist es wahrscheinlich nirgends leichter und risikoloser als im Öffentlichen Dienst, will man sich für einige Wochen in eine Klinik begeben – und anschließend an denselben Arbeitsplatz zurückkehren. In den Niederlanden wurden in den Neunzigern die vorher sehr liberalen Bedingungen für »Frühpensionierungen aus psychischen Gründen« verschärft; daraufhin sank deren Zahl drastisch. Welches Land hat wohl die weltweit höchste Rate derartiger Frühverrentungen? Laut einer OECD-Studie von 2011 ist das Dänemark. Hätten Sie's erraten? Nun, der Grund dürfte sein, dass die Bedingungen dort noch immer sehr liberal sind…

Schon jetzt die wichtigste Antwort auf die Frage: Man kann in allen Berufen und auch Lebenslagen ausbrennen. Warum, das wird in ▶ Abschn. 2.7 (»In der Falle«) klarer werden.

Aber immerhin, ein krasses Beispiel lässt sich nennen: Die Altenpflege. Dort kommt vieles zusammen. Sie wird weit überwiegend von Frauen betrieben; nicht wenige von ihnen sind selbst nicht mehr jung. Die Sache ist oft nicht nur seelisch belastend, sondern auch körperlich eine Zumutung. Man kann den Beruf mit minimalen Ausbildungsvoraussetzungen ergreifen. Man muss berufsbedingt ziemlich intime Verrichtungen an Menschen vornehmen. Die Bezahlung ist miserabel, das gesellschaftliche Ansehen nicht besonders hoch. Berufliche Aufstiegsmöglichkeiten gibt es fast nur, indem man sich selbständig macht (was aber allermeistens ausscheidet). Und die Anerkennung der Gepflegten ist keineswegs garantiert, von Dankbarkeit ganz zu schweigen.

## 2.5 · Gibt es gefährdende Berufe?

Einige dieser Rahmenbedingungen finden sich auch bei Mitarbeiter(innen) von *Call Centers*. Die Fluktuation in vielen Unternehmen dieser Branche ist denn auch immens.

All das wäre wahrscheinlich für manche Altenpflegerinnen sogar zu verkraften. Dann nämlich, wenn man sich freiwillig dafür entscheiden könnte. Für viele ist es aber mangels Alternativen ein Sachzwang. Dasselbe gilt für viele *Call Center Agents*.

Damit ist das Wichtigste schon gesagt. Menschen wählen Berufe aus freiem Willen, die für andere wie eine Vorhölle klingen. (Ich verkneife mir Beispiele, da ich ja nicht weiß, womit Sie, liebe Leserin, lieber Leser Ihr Geld verdienen …) Das ist in Ordnung, solange man ohne großen Widerwillen zur Arbeit geht. Und sich denkt (bzw. einbildet): »Wenn's gar nicht mehr geht, kann ich immer noch was anderes machen!«.

Eine berufsbedingte Krise kann ausbrechen, wenn es überhaupt keinen Spaß (mehr) macht, aber auch kein Plan B zur Hand ist. Wie kann so etwas passieren?

Im falschen Beruf gelandet

Zunächst einmal: Man kann sich geirrt haben. Trotz allerlei Praktika im Pädagogik-Studium soll es immer noch Lehrer(innen) geben, die erst nach einigen Wochen Schule zu der Erkenntnis gelangen, dass sie mit Menschen unter 1.20 m Körpergröße nichts anfangen können. Vom Horror der Elternabende, auf den wahrscheinlich kein Studium vorbereitet, zu schweigen. Die Berufsrealität kann sich von den Bildern im Kopf drastisch unterscheiden.

Möglicherweise fühlen sich Menschen auch zu Berufen hingezogen, in denen sie eigene Verwundungen heilen wollen, denen sie dann aber gerade darum nicht gewachsen sind. Das folgende Fallbeispiel illustriert das.

**Rund um die Uhr heilen**
Friederike Helger war Erzieherin, und zwar in einem Kindergarten für geistig behinderte Kinder. Dass sie sich diesen Beruf und diese besonders fordernde Arbeitsstelle ausgesucht hatte, weil sie an den ihr Anvertrauten »gutmachen« wollte, was ihr als Kind von der unmenschlich strengen Mutter angetan worden war, das wurde ihr erst später klar. Sie kam »ans Ende ihrer Möglichkeiten«, nachdem sie etliche Jahre lang in dem Gefühl gelebt hatte, immer helfen zu müssen, »rund um die Uhr, total«. Den leeren Feierabend, den sie zunehmend einsam verbrachte, überbrückte sie mit »dem einen oder anderen Likör«. Schließlich half nur noch ein abrupter Berufswechsel.

Man kann auch Pech mit der ersten Stelle haben, z. B. in ein Wespennest rivalisierender Alt-Kollegen geraten. Dann nix wie raus! Wenn's geht…

**Man bleibt nicht derselbe**

Zweite Möglichkeit: Der Beruf hat schon gepasst, anfangs, aber dann kam die Ernüchterung. Man selbst hat sich verändert. Der Berufssoldat muss zu seiner Überraschung erkennen, dass die Öffentlichkeit für seine Bereitschaft zur Vaterlandsverteidigung an fernen Fronten nicht einmal minimales Interesse aufbringt. Der Juniorberater der Consultingfirma bekommt anfangs einen Kick, wenn er gestandenen Firmenchefs gute Ratschläge geben darf, von den Übernachtungen in edlen Hotels und anderen Annehmlichkeiten ganz zu schweigen. Beim fünfzigsten Auftrag gibt das nicht mehr so viel her.

**Veränderte Rahmenbedingungen**

Dritte Möglichkeit: Die Verhältnisse haben sich verändert. Berufe werden überflüssig, wandern in den Papierkorb der Geschichte, wie der Heizer auf der Elektrolok. Andere verlieren abrupt an Ansehen, wie Ärzte (»Abrechnungsbetrug!«, »Kunstfehler!«, »5-Minuten-Medizin!«) oder Banker (»Bonus-Geier!«). Ärzt(inn)en vom alten Schrot und Korn zieht das mental den Boden unter den Füßen weg; auch deshalb wohl der Exodus deutscher Mediziner in Richtung Skandinavien, England oder USA. Noch mal die Lehrer: Die Schüler werden anders, sogar in der kleinsten Dorfschule kann es auf einmal Disziplinschwierigkeiten geben.

Oder die Anforderungen, die über Erfolg oder Scheitern entscheiden, ändern sich. Die gute alte Kfz-Werkstatt muss heute IT-mäßig aufgerüstet sein, will sie sich nicht auf Oldtimer spezialisieren. Nicht jedem macht das Spaß, mancher tut sich schwer damit. In den Wissenschaften, mittlerweile wohl allen, zählen schon lange nicht mehr allein die Leistungen in der Forschung (das ist, was einer so veröffentlicht) oder in der Lehre (das war nie so wichtig). Sondern, ganz wichtig, die »Einwerbung von Drittmitteln«. Man muss zahlungsbereite Sponsoren begeistern für das, was man vorhat. Wer damit nicht groß geworden ist, dem sträuben sich die Haare. Und für die »eigentliche Arbeit« bleibt so immer weniger Zeit. Ein Gefühl der Sinnlosigkeit kann sich breitmachen.

**Burnout auch ohne Arbeit**

Zum Schluss ein Beleg dafür, dass Burnout keineswegs berufsbedingt sein muss, wie immer wieder behauptet wird, ja, dass es nicht einmal mit Arbeit zu tun haben muss: Die Arbeitslosigkeit. Wer keinen Job findet, obwohl er arbeiten möchte, kann ohne Weiteres in einen Burnout-Prozess geraten. Die Symptome wurden schon 1933 in einer klassischen soziologischen Untersuchung beschrieben – lange bevor Burnout weiten Kreisen ein Begriff wurde…

## 2.6 Ist Burnout eigentlich etwas Neues?

Der Startschuss zur Popularisierung von Burnout fiel 1974, mit einem kurzen Artikel des Psychoanalytikers Herbert J. Freudenberger in einem amerikanischen Fachblatt. Aber das Wort hatte es schon lange davor im US-Umgangsenglisch gegeben; Graham Greene hatte 1961 den Roman *A burnt-out case* veröffentlicht; schon Shakespeare verwandte das Verbum *to burn out*. Die älteste »Fallstudie« findet sich im *Alten Testament*, natürlich nicht unter diesem Namen. Wer entsprechend ausgestattet ist, mag im 4. Buch Mose 11, 11–15 nachlesen.

Der Autor Wolfgang Martynkewicz (2013) hat kürzlich in seinem Buch *Das Zeitalter der Erschöpfung: Die Überforderung des Menschen durch die Moderne* viele Belege dafür ausgebreitet, dass in den letzten Jahrzehnten vor dem I. Weltkrieg in Deutschland eine Welle allgemeiner Erschöpfung grassierte, und zwar nicht nur bei Prominenten, sondern auch bei einfachen Arbeitern. Man etikettierte das mit dem kurz zuvor geprägten Begriff Neurasthenie (»Nervenschwäche«) und erklärte es sich teilweise anders als heute. Immerhin, das gab es also schon vor mehr als 100 Jahren. Und wenn man noch früher suchte, würde man wahrscheinlich abermals fündig. Womöglich auch in ganz anderen Kulturen.

Nein, Burnout ist nichts Neues!

Schon in der Bibel …

- **Kleines Zwischenfazit**
- Das Symptombild ist sehr vielfältig. Man kann emotionale Symptome (z. B. Erschöpfung, Gereiztheit, Angst, Unruhe) unterscheiden von kognitiven (z. B. Gedächtnis- oder Konzentrationsschwierigkeiten), sozialen (z. B. Rückzug, Gleichgültigkeit) und körperlichen (z. B. Herzrasen, Gastritis, Schmerzen, Tinnitus).
- Sowohl Burnout als auch Depression sind behandelbar, die Zugänge unterscheiden sich aber.
- Burnout wird im Frühstadium oft verdrängt oder verleugnet. Alkohol spielt dabei häufig eine Rolle.
- Burnout-Verläufe lassen sich schlecht vorhersagen, sondern nur im Nachhinein erklären. Es gibt gewisse Verlaufsstadien, die aber nicht regelmäßig nacheinander auftreten und unscharf abgegrenzt sind.
- Wann ein frühes in ein behandlungsbedürftiges Burnout-Stadium übergeht, ist Ermessenssache.
- Über die Häufigkeit von Burnout lässt sich aus mehreren Gründen seriös nichts aussagen. Etwa 10 % der deutschen Bevölkerung dürfte sich selbst als »ausgebrannt« sehen.

– Man kann in jedem Beruf (und besonders leicht in unfreiwilliger Arbeitslosigkeit) ausbrennen.
– Burnout als »normale« Reaktion auf chronische Überlastung hat es schon immer gegeben.

## 2.7 Woher kommt's?

Burnout ist eine Stress-Folge, da sind sich alle einig. Aber das reicht zur Erklärung natürlich nicht weit. Haben wir nicht alle Stress, mal mehr, mal weniger? Sie etwa nicht? Und was ist das eigentlich: Stress?

*Was ist Stress?*

Stress im weitesten Sinne ist erst einmal alles, was Anpassungsleistungen von uns verlangt. Eine Treppe hoch zu steigen, beschleunigt unseren Herzschlag und unsere Atmung. Beim Betreten eines überhitzten Raums bricht uns der Schweiß aus. Nach einer ausgiebigen Mahlzeit sammelt sich das Blut im Verdauungstrakt und fehlt im Gehirn – »ein voller Bauch studiert nicht gerne«. Die entsprechenden Anpassungsleistungen vollzieht unser Körper vollautomatisch. Meist dringen sie nicht einmal ins Bewusstsein. Wenn doch, dann werden sie emotional bewertet. Bei den obigen Beispielen – Kurzatmigkeit, Schweißausbruch, Dösigkeit – wahrscheinlich negativ.

*Psychischer Stress* (Stress im engeren Sinne also) entsteht, wenn wir bemerken, dass eine Anforderung auf uns zukommt oder kommen könnte. Auch das wird bewertet, meist negativ, u. U. auch positiv. Wenn in das leere Restaurant endlich ein paar Gäste kommen, löst das beim Service und in der Küche natürlich erst einmal einen kleinen Alarm aus: Es geht los! Man freut sich trotzdem. Denn diese Anforderung ist eine Herausforderung, von der man weiß, dass man sie bewältigen kann. Und die Langeweile ist endlich vorbei.

Oder: Empfänger größerer Lottogewinne werden meist persönlich informiert, denn diese an sich ja erfreuliche Nachricht soll auch schon Herzinfarkte ausgelöst haben. Ebenfalls Stress! Vielleicht überlegen Sie mal kurz, wie das bei Ihnen ist: Kennen Sie angenehme Stresserfahrungen, sogenannten *Eustress*? Im Kino, beim Sport, auf der Achterbahn, bei der Arbeit?

Die gefühlsmäßige Bewertung im obigen Beispiel kann auch gemischt sein, z. B. bei der noch unerfahrenen Servierkraft, die erst am Vortag vom Chef einen Anpfiff kassiert hat, weil sie das Essen von rechts serviert hat: Hoffentlich geht nicht wieder was schief! Auch Musiker vor dem Konzert, Fallschirmspringer vor dem Absprung, Piloten vor der Landung erleben Stress, weil der

Erfolg eben nicht garantiert ist. Mit wachsender Erfahrung wächst aber auch das Selbstvertrauen (die sog. Selbstwirksamkeitsüberzeugung, wie das die Psychologie nennt). Je sicherer wir sind, dass alles gut gehen wird bei der kleinen Aufregung, desto weniger werden wir an Flucht denken. Sondern uns der Anforderung stellen, »kämpfen« sozusagen.

Denn *Kampf oder Flucht*, das sind die beiden Ur-Alternativen, vor die uns der in diesem Zusammenhang gern zitierte Säbelzahntiger stellt; eine Spinne oder eine Maus reichen als Stressauslöser womöglich auch. Der Tiger, der bewaffnete Gangster, die Tsunami-Welle, das sind schon keine Anforderungen mehr, sondern Bedrohungen. Da setzt der Fluchtreflex ein, den Kampf könnte man nicht gewinnen. Rette sich, wer kann! Wenn man aber nicht weg kann?

Kampf oder Flucht

Dasselbe gilt auch, wenn es nicht um Leib und Leben geht, sondern bloß ums Selbstwertgefühl. Vor der Prüfung haben die meisten Studenten Angst, vor der ersten Ansprache an großes Publikum die meisten unerfahrenen Redner, vor dem Kritikgespräch mit dem Chef die meisten Angestellten. Auch hier möchte man »am liebsten wegrennen«. Kann aber nicht, weil die Folgen noch schlimmer sein könnten. Das nennt die Psychologie einen Vermeidungs-Vermeidungs-Konflikt: Was ist schlimmer, Erhängen oder Erschießen? Dieser Konflikt ist von allen Konflikttypen der unangenehmste. Und damit kommen wir allmählich zu Burnout zurück.

### Beispiel
Stellen Sie sich eine freundliche, nicht besonders durchsetzungsstarke Junglehrerin vor. Sie müssen sie sich gar nicht richtig lebensuntüchtig ausmalen; es reicht, dass sie aus der Mittelschicht stammt, eher leise spricht, lieber Frieden als Krawall hat und viel Verständnis für die Jugend aufbringt, der sie ja selbst gerade erst entwachsen ist. Diese Lehrerin übernimmt nun eine Klasse von 13-jährigen Rabauken in einem Problemstadtteil. Wenn sie die erste Unterrichtsstunde selbst ohne körperliche Angriffe übersteht, ist es gut ausgegangen (Papierbälle zählen wir mal nicht), aber es brechen Prügeleien aus, die Lautstärke ist nicht zu bändigen und an Unterricht nicht zu denken. Kinder, speziell in der Horde, können grausam sein und genießen es, wenn die Macht mal auf ihrer Seite ist. Gerade »verständnisvolle« Lehrer(innen) bekommen gern die Rache zu spüren, die sich eigentlich an dominante Kollegen richten sollte. – Auf all dies bereitet ein Pädagogikstudium übrigens nur in den seltensten Fällen vor.
Unsere Protagonistin ist nicht der Typ, der nun umgehend die Versetzung an eine andere Schule beantragt oder sich unverzüglich krank meldet. Sondern setzt ihren Ehrgeiz darein, diese Klasse

doch noch »in den Griff« zu bekommen, selbstverständlich mit menschenfreundlichen Mitteln. Aber das will beim besten Willen nicht gelingen. Es fehlt ihr an Schlagfertigkeit, sie versteht nicht einmal das notwendige Slang-Vokabular und fällt so allgemeinem Spott und Hohn anheim.

Können Sie sich in die Gefühlslage dieser Lehrerin morgens auf dem Weg zur Schule hineinversetzen? Der »Kampf« dürfte wieder verloren gehen, Flucht ist aber auch (für sie noch) nicht möglich.

Nach wenigen Wochen beherrscht dieses Dilemma auch ihre ganze Freizeit. Selbst am Wochenende gibt es wegen des permanenten Grübelns keine echte Erholung mehr. Der Schlaf leidet. Die Freunde ziehen sich zurück. Der Magen schmerzt. Ein Gefühl der Hilflosigkeit breitet sich aus. Die Falle ist zugeschnappt.

*Hilflos in der Falle*

Aus einer anfänglichen einmaligen Stresssituation – »Stress I. Ordnung« – ist binnen kurzer Zeit ein »Stress II. Ordnung« geworden, ein Stress aus *Hilflosigkeit*, der später auch noch in *Hoffnungslosigkeit* münden kann. Diese Art Stress ist nicht nur chronisch geworden, mit allen schädigenden Folgen, weil es keine Erholungsphasen mehr gibt. Wahrscheinlich birgt sie noch eine zusätzliche Gefahr, weil die biologischen Mechanismen für Kampf und Flucht gleichzeitig aktiviert werden. Derlei geht nicht lange gut. Bei Kampfpiloten der amerikanischen Luftwaffe im II. Weltkrieg beobachtete man etwas, was *combat neurosis* (»Gefechtsneurose«) genannt wurde; nicht alle kamen mit trockenen Hosen vom Einsatz zurück. Und Ende der siebziger Jahre überschrieb ein amerikanischer Autor einen Aufsatz über Schulsituationen wie die oben skizzierte folgerichtig mit *Combat neurosis in inner-city schools* (Bloch 1978). Die betroffenen Lehrer wären gerne aus der Kampfzone geflohen, aber Versetzungsgesuche wurden regelmäßig abgelehnt.

Es ist nun nicht so, dass die Auslöser von Burnout-Prozessen immer so handgreiflich und dramatisch aussehen müssen. Es reicht, mit einer Kollegin Schreibtisch an Schreibtisch arbeiten zu müssen, die man nicht ausstehen kann – wenn alle Versuche, an der Situation etwas zu ändern, gescheitert sind. Es reicht, wenn ein zum Führen nicht geborener Mittelständler zwar die eigene Arbeit liebt, aber die Augen verdreht, wenn er Angestellten permanent sagen muss, was zu tun ist. Es reicht, wenn dem Musikstudenten im zweiten Semester klar wird: Musik ist das einzige, was ich kann und was mich reizt – aber bei meiner Begabung wird's wohl bestenfalls zum vierten Geiger im Provinzorchester langen. Es reicht, die demente Schwiegermutter pflegen zu müssen, die schon früher ausschließlich auf einem herumgehackt hat. Man will eigentlich nicht weiter. Aber Aufhören, das geht auch nicht. Was würden die Leute denken? Und man selbst, wie stünde man vor sich selbst da?

**Ein paar weitere Beispiele**
- Die neue Software, die für den Kundenkontakt funktionieren muss, stürzt permanent ab. Die Kunden toben, müssen mit fadenscheinigen Erklärungen beschwichtigt werden. Niemand ist für die Misere zuständig, niemand kümmert sich. Aber schon Krankfeiern wäre gefährlich. Kündigen scheidet wegen der Arbeitsmarktlage aus. Sieglinde Ingelken, an vorderster Front der Kundschaft gegenüber, lässt sich von ihrem Chef unter Druck setzen, bis sie krankgeschrieben wird. Schließlich akzeptiert sie die Kündigung widerspruchslos.
- Die Abteilung hat zusätzliche Aufgaben bekommen, aber keine neuen Ressourcen. Die Überstunden-Konten steigen ins Schwindelerregende; Abbummeln geht nicht, bezahlt wird auch nicht. Die Kultur des Unternehmens gebietet, zu allem »yes, we can!« zu sagen. Bloß nicht wie ein Weichei aussehen! Wer desertiert, ist in der Branche nicht mehr anschlussfähig. Birgit Mandrey überlegt, »was ganz anderes« zu machen – ein kleines Hotel managen?
- Der Seiteneinsteiger ist eingekauft worden. Das hat viel Geld (schon für die Personalberatung) gekostet. Nun soll er erst mal zeigen, dass er das Geld wert ist, bevor ihm Fortbildung oder gar Coaching genehmigt werden. Ab ins kalte Wasser! Zumal einige im Haus den Job gern selbst bekommen hätten. – Die Folgen: Einsamkeit und wenige Erfolge. Aber jetzt das Handtuch zu werfen, wäre karrieremäßig Harakiri. Zoran Andric harrt erst mal aus.
- Die alte Dame hat 34 Jahre zufrieden und unbehelligt in ihrer Wohnung gelebt, als im Stockwerk über ihr neue Nachbarn einziehen. Die machen Krach, gern auch nachts. Schlaf ist dann nicht mehr möglich. Sie schreit, hat »Mordgedanken«, weiß sich ansonsten aber nicht zu helfen. Sie hat »ein beginnendes Burnout-Syndrom«, glaubt sie.

Burnout ist nicht einfach Stress. Die kleinen oder auch größeren Ärgernisse des Alltags – Stress I. Ordnung – werden im Allgemeinen gut verdaut, solange sie je einmalig sind, prinzipiell beherrschbar erscheinen oder als unabänderlich akzeptiert werden. Dinge gehen schief (möglicherweise geht ja alles schief, was überhaupt schiefgehen kann), aber das ist nun mal so. Man findet sich ab wie mit dem Wetter, korrigiert die eigenen Erwartungen nach unten, baut einen Stress-Puffer auf, nimmt es mit Humor. Oder man findet eine kreative Problemlösung. Jedenfalls folgt auf die Stress-Phase eine Erholung.

*Burnout ist nicht einfach Alltags-Stress*

Burnout-Prozesse dagegen kommen in Gang, wenn Dauerstress weder durch Kampf noch durch Flucht beendet werden kann – Falle! Hier ist aus Stress I. Ordnung ein Stress II. Ordnung geworden: Stress aus Hilflosigkeit, der in Hoffnungslosigkeit münden kann. Erholung gibt es immer seltener.

**Opfer und Selbstverbrenner und alles dazwischen**

Die bisher angeführten Beispiele haben eines gemeinsam: Die Protagonisten fanden sich unversehens in ihrer Falle wieder, ohne viel eigenes Zutun. (Zum eigenen Zutun mehr im nächsten ▶ Abschn. 2.8.) Nennen wir sie darum Opfer der Umstände. Wahrscheinlich sind dies die weitaus häufigeren Burnout-Fälle.

Es gibt aber auch die Fälle, die sich zielstrebig (nicht absichtlich!) selbst in ihre Falle manövriert haben. Sie dürften seltener sein, prägen aber irreführender Weise das Bild von Burnout in den Populärmedien. Die Sport-Stars, die Pop-Musiker, die Schauspieler beiderlei Geschlechts, die von einer ganzen Medienindustrie abhängen wie diese von ihnen: Sie hätten ja auch anders gekonnt, jedenfalls im Prinzip und anfangs. Wollten aber unbedingt den Aufstieg aus einfachen Verhältnissen schaffen, der anders kaum möglich gewesen wäre. Hatten vielleicht nur eine einzige herausragende Begabung. Oder wurden verführt von *Talent-Scouts* bzw. geschubst von Eltern, die Eisprinzessinnen zur Tochter haben wollten. Wollten womöglich vor allem etwas für ihr Umfeld tun (s. folgendes Fallbeispiel).

**Beispiel**
Die Sängerin Katie Melua, die 2010 als Burnout-Fall durch alle Medien rauschte, hat sich später in mehreren Interviews erfrischend offen über die Hintergründe geäußert:»Der Job eines Popmusikers birgt, besonders wenn man jung ist, großes Suchtpotential: Erstens ist er aufregend, zweitens wird er unfassbar gut bezahlt, wenn man Glück hat. An Ferien denkt da keiner. Also arbeitet man sich fröhlich in die Vollzerstörung, bis zum Punkt ohne Wiederkehr.« Außerdem, so vertraute sie 2012 einem Interviewer an, hing ihre ganze Familie wirtschaftlich von ihr ab, sie finanzierte ihren Eltern ein großes Haus. An Aufhören sei da nicht zu denken.

Weniger glamourös kommen Menschen daher, die sich Leistungsziele setzen, welche sich aber als unrealistisch erweisen. Selbst weiß man natürlich vorher nicht, was realistisch ist und was nicht. Außenstehende könnten da schon warnen. Aber unvoreingenommene Berater werden nicht gefragt. – Haben Sie derlei schon einmal erlebt?

## 2.7 · Woher kommt's?

**Beispiel**
Gottfried Martens' Vater war Professor. Vollkommen klar war von Anfang an, dass die beiden Söhne ebenfalls studieren und Karriere machen würden, das wurde auch von ihnen selbst nicht in Frage gestellt. Gottfried studierte Medizin. Das Studium mit Promotion und Habilitation absolvierte er in Rekordzeit, wurde jüngster Chefarzt in einem deutschen Bundesland und mit Mitte Dreißig Professor. Er hätte sich also zurücklehnen und in den erreichten Positionen kommode einrichten können. Aber da war noch etwas: Er wollte durch Forschung und Veröffentlichungen »auch wissenschaftlich in Erscheinung treten«, vermutlich, um es auch auf diesem Feld der Ehre dem Alten »zu zeigen«. Dafür aber ließ ihm das Alltagsgeschäft keinen Raum. Er begann zu trinken. Schließlich wurde er gekündigt, Frau und Kinder wendeten sich von ihm ab.

**Beispiel**
Dorian Ulmer war in ziemlich jungen Jahren mit dem Aufbau eines neuen Kriminalkommissariats beauftragt worden. Natürlich fühlte er sich geehrt. Aber er pflegte ohnehin zu sämtlichen Anforderungen ja zu sagen. Jedenfalls machte er sich mit Feuereifer an die Arbeit. Gleichzeitig übernahm er einen Lehrauftrag und begann ein eigenes Studium. Auch für einen Hausumbau war er sich nicht zu schade. Er hatte einen 20-Stunden-Tag und eigentlich »keine freie Minute«. Als dann die Mitarbeiter nicht so mitzogen, wie er sich das vorgestellt hatte, brauchte er zum Feierabend erst einmal ein Bier. Mit einem Bier war es bald nicht mehr getan. Nach einer Weile rebellierte sein Magen. Schließlich zog ihn ein Amtsarzt aus dem Verkehr. Er landete in der Burnout-Spezialklinik, die Gottfried Martens, mittlerweile erfolgreich therapiert, inzwischen gegründet hatte.

Im Gegensatz zu den obigen »*Opfern der Umstände*« machen sich Fälle wie die beiden letzten ihren Stress weitestgehend selbst. Ich nenne sie darum »*Selbstverbrenner*«. Auch diese haben sich ihr Schicksal nicht klaren Kopfes ausgesucht, sie bekamen früh so etwas wie einen Chip implantiert bzw. besorgten das selbst (mehr dazu gleich in ▶ Abschn. 2.9). Wären doch aber diesen frühen Prägungen nicht hilflos ausgeliefert gewesen, jedenfalls ab dem Erwachsenenalter; immerhin schafften es sowohl Martens als auch Ulmer später, sich davon zu befreien.

Natürlich wurden diese Fallbeispiele ausgewählt, um den Unterschied prägnant illustrieren zu können. Die allermeisten Ausbrenner(innen) liegen irgendwo zwischen den Extremen. Sie geraten in Fallen, weil sie nicht aufgepasst haben oder weil sich die Umstände ohne ihr Zutun verändert haben. Das sind die Außen-Faktoren. Sie schaffen die Befreiung dann nicht, weil sie sich zu starr in Ziele verbissen haben, weil sie Strategien zu unflexibel handhaben, weil sie Risiken zu sehr scheuen, nicht ehrlich zu sich sind, ihre Bedürfnisse nicht kennen, ihre Fähigkeiten überschätzen. Das sind die Innen-Faktoren.

> Beinahe immer sind sowohl äußere als auch innere Faktoren an einem Burnout-Prozess beteiligt.

## 2.8 Gibt es gefährdende Umstände?

Im Prinzip kann alles, was uns gründlich gegen den Strich geht, sich aber nicht leicht abstellen lässt, einen Burnout-Prozess auslösen. Die Stressforschung spricht dann von mangelnder Person-Umwelt-Passung (*person-environment fit*). Die Beispiele haben Ihnen hoffentlich einen Eindruck von der Breite der Möglichkeiten verschafft. Dies ist vielleicht der richtige Ort, zu betonen, dass das Drama keineswegs immer in der Arbeitswelt spielen muss. Eine schlechtgehende Ehe, Konflikte mit pubertierenden Kindern, familiäre Kranken- oder Altenpflege: Auch das kann reichen. Neuerdings wird viel von Burnout bei Schülern und Studenten berichtet.

Es gibt also nicht die ultimative Burnout-Faktoren-Liste. So ist es vor allem der ausgleichenden Gerechtigkeit wegen, dass ich dennoch ein Dutzend besonders häufiger Konstellationen mit Burnout-Potential kurz anreißen werde – Burnout ist halt nicht einfach bloß »Kopfkino«.

*Wenn die Bilanz nicht stimmt*

»Zu lange zu vielen zu viel gegeben und zu wenig dafür zurückbekommen« – das ist der Tenor vieler Klagen von Ausbrennern. Vor allem aus Sozial- und Dienstleistungsberufen, aber auch, beispielsweise, von alleinerziehenden Müttern und Hausfrauen allgemein. Der Medizinsoziologe Johann Siegrist hat den Begriff der Gratifikationskrise (auch *Effort-Reward-Imbalance, ERI*) bekannt gemacht: Arbeitnehmer, die über längere Zeit ein Missverhältnis zwischen ihrer Verausgabung und den dafür erhaltenen Belohnungen wahrnehmen, neigen stärker zu Depressionen und Angststörungen, ihre Immunabwehr ist geschwächt, sie erleiden eher Herzinfarkte, etc. Die Belohnungen müssen übrigens nicht notwendig in Geldwährung fehlen; mangelnde Anerkennung und Wertschätzung tut's auch.

Besonders bitter mag es sein, wenn man sich nicht einfach per Bilanz zu kurz gekommen, sondern eklatant ungerecht behandelt fühlt, vom Arbeitgeber oder vom Schicksal. Wer sich für sein Unternehmen über längere Zeit aufgerieben hat, vielleicht kurz vorher noch ein attraktives Jobangebot ausgeschlagen hat, dann aber dennoch gekündigt wird, der darf mit Fug und Recht verbittert sein. Der Berliner Psychosomatiker Michael Linden (2003) hat für derlei den Begriff »Posttraumatische Verbitterungsstörung« vorgeschlagen (der freilich ebenso wenig in der ICD-10 verankert ist wie Burnout). Darunter fallen beispielsweise »Wende-Opfer« der früheren DDR, für die der politische Umschwung verlustreich war. Aber auch Ehefrauen, die nach langen Jahren aufopferungsvollen Familienlebens plötzlich wegen einer jüngeren Konkurrentin verlassen wurden. Im *Call Center* manchen Unternehmens sitzen frühere Sachbearbeiterinnen, die Jahrzehnte lang Akten von »Eingängen« in »Ausgänge« verwandelt haben, ohne Publikumskontakt, versteht sich, und die es hassen zu telefonieren. Manche kommen so früh wie möglich, um schon vor der Haupt-Ansturmzeit wieder verschwinden zu können.

*Call Center Agents*, Altenpflegerinnen, Flugbegleiterinnen, Gastronomiepersonal – nur vier von zahlreichen Berufsgruppen, von denen reichlich »Gefühlsarbeit« verlangt wird. Sie müssen ruhig, möglichst sogar freundlich bleiben, auch wenn der Kunde oder Gast ausfallend wird. Manche(r) hat das Gefühl, dass dergleichen kaum in Geld aufzuwiegen ist.

Warum bleiben Menschen in Jobs, wo sie sich ungerecht behandelt fühlen? Nun ja, nicht jede(r) hat gleich Alternativen zur Hand; Veränderungen machen auch Angst; man könnte vom Regen in die Traufe kommen; ein stressiger Job ist besser als gar keiner ... Auch gibt es manchmal die Hoffnung, so die nächste Verschlankungswelle sicherer zu überstehen oder später doch noch durch einen Aufstieg belohnt zu werden. Oder es ist die Hoffnung, noch in die Betriebliche Altersversorgung zu gelangen, die in der Falle ausharren lässt. Wo der Arbeitgeber ein bekanntes Unternehmen ist, mag die Hoffnung eine Rolle spielen, dass ein wenig Glanz auf einen selbst abstrahlen wird – solange man dabei bleibt. Und für manchen ist eine Kündigung immer auch ein eigener Misserfolg, selbst dann, wenn man sie selbst vollzieht.

Im eigenen Leben keinen Sinn mehr zu sehen, ist vielleicht das Schlimmste, was einem Menschen geschehen kann. Aber wenn die Arbeit keinen Sinn mehr erkennen lässt, ist das auch schon fatal. Nicht wenige in Medizin, Krankenpflege oder Sozialarbeit Tätige beklagen heute, dass ihnen für die »eigentliche« Arbeit immer weniger Zeit bleibt, weil diese vom »Papierkrieg« überwuchert wird. Alles muss lückenlos dokumentiert werden, für die Kostenträger, für die übergeordneten Dienststellen, für wen immer; sollten Klagen kommen, muss man gewappnet sein. Den Patienten oder Klienten nutzt das aber wenig, und Spaß macht es schon gar nicht. Der Sinn ist nicht ersichtlich. – Vertriebsleuten werden in manchen Organisationen nicht nur Provisionsproduk-

*Wenn der Sinn verloren geht*

te und Umsatzziele verordnet, sondern auch die Abstände vorgeschrieben, in denen sie ihre Kunden besuchen müssen. Auch wenn die Erfahrung zeigt, dass die Kunden genervt reagieren, weil die Intervalle viel zu kurz sind. Das Controlling prüft u. U. sogar, ob der kürzeste Fahrtweg genommen wurde. Etwas, woraus der professionelle Handelsvertreter seinen Stolz bezieht, nämlich sein Verkaufs-Können eigenverantwortlich und erfolgreich einzusetzen, wird ihm so geraubt. Vermutlich einer der Gründe für die hohe Fluktuation in Vertriebsorganisationen.

**Verantwortung ja, Kontrolle nein**

Eine der besser beforschten Theorien zu Arbeitsstress ist das Anforderungs-Kontroll-Modell des Soziologen Robert Karasek (z. B. 1979). Ihm zufolge sind hohe berufliche Anforderungen vor allem dann gesundheitsschädlich, wenn sie mit sehr geringem Entscheidungsspielraum einher gehen. Wenn also die Ressourcen fehlen oder jeder Schritt durch Vorschriften reglementiert ist.

Diese Bedingungen scheinen in Deutschland nicht selten zu sein, und sie belasten tatsächlich zunehmend. Der *Stressreport Deutschland 2012* (Lohmann-Haislah 2013), der auf Interviews mit mehr als 17.000 Befragten beruht, konstatiert zwar, dass sich seit der letzten Erhebung 2005/2006 die meisten subjektiven Belastungen auf »recht hohem Niveau« stabilisiert haben. Zugenommen, und zwar um rund fünf Prozentpunkte, hat jedoch die Belastung durch drei Bedingungen, darunter »detailliert vorgeschriebene Arbeitsdurchführung«. Wo jede Abweichung von derartigen Vorschriften als Fehler zählt und die Fehlertoleranz gegen Null tendiert, wächst natürlich auch die Verantwortung jedes einzelnen Akteurs. Gerade verantwortungsbewusste Mitarbeiter(innen) leiden darunter.

**Tempo, Tempo**

Die beiden anderen Arbeitsbedingungen, deren Belastungsfolgen noch einmal deutlich zugenommen hatten, waren »starker Termin- und Leistungsdruck« und »sehr schnell arbeiten müssen«. In der Tat: Wer Unternehmen in den siebziger und achtziger Jahren kennen gelernt hat, kann sich des Eindrucks nicht erwehren, dass heute vielerorts die letzten »Produktivitätsreserven« ausgequetscht worden sind, auch in den Büros. Für einen Schwatz unter Kollegen – oder auch das informelle Gespräch von Chef und Mitarbeiter – ist keine Zeit mehr.

**Jeder für sich**

Die verbreitete Atemlosigkeit hat weitere Folgen. Eine davon: Die gegenseitige Unterstützung bleibt auf der Strecke. Zwar ist in Unternehmensphilosophien viel von Teamgeist die Rede. Kaum eine Stellenanzeige verlangt nicht »Teamfähigkeit«. Wo aber jede und jeder mit den vorgegebenen eigenen Erfolgszielen beschäftigt ist, entfällt der Blick nach links und rechts schon mal. Die Arbeitsorganisation in rasch wechselnden Projektteams, womöglich virtuellen, lädt nicht gerade dazu ein, sich gegenseitig auch nur kennen zu lernen. Aber umgekehrt traut man sich auch nicht unbedingt, zu signalisieren, dass man gerade Hilfe brauchte. Vorgesetzte, so ist immer wieder zu hören, sind eh selten greifbar, weil mit ihrem persönlichen Überleben beschäftigt. Das ist ja die Quintessenz der »Indirekten Steuerung« (s. unten *Von unsichtbarer Hand geführt*): Die Ziele für die kommende Zeitperiode sind fixiert, jetzt ist es ausschließlich Sache des Mitarbeiters (bzw. der unterstellten Führungskraft), sie auf eigene Faust irgendwie zu erreichen. Komme, was wolle; bei den Ressourcen gibt es keinen Nachschlag.

Eine brillant geschriebene Realsatire auf diesen Führungsstil hat kürzlich Andreas Hillert (2014, S. 64–66) veröffentlicht: Der Vorgesetzte, perfekt geschult von *XYZ-Consulting*, macht im Zielvereinbarungsgespräch alles lehrbuchmäßig richtig und hat keinerlei Anlass, an sich zu zweifeln. Die eiserne Vorgabe ist: Mit 10 % weniger an Mensch und Material dieselbe Qualität zu liefern. Die unterstellte Führungskraft geht erst (insgeheim) wegen Burnout »auf Kur« und scheidet schließlich aus.

Gerhard Westermayer (2014) hat vor kurzem eine Fallstudie publiziert, in der dieser Führungsstil, den er mit »authentische Gleichgültigkeit« charakterisiert, augenscheinlich mit Krisensymptomen zusammenhing: »hoher Krankenstand, unterdurchschnittliche Zielerreichung und eine Stimmung, die von Resignation und Erschöpfung gekennzeichnet war«. So jedenfalls bei acht von zwölf Führungskräften; die übrigen vier praktizierten, was der Autor »respektvolle Annäherung« nennt, und sahen in ihren Teams das genaue Gegenteil.

Die zunehmende Vereinzelung ist aber ohnehin ein globales Phänomen. Positiv formuliert, haben heute mehr Menschen als früher verinnerlicht, dass sie Verantwortung für das eigene Leben übernehmen müssen, »ihres Glückes Schmied« sind. Man verlässt sich, jedenfalls in den Großstädten, nicht mehr so einfach auf den familiären Rückhalt oder das »soziale Netz«. Die Kehrseite dieser Individualisierung ist eine Entsolidarisierung bis hin zur Ellenbogen-Mentalität. Dauerhafte Bindungen werden allmählich zur Ausnahme, an die Organisation eh, aber auch im Privatleben. Gewerkschaften und andere Arbeitnehmervertretungen finden, vor allem in der jüngeren Generation, weniger Anklang als früher. In einem Satz: Wir bewegen uns in Richtung »mehr Freiheit, weniger Bindung«, aber auch in Richtung »weniger Sicherheit«.

Nun ist aber Unterstützung, in der Psychologie *social support* genannt, ein Stresspuffer. Das Bedürfnis danach ist unterschiedlich stark und auch im Laufe eines Lebens nicht konstant. So lange man auf dem Arbeits- und auch dem Beziehungsmarkt stark nachgefragt ist, ist Unabhängigkeit ein hohes Gut. »Der Starke ist am mächtigsten allein« (Schiller); jedenfalls fühlt er sich so. Wenn sich die Marktverhältnisse ändern, ändern sich allerdings auch die Prioritäten.

## Trau, schau wem

Vertrauen zwischen Menschen ist etwas Gutes, wer wollte es bestreiten. Ein Ur-Vertrauen zumindest in die eigenen Eltern, zumindest in den allerersten Jahren, ist wahrscheinlich eine Vorbedingung gesunder Persönlichkeitsentwicklung. Aber wer hat nicht auch schon die Erfahrung enttäuschten Vertrauens gemacht? Es bleibt dann der Konflikt zwischen dem elementaren Bedürfnis nach Sicherheit und Bindung einerseits und der Angst vor Enttäuschung andererseits. Im besten Fall lernt man, dass Vertrauen nicht unbedingt blind sein sollte.

Bis vor gar nicht langer Zeit war das Vertrauensverhältnis zwischen japanischen Arbeitnehmern und ihren Unternehmen legendär. Und auch bei uns gab es bis vor einigen Jahrzehnten die Siemensianer, Kruppianer, Opelianer, deren Familien ihrer Firma schon seit Generationen treu ergeben waren, womöglich in Werkssiedlungen unter ihresgleichen wohnten und im Gegenzug keine Kündigung zu fürchten brauchten.

Das ist vorbei. Kein Unternehmen, vom kleinen Handwerksbetrieb bis zum internationalen Konzern, kann seinen Angehörigen heute Zugehörigkeit bis zur Rente garantieren. Es gibt noch immer höchst loyale Belegschaften, aber die Loyalität kann nicht mehr auf Gegenseitigkeit beruhen.

Kann man denn wenigstens den eigenen Vorgesetzten vertrauen? Es kommt darauf an, wie weit. Wer wegen einer »Verschlankung«, einer Fusion, einer Übernahme seinen Job verlieren soll, verlässt sich besser nicht darauf, dass sein Chef deswegen Harakiri begeht oder selbst kündigt, um ihn nicht entlassen zu müssen. Im Zweifel sollte man sich nicht einmal darauf verlassen, einfach nur fair behandelt zu werden. Zu groß ist auch unter Führungskräften die Angst, nach oben hin schlecht dazustehen.

Auf vertraulichem Wege ist zu vernehmen, dass nicht einmal auf anonyme Mitarbeiterbefragungen mehr Verlass ist. Man fürchtet Repressalien des Chefs, sollte dieser negatives Feedback kassieren. Führungskräfte fordern ihre Mitarbeiter direkt dazu auf, bestimmte Kritikpunkte nicht zu benennen.

So ist denn das Ergebnis einer kleinen Befragung in einer psychosomatischen Klinik (Hillert et al 2012) zwar erschreckend, aber eigentlich nicht verwunderlich. Nicht wenige der befragten Burnout-Patienten gaben an, in ihren Organisationen gebe es zwar so etwas wie Betriebliche Gesundheitsförderung. Sie selbst wären aber nie auf die Idee gekommen, derlei in Anspruch zu nehmen! Zu sicher seien sie sich, dass vertrauliche Informationen andernfalls durchsickern würden.

Das extreme Gegenteil von Vertrauen und Unterstützung heißt *Mobbing*, ein Wort mit einer ähnlich kurzen Begriffskarriere wie Burnout. Die Ausgrenzung von Außenseitern, in Schulen, aber auch Betrieben, das hat es wohl schon immer gegeben. Ein komisches Aussehen, ein komischer Name, ein komischer Dialekt, das mag genügt haben, um jemanden in der Hackordnung nach unten zu befördern. Wer unter Dauerbeobachtung steht und jederzeit mit Spott rechnen muss, verhält sich natürlich nicht mehr unbefangen, sondern macht auch mehr Fehler, die dann zur Berechtigung des ursprünglichen Urteils her halten: »Der/die ist einfach blöd!«

Spießrutenlaufen

Was ein solches Spießrutenlaufen am Selbstwertgefühl eines Betroffenen anrichten kann, ist leicht zu erraten. So sind denn Mobbing-Opfer oft auch Burnout-Opfer.

Die Forschung zu diesem Phänomen steckt erst in den Kinderschuhen. Es ist aber plausibel, dass es besonders da zunimmt, wo es mit einem Unternehmen bergab geht. Dort verschärft sich die Konkurrenz auch innerhalb der Belegschaft. Auch sind Sündenböcke ein beliebter Blitzableiter für Aggressionen, die aus der eigenen Frustration entspringen. Wer als »Minderleister« gilt, hat nichts zu lachen.

Vertrauen in Organisationen oder Menschen ist das eine, was ins Wanken gekommen ist. Vertrauen in die eigene Zukunft, beruflich und finanziell, das andere.

Die neue Unberechenbarkeit

Der schon zitierte *Stressreport Deutschland 2012* (Lohmann-Haislah 2013) spricht von der »Ausbreitung beruflicher Unsicherheit in diskontinuierlichen Beschäftigungsverhältnissen als Ausdruck ständiger Veränderungsprozesse, einhergehend mit wachsender Instabilität sozialer Beziehungen in Zusammenhang mit Tätigkeits- und Berufswechseln«. Das soll noch einmal weniger akademisch formuliert werden. Wer bekommt heute noch, nach der Probezeit, einen unbefristeten Vertrag, womöglich in Vollzeit? Und wie viel Sicherheit würde ein solcher bescheren, man hätte ihn denn? Wer traut sich noch, angesichts der »wachsenden Instabilität«, Kinder in die Welt zu setzen? (Nicht mehr Viele in Deutschland, so viel ist bekannt.) Wer glaubt noch die Beteuerung »Die Renten sind sicher!«? Aber wer kennt noch (auch angesichts des Zinsniveaus) eine vernünftige Form der privaten Altersvorsorge, die er sich auch leisten kann? Angst vor Altersarmut geht um.

Für Entwicklungen dieser Art wird gern die Globalisierung verantwortlich gemacht. Das ist nicht ganz falsch, aber auch nicht ganz richtig. Schon, das alteingesessene Steuerbüro auf dem Lande, das die lokale Kleinunternehmerschaft bediente, steht neuerdings in einer gewissen Konkurrenz zu Firmen in Indien, die den gleichen Service womöglich schneller anbieten, jedenfalls aber billiger. Die Fertigung von Industrieunternehmen wird gern in Billiglohnländer ausgelagert, was die heimischen Belegschaften vor Aufmüpfigkeit warnt. Die Konkurrenz schläft nirgends. Nur stand sie früher nicht unmittelbar neben dem eigenen Arbeitsplatz. Auch das macht Angst.

Es ist aber vor allem so, dass durch das Niederlegen von Handelshindernissen auch die Grenzen zwischen nationalen Sicherungssystemen verschwinden. Chinesen, Pakistaner, Koreaner, Bangladeschis können auch darum niedrigere Fertigungskosten anbieten, weil Arbeitsschutzgesetze (wo es sie überhaupt gibt) bei ihnen viel geringere Nebenkosten verursachen. Das übt auch einen Druck auf die deutsche Politik aus. Die Agenda 2010 war vielleicht nur der Anfang. – Andererseits liest man von Ländern wie Italien, Griechenland oder Spanien, auch Japan, wo die Sicherheit bestehender Jobs nachwachsenden Generationen den Zutritt zum Arbeitsmarkt versperrt. Dort gibt es Hoffnungslosigkeit unter der Jugend, wie gut ausgebildet auch immer. Wo das Ideal zwischen solchen Extremen liegt, ist schwer zu bestimmen.

*Allzeit bereit*

Von den Gefahren für die Gesundheit durch permanente Erreichbarkeit ist in letzter Zeit häufiger die Rede gewesen. Erste Großkonzerne haben bereits versucht, durch Verbote von Emails nach Feierabend gegenzusteuern. Ich halte die Aufregung für übertrieben. Viele Arbeitnehmer »checken« ihre Mobilgeräte ohnehin und freiwillig im Viertelstundentakt, auch außerhalb der Arbeitszeit. Auf die Dauer gefährlich wird es erst, wenn auch eine unverzügliche *Reaktion* erwartet wird, und zwar immer.

Eine Branche, in der das normal zu sein scheint, ist die Unternehmensberatung. Die Harvard-Professorin Leslie A. Perlow (2012) fand bei ihren mehrjährigen Untersuchungen der *Boston Consulting Group* in den USA, dass es oft die kompetentesten Berater waren, die aus diesem Grunde kündigten: Die Anforderung, jederzeit auf jeden Kundenwunsch reagieren zu müssen, ließ sich mit einem auch nur halbwegs berechenbaren Privatleben nicht vereinigen. Als jedoch versuchsweise eine Regelung eingeführt wurde, die jedem Berater einen freien Arbeitstag – oder auch nur einen freien Feierabend – pro Woche garantierte, stieg nicht nur die Arbeitszufriedenheit und der Zusammenhalt in den Teams, auch die Qualität und die Kundenzufriedenheit verbesserten sich.

*Wertkonflikte*

Der Zwang, durch Kosteneinsparungen konkurrenzfähig zu bleiben, erhöht über Arbeitsverdichtung und Prozessbeschleunigung die Anforderungen an alle Beteiligten; dies erzeugt unmittelbar einen höheren Stresspegel. Zusätzlich und mittelbar bringt es den Einen oder die Andere aber auch noch in Konflikte mit dem eigenen Wertekanon.

- Mittelmanager sehen sich häufig in der Pflicht, Entscheidungen höherer Ebenen an die ihnen Unterstellten weiterzugeben, obwohl sie sie unsinnig und schädlich finden. Es gilt aber als gefährlich, diese Einschätzung durchblicken zu lassen.
- Auf Krankenstationen gibt es manchmal wegen Personalmangels oder hohen Krankenstandes nur noch eine Notbesetzung, was im Ernstfall schnell fatal werden könnte. Wer Alarm schlägt, die Information gar nach außen trägt, bekommt aber Ärger.
- Der Druck, neue Produkte zu generieren, bevor es die Konkurrenz tut, bringt manchmal Novitäten auf den Markt, die nach dem »Bananen-Prinzip« funktionieren: Sie reifen beim Kunden. Oder auch nicht; Rückrufaktionen beispielsweise von Autoherstellern gehen ständig durch die Presse. Ingenieure vom alten Schrot und Korn haben damit Probleme.
- Weisungsgebundene Anlageberater sehen sich gezwungen, Kunden Finanzprodukte »ins Depot zu drücken«, die überhaupt nicht für diese geeignet sind; andernfalls wird das wöchentliche Gespräch mit dem Chef unfreundlich und die eigene Provision schrumpft. Kundenorientierung steht auf dem Banner, Ertragsorientierung ist die Realität.
- Vor allem in der Wissenschaft, aber nicht nur dort, finden sich bis heute Menschen, die nach der Devise »Mehr sein als scheinen« leben. Das »Klappern«, das angeblich zum Handwerk gehört, stößt sie ab. Aber ohne ein Quantum an Selbstdarstellung kommt man heute meist nicht weiter.

Noch einmal: Kampf geht nicht, Flucht aber auch (noch) nicht: Stress II. Ordnung. Manche halten das nur unter Antidepressiva aus.

Schon in einem wissenschaftlichen Klassiker (Kahn et al. 1964) gibt es den »Inter-Sender-Konflikt« als Quelle von *Organisations-Stress*. Er tritt beispielsweise dann auf, wenn eine Führungskraft von einem Vorgesetzten ein »Hü«, von einem anderen ein »Hott« vernimmt. Zum Abschluss eines meiner Führungs-Workshops, am Nachmittag, sagte ein anwesender Hierarch in bester Absicht zu den Teilnehmern: »Wo wir nun so viel von gesundheitsförderlicher Führung gesprochen haben – gehen Sie mal mit gutem Beispiel voran und jetzt geradenwegs nach Hause!« Von mehreren

Zwischen allen Stühlen

aus der Gruppe hörte ich hinter vorgehaltener Hand: »*Mein Chef würde das nicht so gut finden – und außerdem arbeite ich meinen Schreibtisch lieber noch heute leer als morgen früh …*«

Spürbarer zwischen die Stühle kann man geraten, wo zwar offiziell die Devise gilt »Wir ziehen alle an einem Strang«, tatsächlich aber Abteilungs-Egoismus herrscht. Wohl überall ist es günstiger, dem eigenen Chef zuzuarbeiten als dem der Nachbarabteilung. Heute häufig sind Organisationen, die sich Mitarbeiter-Orientierung auf die Fahnen geschrieben haben, den Aufstieg aber ausschließlich von wirtschaftlichen Kennzahlen abhängig machen.

*Von unsichtbarer Hand geführt*

In dieser, wie gesagt unvollständigen, Liste Burnout begünstigender Umstände darf die sog. Indirekte Führung nicht fehlen. Da sie in erster Linie Führungskräfte aller Ebenen betrifft, hier dazu nur so viel: Es geht darum, dass Vorgesetzte Arbeitsaufträge nicht mehr im Detail vorgeben, sondern Ergebnisziele definieren (am besten in beiderseitigem Einvernehmen), die in einem bestimmten Zeitraum mit bestimmten Ressourcen erreicht werden sollen. Auf welchen Wegen und mit welchem Ressourceneinsatz, das ist Sache der Kompetenz und Kreativität des unterstellten Mitarbeiters bzw. Managers. Wo dieses System funktioniert, mag es tatsächlich zu Lernprozessen und Stolz beitragen. Schließlich kann man sich Erfolge dann selbst zugute schreiben.

Zu Stress und schließlich Burnout trägt es bei, wenn die Ziele permanent höher geschraubt werden, ohne dass die Ressourcenzuweisung mit steigt, und wenn Zielverfehlung schwer sanktioniert wird. Unter solchen Umständen mobilisieren Arbeitnehmer ihre letzten Reserven an Kraft und Zeit, u. U. bis zur Selbstzerstörung.

Wie weit verbreitet das Führungsmodell *Indirekte Führung* (und seine Perversion) sind, weiß niemand. Es scheint aber im Kommen zu sein.

## 2.9 Wer ist gefährdet?

Gibt es die Ausbrenner-Persönlichkeit? Sicher nicht. Aber als gedankliche Stütze ist nicht zu verachten, sich versuchsweise das Gegenteil vorzustellen: Wen wird es sicher nicht treffen?

Jetzt denken wir mal nicht an den indischen Fakir oder Säulenheiligen, den ganz im Hier-und-Jetzt schwebenden Maharishi – sie stehen unserer Lebenswirklichkeit vermutlich zu fern. Sondern an Alfred E. Neuman.

Ältere Leser mögen sich an die amerikanische Zeitschrift *MAD* erinnern. Auf den meisten Covers sah man Alfred, sozusagen die

Quintessenz des kleinen Blödmanns, wie er gerade grinsend etwas quintessentiell Blödes vollführte. Die wahrscheinlich berühmteste dieser Karikaturen: Auf die (unausgesprochene) Beruhigung *Don't worry!* (»Mach dir keine Sorgen«) antwortet Alfred *What, me worry?* (»Ich mir Sorgen machen?«). Er ist wunschlos glücklich, will bloß seinen Spaß. Es ist ihm offenkundig völlig egal, ob er irgendwelche Ansprüche oder Erwartungen erfüllt. Wer ihn kennt, weiß, dass er dazu auch nicht in der Lage wäre. Aber wie gesagt: Es ist ihm sowieso schnurz.

Schwer vorstellbar sind die Umstände, die Alfred E. Neuman in ein Burnout treiben könnten. Wollen wir ihn darum als Vorbild propagieren?

Das würde vermutlich eh nicht verfangen, so will niemand sein. Immerhin, Alfred ist frei von Antreibern. Von denen wird gleich die Rede sein. Auch davon, dass es nicht unbedingt erstrebenswert ist, gar keine in sich zu haben.

### 2.9.1 Getrieben von inneren Stimmen

Wie gesagt, den typischen Ausbrenner, die typische Ausbrennerin gibt es nicht. Es kann jeden erwischen. Aber es lassen sich einige Merkmale aufzählen, die die Anfälligkeit für Burnout sicher erhöhen, und zwar sowohl für die aktive Form (»Selbstverbrenner«) als auch für die passive (»Opfer der Umstände«). Wer diese Merkmale aufweist, gerät leichter in Fallen und findet schwerer aus ihnen heraus.

Dazu gehört eine übermäßige und einseitige Fixierung auf Leistungsziele und die Bereitschaft, diesen alles unterzuordnen. Solche Menschen können schlecht Nein sagen, auch sich selbst gegenüber. Sie lassen sich widerspruchslos Aufgaben zuschanzen, sorgen u. U. sogar selbst dafür, dass ihre *To-Do-List* nie kürzer wird. Oft scheuen sie auch Ungewissheit und verpassen schon wegen dieser Aversion gegen Risiken den Ausbruch aus unerträglichen Lebenssituationen. Wie gesagt, solche Lebenssituationen können auch privater Natur sein.

Solche Menschen leben meist mit einem oder mehreren sog. Antreibern in sich.

Das sind absolute Lebensgebote, die so tief verankert sind, dass sie nicht einmal dann in Frage gestellt werden, wenn sie das eigene Leben vergiften; die Umwelt muss da nicht groß beteiligt sein. Das Entwickeln von Gegengiften kann solche Menschen enorm entlasten.

<small>Von den Antreibern</small>

> **Die fünf klassischen Antreiber**
> Vereinfachend kann man fünf klassische Antreiber unterscheiden:
>
> 1. Sei perfekt!
> Das heißt soviel wie: Mach alles, was du tust, so gut wie möglich – auch wenn es wirklich nicht darauf ankommt! Am besten: Steigere dich ständig, denn man kann sogar das Beste immer noch ein bisschen besser machen! Sei nie mit dir zufrieden, ruh dich nicht auf Erfolgen aus! Und mach keine Fehler, nie!
>
> 2. Streng dich an!
> Das heißt soviel wie: Gib immer vollen Einsatz – auch wenn das wirklich nicht nötig ist! Auf keinen Fall darfst du es dir leicht machen! Ruh erst, wenn du alle Kräfte erschöpft hast! (Erfolg ist dabei zweitrangig.)
>
> 3. Beeil dich!
> Das heißt soviel wie: Mach alles, was du tust, so schnell wie möglich – auch wenn es wirklich nicht eilig ist! Trödel nicht rum, verschwende keine Zeit! Es gibt immer mehr zu tun, als du schaffen kannst!
>
> 4. Sei stark!
> Das heißt soviel wie: Zeig nie Schwächen, gib dir keine Blößen! Beherrsch dich! Gefühle sind ein Zeichen von Schwäche, also behalt sie für dich! Noch besser: Hab gar keine.
>
> 5. Mach's den anderen recht!
> Das heißt soviel wie: Die Bedürfnisse anderer sind immer wichtiger als die deinigen! (Am besten spürst du die deinigen gar nicht.) Denk an dich zuletzt, wenn überhaupt! Nimm dich nicht wichtig!
> Nach Kahler (1975).

**Wie man Antreiber erkennt**

Vielleicht haben Sie sich schon jetzt an der einen oder anderen Stelle wiedererkannt (oder gar an allen fünfen)? Sonst folgen hier noch ein paar Charakterisierungen, um die Sache plastischer zu machen. Wenn es nicht bei Ihnen selbst klick macht, vielleicht fällt Ihnen das eine oder andere Beispiel aus Ihrem Bekanntenkreis ein?

**Perfektionisten** Zu ein bisschen Perfektionismus (Antreiber 1) bekennen sich viele Menschen. Umso leichter, als das ja auch eine gewisse gesellschaftliche Anerkennung erfährt. Und wirklich unbedenklich sind solche, denen Arbeit nur Spaß macht, wenn das

Ergebnis richtig, richtig gut ausfällt, so dass man stolz darauf sein kann und es auch ist. Das ist dann so etwas wie der Handwerker-, der Tüftler-Stolz, und der entsprechende Ehrgeiz beschränkt sich meist auch nur auf die eigene Zunft.

Unangenehmer für das Umfeld sind diejenigen, die ihre hohen Ansprüche auch, oder vor allem, an alle Anderen richten, die Nörgler und Kritikaster also, denen man es nie gut genug machen kann. Oder die Rechthaber, die bei Kleinstdetails auf Feinarbeit bestehen.

Burnout-gefährdet sind diejenigen, die in allem perfekt sein müssen. Sie verschwenden enorme Zeit und Energie, weil auch der kleinste Fehler um jeden Preis vermieden werden muss. Auch da, wo er völlig folgenlos bleiben würde, ja, sie ein bisschen menschlicher machen würde. Sie korrigieren noch den letzten Tippfehler in privaten Emails. Sprechen druckreif und markieren Argumente mit »erstens«, »zweitens« und »drittens«. Frauen mit diesem Antreiber haben obendrein die Optik als potentielles Minenfeld. Bei ihnen muss zusätzlich noch der *Look* und die Kosmetik »stimmen«, nie »*overdressed*«, aber auf gar keinen Fall »*underdressed*«. Mittlerweile nicht mehr selten ist, was die Amerikaner *superwoman syndrome* nennen: Karriere, Partner, Kinder, Haus und Freundeskreis, alles muss super sein. An Männern wie Frauen dieser Art nagt ein innerer Aufpasser, der nie zufrieden ist.

**Pflichtmensch** Der Pflichtmensch (Antreiber 2) gönnt sich keine Pause, es gibt immer (zu) viel zu tun. Man tut normalerweise, schwitzend, drei Dinge gleichzeitig. Nicht umsonst erinnern viele der gängigen Burnout-Cartoons an die indische Göttin Shiva. Das ist die mit den sechs Armen, mit denen (beim Manager) entsprechend viele Telefone oder (bei der berufstätigen Hausfrau und Mutter) 1 Baby, 1 Kochlöffel und 1 Laptop bedient werden. Um Missverständnisse zu vermeiden: In solche Situationen kann man hineinrutschen (das würde eher zu »Opfer der Umstände« passen), man muss sie aber auch zugelassen und kann sie (unbewusst) gesucht haben. Jedenfalls: Die sog. freizeitorientierte Schonhaltung ist solchen Menschen ein Graus. Innere Ruhe gibt es frühestens, wenn die Erschöpfung eingesetzt hat. – Die griechische Antike hat dieses Muster im Mythos des Sisyphus verewigt, dem es niemals gelingt, seinen Stein bis auf den Gipfel zu rollen. Er hat nie Feierabend, Erfolg schon gar nicht; das war für die Götter, die ihn verdammten, die schwerste aller Strafen.

**Hektiker(innen)** Hektiker(innen) (Antreiber 3) erkennt man meist schon am Sprechtempo oder der gepressten Stimme. Sie neigen dazu, Sätze ihrer Gegenüber zu Ende zu sprechen oder vorzeitig zu beantworten. Sie schauen ständig auf die Uhr, werden rasch ungeduldig – Zeit ist Geld (jedenfalls ein Gut, das man nicht vergeuden darf). Warten müssen, z. B. im Verkehrsstau, macht sie wahnsinnig. Für nix und wieder nix – was hätte man in der Zeit erledigen können! Sind aber nicht selten auch selbst überpünktlich; man lässt niemanden warten. Entspannung fällt ihnen besonders schwer.

**Pokerfaces** Pokerfaces (Antreiber 4), eher männlich, aber nicht mehr ausschließlich, spielen im besten Fall »Fels in der Brandung«. Wenn sie diese Rolle nicht nur »spielen«, sondern »verkörpern«, wie etwa auf spezifisch hanseatische Weise Helmut Schmidt in der deutschen Öffentlichkeit, dann ist das für die Brandung – hoffentlich auch den Fels – etwas Gutes.

Aber häufiger sind wohl diejenigen, die bloß verinnerlicht haben, dass jedes Zeichen von »Schwäche« oder »Sentimentalität« von der Konkurrenz ausgenutzt werden könnte. In der Politik wie auch der Mikropolitik von Unternehmen und Behörden ist das leider keine unrealistische Vorstellung.

Aber wir haben ja hier im Besucher-Pavillon nicht nur die Wirtschaft oder die Organisationen im Visier. Auf Schulhöfen, wo es heute gilt, »*cool*« aufzutreten, geht es anscheinend nicht weniger gnadenlos zu. Wer da auf seinem *Facebook-Account* dummes Zeug postet, kann einem *Shitstorm* anheim fallen oder gar im realen Leben »geschnitten« werden.

Typischer für die Generation, die heute im »Wirtschaftsleben« steht: Das Pokerface spricht eher monoton, verschränkt gern die Arme vor der Brust und geht nie aus sich heraus. Man lernt es nicht kennen, wird nicht warm mit ihm. Es lässt sich nicht in die Karten gucken und wirkt leblos. Wenn die Krise einsetzt, dann zuerst mit körperlichen Symptomen. Menschen mit dem Antreiber »Sei stark!« brauchen wahrscheinlich am längsten, bis sie sich eingestehen, nicht weiter zu wissen. Erst recht, um sich Hilfe zu suchen.

**Wohltäter(in)** Der oder die Wohltäter(in) (Antreiber 5) hat oft einen Helfer-Beruf ergriffen, aber nicht unbedingt. Auch in Betriebs- oder Personalräten ist dieser Typ anzutreffen, dort allerdings selten an der Spitze. Die vielen Ehrenamtlichen in Sozialverbänden u. Ä. dürften ebenfalls mit diesem Antreiber gesegnet sein.

Um Missverständnisse zu vermeiden: Diesen Menschen soll hier nicht ein »Helfersyndrom« attestiert werden, ebenso wenig, wie das Schmidbauer (1977) mit seinem Bestseller *Die hilflosen*

*Helfer* beabsichtigte. Man würde sich heute mancherorts eher ein wenig mehr »ziviles Engagement« in der Breite wünschen. Es geht nur um die Risiken, die der Antreiber mit sich bringt, wenn er überstark ausgeprägt ist.

Wohltäter(innen) haben, im Allgemeinen in der Kindheit, gelernt, ihre Ansprüche zurück zu stellen: Erst kommen die anderen, dann kommt lange nix, frühestens dann kommst vielleicht du. Die Bedürfnisse und Wünsche, die so nie zu Ansprüchen werden dürfen, sind aber natürlich trotzdem vorhanden: Auch ich möchte, dass mal jemand für mich da ist (natürlich nur, wenn ich es brauche), auch ich möchte die Aufmerksamkeit, die ich permanent gebe! Ich weiß schon, dass es auf dieser Welt nichts umsonst gibt, aber habe ich nicht genug für andere getan, um mir wenigstens ein bisschen Sympathie verdient zu haben?

Darum zu bitten, fällt jedoch extrem schwer. Man hat auch keine Übung darin, also kommt es manchmal »falsch raus« und führt so zu Komplikationen. Andere Möglichkeit: Wenn dennoch Anteilnahme, Hilfe oder Aufmerksamkeit tatsächlich kommen, kann das so ungewohnt und für das Selbstbild gefährlich sein, dass es nicht richtig angenommen, »verdaut« werden kann. Man wird dann nie satt und u. U. unersättlich.

Wohltäter(innen), liebenswürdig, aber auch liebesbedürftig wie sie sind, bilden ein leichtes Opfer für Ausbeuter. Wenn der Undank endlich nicht mehr zu übersehen ist, kann die Bitterkeit keine Grenzen kennen.

Spätestens jetzt ist es Zeit für eine Ehrenrettung der Antreiber. Man bekommt sie übrigens früh implantiert, wann genau, darüber sind sich nicht einmal die Erfinder des Begriffs einig – schon ab 3? Erst ab 8? Und die Eltern, Großeltern oder wer sonst da aktiv waren, sie wollten (wir hoffen, immer) das Beste für dieses Kind, das Sie, liebe Leserin, lieber Leser waren: »Es soll doch mal was aus dir werden – jedenfalls kein Versager!« Je nach dem, ob Sie ein Kriegskind, ein Nachkriegskind, ein *Babyboomer* (Geburtsjahr 1964 ± 5 Jahre) oder ein Angehöriger der sog. Generation Y (etwa 1980 und später) sind, wird das variieren, was man Ihnen mitgeben wollte.

Je früher im letzten Jahrhundert das passierte, desto wahrscheinlicher werden Sie auf die sog. Sekundärtugenden verpflichtet worden sein, die preußischen: Fleiß, Treue, Gehorsam, Disziplin, Pflichtbewusstsein, Pünktlichkeit, Zuverlässigkeit, Ordnung, Höflichkeit, Sauberkeit. Je jünger Sie sind, desto wahrscheinlicher haben Sie gerade eine heftige Abwehrreaktion in sich verspürt: Wieso denn so was?

Dies ist nicht der Ort, über den Sinn dieser Werte zu streiten. Worüber man sich aber ohne Streit einigen können sollte: Die obi-

Ehrenrettung der Antreiber

gen fünf Antreiber haben ihren Sinn, wenn sie nicht absolut, nicht fanatisch hoch gehalten werden. Wer von ihnen gar nichts in sich übernommen hat – wie Alfred E. Neuman – wird es nirgendwo zu irgendetwas bringen, weder zu beruflichem Erfolg, noch (und das ist wichtig) zu Freunden.

Es ist nämlich für die Selbstachtung der allermeisten Menschen, auch in anderen Kulturen, wichtig, irgendetwas zu können. Nicht notwendig auf Weltmeister-Niveau, aber je nach Ausgangslage doch wenigstens durchschnittlich gut.

Ähnlich ist es mit dem Wollen: Wer sich überhaupt nie anstrengen, für gar nichts Energie mobilisieren kann, wird natürlich nie Ziele erreichen.

Manchmal muss man sich beeilen. Spätestens, wenn die Hütte brennt. Oder wenn man mit Anderen kooperieren muss, die es eiliger haben.

Ein bisschen Impulskontrolle ist wahrscheinlich sogar in der Theater- oder Pop-Szene von Vorteil, wo ansonsten Unangepasstheit, Spontaneität, ja Impulsivität geschätzt wird. Im bürgerlichen Leben Nordeuropas, sogar in der *After-Work-Lounge* großstädtischer Szene-Viertel, gibt es Spielregeln, wie viel man »rauslassen« darf von der Sau. Ganz sicher sollte man nicht zu viel »raushängen« lassen, wenn man als »starker Typ« durchgehen möchte. Wie einer sich im stillen Kämmerlein fühlt, wegen Entlassung, Todesfall oder Verlassenwordensein beispielsweise, das geht höchstens die besten Freunde an. Man belästigt damit aber nicht das weitere Umfeld. Und wahrt die Fassade.

Wer nicht in der Lage ist, sich zumindest eine Weile zurück zu nehmen, Anderen mal den Vortritt zu überlassen, Kompromisse zu machen oder gar Hilfe anzubieten, wo Not am Mann ist, der kann es weit bringen. Er wird aber eher einsam bleiben. Es gibt Ausnahmen.

Wo fängt die Gefahr an?

Gefährlich wird es spätestens, wenn die Antreiber-Gebote absolute Geltung bekommen.

– Wenn also alles immer perfekt sein muss, auch wenn vielleicht etwas Spielerisches, Kreatives viel eher zu den Anforderungen der Situation passen würde. Wenn im Wettbewerb schon Platz 2 nichts mehr wert ist.
– Wenn es kein Zur-Ruhe-Kommen, aber auch weder Spiel noch Genuss mehr gibt, weil nur Anstrengung moralisch hoch steht, Leichtigkeit dagegen immer etwas fragwürdig scheint.
– Wenn keine Besinnung, auch kein ruhiges Nachdenken mehr möglich ist, weil alles sofort und schnell passieren muss.

- Wenn das Gefühlsleben verödet, weil immer die starke Fassade gepflegt werden muss.
- Wenn sich das Leben im Helfen erschöpft, und innere Leere eintritt, sobald kein Hilfsbedürftiger in Sicht ist.

Menschen mit starken Antreibern, vor allem solchen vom Typ 1–3 und 5, sind sozusagen »unterbegrenzt«. Sie leben von außen nach innen, lassen sich leben, statt sich nach ihren eigenen Bedürfnissen zu richten. Sie sind ohne viel Nachdenken bereit, beinahe alles zurück zu stellen, um Ziele zu erreichen, die ihnen von ihren Antreibern diktiert werden. Das kann lange gut gehen, solange die Antreiber nicht miteinander in Konflikt geraten und, vor allem, so lange es dafür ausreichende Belohnungen gibt. Spätestens dann, wenn diese ausbleiben oder nicht mehr befriedigen, kann die Krise folgen.

Sind wir denn nun unseren Antreibern lebenslänglich ausgeliefert? Nein, wir können sie entschärfen. Wie das geht, erfahren Sie im Forschungs- und Entwicklungslabor (▶ Kap. 3).

Was tun mit den Antreibern?

Und wie sähe nun das Gegenprogramm aus? Das wären Menschen, die in sich ruhen. Denen es jederzeit leicht fällt, eine Balance herzustellen zwischen ihren Bedürfnissen und den Anforderungen der Situation. Entweder durch kurzes bewusstes Abwägen oder, noch besser, rein intuitiv. Die Balance, das kann auch einmal das Mobilisieren aller Kräfte sein, wenn ein Katastrophenzustand es erfordert, ohne Rücksicht auf die eigene Trägheit. Oder eben völliges Abschalten, wenn nichts dergleichen vonnöten ist. Und wenn man sich rückblickend einmal zugeben muss, in der einen oder der anderen Richtung über das Ziel hinausgeschossen zu sein, dann werden solche Menschen souverän genug sein, damit ihren Frieden zu machen. Sie unterliegen auch beim Meta-Ziel des Balance-Haltens keinem Perfektionismus.

Zauberwort Balance

## 2.10 Wer trägt die Schuld an Burnout?

Wenn beim Thema Burnout Arbeitgeber- und Arbeitnehmersicht aufeinander prallen, kommt rasch die Schuldfrage auf den Tisch. Und die ist naturgemäß heikel.

Bevor einige Argumente dieser gegenwärtig hochpolitischen Auseinandersetzung abgewogen werden, sei daran erinnert, dass im Einzelfall eines Burnout-Prozesses kaum jemals Innen- und Außenfaktoren säuberlich zu trennen sind. Zwei Beispiele:

**Beispiel**
Wieso brannte Friederike Helger (s. oben ▶ Abschn. 2.5) als Erzieherin aus? Sie brachte mindestens drei starke Antreiber mit (vor allem »Mach´s den andern recht!«) und ist insoweit eine prototypische Selbstverbrennerin. Warum konnte sie das nicht erkennen und rechtzeitig zur Reisekauffrau umsatteln (was sie später tat)? Nun ja, sie musste erst »ans Ende der Möglichkeiten« kommen und zeitgleich einen Freund akzeptieren, der ihr beim Ausbruch aus ihrer Falle half. Aber woher kamen die Antreiber? Unter den üblichen Verdächtigen ragt die Mutter heraus. Immerhin: Eine Kindertagesstätte für mehrfach schwerbehinderte Kinder bietet mehr Chancen zur Selbstüberforderung als ein Job am Fließband.

**Beispiel**
Sieglinde Ingelken war kein Kind von Traurigkeit, von Antreibern weitgehend verschont. Sie wird in ▶ Abschn. 2.7 als typisches »Opfer der Umstände« vorgestellt. Warum zog sie nicht die Reißleine, als sich in ihrer Firma alles so zuspitzte? Nun ja, sie war 17 Jahre dabei gewesen und verdiente relativ gut. In ihrem Alter wäre ein freiwilliger Wechsel riskant gewesen; ihr Mann verdiente wenig, die Tochter zögerte mit dem Nestabflug. Dass sie einen neuen, jungen Chef bekam, sah sie nicht als Bedrohung. Dass die Kollegen nur hinter vorgehaltener Hand solidarisch waren, dass der Betriebsrat einknickte, merkte sie erst am Ende. Mit einem mutigen Anwalt hätte sie gute Chancen vor einem Arbeitsgericht gehabt, aber auf diese Idee kam sie nicht mehr.

Nur zwei Beispiele, die etwas Wichtiges illustrieren: Die Frage »Warum ist das so passiert?« ist falsch gestellt. Sinnvoller ist es, zu fragen »Wie ist es soweit gekommen?« Denn über diese Frage kommt ins Blickfeld, dass Schritt für Schritt »Eins das Andere« gab, wobei innere und äußere Faktoren wechselseitig zum Zuge kamen. Die Schuldfrage kompliziert sich so eher. Je nach Sichtweise kann man mindestens zwei Versionen eines Burnout-Prozesses schreiben, im Strafprozess tun das ja auch Anklage und Verteidigung. (Ich beneide Richter nicht, die solche Fragen dennoch entscheiden müssen.) Früher oder später, soviel kann man vorhersagen, werden Klagen vor deutsche Gerichte kommen, in denen Arbeitgebern Verletzung der Fürsorgepflicht vorgeworfen wird. Die sog. Gefährdungsbeurteilung, die schon lange auch Risiken für die psychische Gesundheit betrachten muss, haben nämlich erst relativ wenige Unternehmen durchgeführt. Wer es nicht tut, hat kaum etwas zu befürchten.

Kritiker der gerade etwas abflauenden Burnout-Hysterie weisen gerne darauf hin, dass die standardmäßigen deutschen Arbeitsbedingungen – 38.5-Stunden-Woche, Urlaubsanspruch,

Kündigungsschutz etc. – im Vergleich etwa zur Nachkriegszeit (oder zu Ländern der 3. Welt) doch recht komfortabel seien. »Meine Omma hat nach dem Krieg drei Jobs gleichzeitig gehabt, Feierabend gab es nie und der Hunger war groß! Die kannte auch kein Burnout!« Oder: »Die Leute in den Entwicklungsländern arbeiten unter unbeschreiblichen Umständen – jammern aber nicht wie wir!«

Diese Argumentation hat einen wahren Kern, auf den wir gleich zurückkommen werden. Zunächst aber: Schon die Fakten stimmen nicht. Die Not nach dem II. Weltkrieg (übrigens auch nach dem I.) hat viele von ihr Betroffene gebrochen. Es gab nicht wenige Suizide (manche per Alkohol). Dokumentiert wurde derlei eher literarisch, Sozialwissenschaft fand noch nicht wieder statt oder hatte andere Sorgen. Schon, es gab auch die Wiederaufbau-Euphorie der Wirtschaftswunderjahre: »Hurra, wir leben noch! Und jetzt werden die Ärmel aufgekrempelt …«. Aber eben auch nur bei den von ihr Betroffenen. – Aus den *Boom-Cities* Chinas wird heute von rasant um sich greifenden Burnout-Entwicklungen berichtet (unter Verwendung dieses Begriffs!). Allerdings haben staatlich kontrollierte Medien natürlich keinerlei Interesse, dergleichen an die große Glocke zu hängen. Sogar wenn sie es täten, würden wir es nicht mitbekommen, die Burnout-Kritiker schon gar nicht. – In Frankreich gab es vor einigen Jahren eine Welle von Manager-Suiziden, die sich bei einigen wenigen Unternehmen häuften. In Deutschland erfuhr das nur, wer zu französischen Meldungen Zugang hatte oder zufällig *Arte* sah.

> **Der wahre Kern: Es sind nicht die objektiven Umstände der Arbeit oder des Lebens, die Burnout auslösen. Vielmehr das, was sich als subjektive Abbildung in unserem Inneren niederschlägt. Die Abbildung ist zwar im Allgemeinen nicht völlig unabhängig vom Abgebildeten. Aber auch nicht identisch; die Landkarte ist nicht die Landschaft.**

Es macht einen gewaltigen Unterschied, ob man sich (z. B. mit einem abgeschossenen Arm) darüber freut, noch ein Leben vor sich zu haben, oder aber alle beneidet, die unversehrt davon gekommen sind (und noch sämtliche Berufe ergreifen können). Wo alle alles verloren haben (oder wo alle schon immer arm waren), ist das leichter zu ertragen, als da, wo man zusehen muss, wie »Kriegsgewinnler« in Saus und Braus leben. Oder wo man – erst über Transistorradio, dann über Fernsehen, Internet oder Handy – erfährt, dass in anderen Teilen der Welt ganz anders gelebt wird. Der Unterschied liegt im Gefühl.

Das Gefühl wiederum hängt von Vergleichen ab. Das Gefühl ist gut, wenn es einem heute besser geht als gestern und wenn sich das voraussichtlich morgen so fortsetzen wird. Und umgekehrt.

Beispiele: Die sog. Ostalgie benennt ja das Gefühl derer, die bei der »Wende« zwar Freiheit (z. B. der Meinungsäußerung und des Reiseverkehrs) gewonnen, dafür aber Sicherheit (eines Arbeitsplatzes und wenigstens bescheidenen Lebensstandards, oder anderes) verloren haben. Die sog. Hartz-Reformen der »Agenda 2010« haben auch im Westen das Gefühl der Unsicherheit verstärkt. Parallel machten die oben skizzierten Veränderungen Arbeit und Leben weniger gemütlich. Aber auch bei der Arbeit gilt das selbe Prinzip: Es kommt nicht auf die »objektiven« Umstände der Arbeit an oder auf die Wochenstunden. Die mögen sich in vielerlei Hinsicht seit der Nachkriegszeit verbessert haben. Vielmehr kommt es darauf an, wie man sich bei der Arbeit fühlt.

Dabei entscheidet der Vergleichsmaßstab (und natürlich auch der eigene Erfahrungshintergrund), ob man das Glas voller oder leerer findet. Unvergesslich der Spruch einer Seminarteilnehmerin, deutlich älter als ich, 1977 in einer eher spartanischen norddeutschen Tagungsstätte: »Man muss auch mal schlechten Kaffee trinken, um zu merken, wie gut guter Kaffee schmeckt!«. Alles relativ. Klar, verglichen mit Griechenland, Spanien oder Portugal (von Argentinien zu schweigen) »geht's uns doch gold«. Aber wir vergleichen uns lieber mit Deutschland vor der Agenda. Vorher-Nachher: Mhm.

Das Gefühl der »Opfer der Umstände« hängt auch, vielleicht vor allem, davon ab, ob sie sich gerecht behandelt fühlen, vom Schicksal, vom Arbeitgeber, vom Ehepartner. Gerechtigkeit gibt es nicht auf Erden, schon klar. Aber mancher tut sich heute schwer, das zu akzeptieren, wenn ihn eine Ungerechtigkeit trifft. Bücher, auch dieses, animieren ja dazu, vermeintliches Schicksal nicht einfach hinzunehmen. Vor allem, wenn es nicht das Schicksal war, das die Karten gemischt hat, sondern der Unternehmensvorstand oder der Anwalt des Ehemannes. Dann kämpfen, wenn der Kampf nicht aussichtslos ist! Wo man aber, nach realistischer Einschätzung, sehen muss: Ich kann bloß in rotierende Windmühlenflügel laufen (oder in feuchte Tücher), da ist es weiser (auch so ein Zauberwort, das vor Burnout schützt), auf *Gelassenheit* zu schalten: »Der Herr hat's gegeben, der Herr hat's genommen, der Name des Herren sei gelobt.«

> Was heißt das nun alles? Jede(r) Einzelne von uns ist aufgerufen, das jeweils Beste aus dem Möglichen zu machen. Schicksalsschläge als solche hinzunehmen, wenn möglich

positiv zu wenden. Sich mit Unabänderlichem abzufinden. Arbeitgeber sollten sich freilich nicht darauf ausruhen, dass ihren Mitarbeiter(inne)n diese Lebenskunst schon gelingen wird. Sondern darauf hin arbeiten, dass das Mögliche das Bestmögliche ist.

## 2.11 Fazit

Fassen wir zusammen:
- Psychischer Stress entsteht, wenn wir vor Anforderungen geraten, die uns auch überfordern könnten.
- Wenn dann weder Kampf noch Flucht möglich scheinen, kann der Stress zu Dauerstress werden. Stress I. Ordnung geht in Stress II. Ordnung über. Man fühlt sich wie in einer Falle. Das kann in vielen beruflichen, aber auch privaten Situationen passieren.
- Man kann in Fallensituationen durch (unbewusstes) eigenes Zutun geraten oder ohne eigene Beteiligung. Meist sind beide Komponenten beteiligt, innere wie äußere. Im ersteren Fall kann man von »Selbstverbrennern« sprechen, im letzteren von »Opfern der Umstände«.
- Vielfältige, meist rasche, Veränderungen der Rahmenbedingungen beruflicher Arbeit haben in den letzten Jahren viel Anpassungsanstrengungen gefordert.
- Das Führungsmodell »Indirekte Steuerung« ist eine dieser Rahmenbedingungen.
- Es gibt nicht *die* Ausbrenner-Persönlichkeit. Aber wer einen oder mehrere der fünf bekannten »Antreiber« in sich trägt, ist besonders gefährdet.
- Die Schuldfrage ist schon im Einzelfall kaum jemals zu beantworten. Allgemein ist sie es sicher nicht.

## Literatur

Bloch A (1978). Combat neurosis in inner-city schools. American Journal of Psychiatry, 135, 1189–1192
Burisch M (2014). Das Burnout-Syndrom. Theorie der inneren Erschöpfung. Springer, Heidelberg
Hillert A (2014). Burnout – Zeitbombe oder Luftnummer? Schattauer, Stuttgart
Hillert A, Koch S, Voderholzer U (2012). Burnout-Erleben, Akzeptanz und Nutzung von Gesundheitsangeboten in Betrieben aus Sicht psychosomatischer Patienten. Arbeitsmedizin, Sozialmedizin, Umweltmedizin, 47, 494–501.
Kahler T (1975). The key to the process of scripts. TA Journal, 5, 280–284
Kahn RK, Wolfe DM, Quinn RP et al (1964). Organizational Stress. Wiley, New York
Karasek R (1979). Job demands, job decision latitude, and mental strain: Implications for job redesign. Administrative Science Quarterly, 24, 285–308

Linden M (2003). Posttraumatic embitterment disorder. Psychotherapy and Psychosomatics, 72, 195–202
Lohmann-Haislah A (2013). Stressreport Deutschland 2012. BAuA, Dortmund
Martynkewicz W (2013). Das Zeitalter der Erschöpfung. Aufbau, Berlin
Maslach C, Leiter MP (2001). Die Wahrheit über Burnout. Springer, Heidelberg
McGee-Cooper A (1990). You don't have to go home from work exhausted! Bowen & Rogers, Dallas
Perlow LA (2012). Sleeping with your smartphone. How to break the 24/7 habit and change the way you work. Harvard Business Review Press, Boston
Schmidbauer W (1977). Die hilflosen Helfer. Rowohlt, Reinbek
Seidel W (2011). Burnout. Humboldt, Hannover
Westermayer G (2014). Gesundheitsförderndes Führungsverhalten. Journal Gesundheitsförderung, 1, 16–19

# Im Burnout-Forschungs- und Entwicklungslabor

*Matthias Burisch*

3.1 Die Auslöser von Burnout: Fallen, Zwickmühlen, Konflikte – 52

3.2 **Das Radler-Modell – 55**
3.2.1 Von der Wichtigkeit von Zielen – 58
3.2.2 Schwacher Energienachschub: Wenn die Pulle leer bleibt – 74
3.2.3 Der tägliche Ärger – 81
3.2.4 Gebeugt unter fremden Lasten – 92
3.2.5 Schwachstellen – 104
3.2.6 Innere Bremse – 110
3.2.7 Ansprüche an sich selbst – 113
3.2.8 Gefahren und Hindernisse – 123
3.2.9 Magere Diät – Hunger nach Belohnungen – 129

3.3 **In der Röntgen-Abteilung – 138**
3.3.1 Wer bin ich und wenn ja, warum? – 139
3.3.2 Die innere Visitenkarte – 142

**Literatur – 144**

Vielleicht sind Sie aus der **Burnout-Eingangshalle** (▶ Kap. 1) auf direktem Wege hierher gelangt, vielleicht haben Sie sich auch erst im **Burnout-Besucher-Pavillon** (▶ Kap. 2) umgesehen. Hier, im **Burnout-Forschungs- und Entwicklungslabor**, wollen wir klären, welcher Art Ihre Probleme sind; das ist die Forschung. Und nach Wegen suchen, wie diese zu lösen sind; das ist die Entwicklung. Wenn Sie die Burnout-Kur mit einer klareren Identität verlassen möchten, können Sie auch noch die **Röntgen-Abteilung** besuchen. Das kann Ihnen zu schärferen Konturen verhelfen und Ihre Burnout-Gefahr für die Zukunft verringern.

## 3.1 Die Auslöser von Burnout: Fallen, Zwickmühlen, Konflikte

Sollten Sie das vorige Kapitel übersprungen haben: Eine Falle ist eine Lebens- oder Arbeitssituation, aus der Sie gerne heraus wollen, aber nicht können. Vielleicht sind Sie ratlos, weil Sie keinen Ausweg sehen. Vielleicht sind Sie mutlos, weil Ihnen der Preis zu hoch erscheint. Vielleicht sind Sie sogar hoffnungslos, weil Sie meinen, schon alles probiert zu haben. Dann sollten Sie sich möglicherweise besser erst einmal in die **Burnout-Notfall-Ambulanz** (▶ Kap. 4) begeben. Auf jeden Fall kann es nicht schaden, wenn Sie den Abschnitt über die Fallen (in ▶ Kap. 2, Woher kommt's?) lesen, ggf. ein zweites Mal.

Bevor es weiter geht, sollten wir zwei Vorfragen klären:
- Ist Ihre Erschöpfung vielleicht rein körperlich erklärbar? Und wenn nein:
- Kennen Sie die Lösung für Ihre Probleme vielleicht schon?

**Verdachtsdiagnosen**

Wenn Ihr Leidensdruck in erster Linie von einer schon länger andauernden Erschöpfung herrührt, die Sie sich nicht erklären können, dann sollten Sie unbedingt einen Termin bei einem Internisten (evtl. auch einen zweiten bei einem Neurologen) machen. Es gibt nämlich eine ganze Liste von eher »körperlichen« Verdachtsdiagnosen, die das Symptom Erschöpfung gut erklären können. Einen Auszug aus dieser Liste finden Sie hier. Vielleicht nehmen Sie sie mit zum Arzt.

> **Organische Erkrankungen, die mit Erschöpfung einhergehen**
> - Anämie
> - Eisenmangel

- Schilddrüsenfehlfunktion
- Diabetes
- Herzinsuffizienz
- Chronische obstruktive Lungenerkrankung
- Niereninsuffizienz
- Borreliose
- HIV
- Tuberkulose
- Krebs
- Entzündliche Systemerkrankungen
- Schlafstörungen
- Degenerative Erkrankungen des Zentralnervensystems
- Fibromyalgie
- Medikamentennebenwirkungen

Nach von Känel (2008) und Husmann (2012).

Wenn sich herausstellen sollte, dass Sie tatsächlich unter einer dieser »organischen« Störungen leiden, dann ist dies Buch dennoch nicht wertlos für Sie. Nehmen wir an, bei Ihnen wird ein Diabetes (»Zucker«) festgestellt. Die so erklärbare Müdigkeit, verbunden mit überhöhten Ansprüchen an Ihre Leistungsfähigkeit, kann Sie natürlich in die Resignation treiben, weil Sie Tag für Tag Ihr »Pensum« nicht mehr schaffen. Selbstverständlich werden Sie dann damit anfangen wollen, den Diabetes unter Kontrolle zu bekommen, was mit Medikamenten oder Ernährungsumstellungen auch möglich sein sollte. Sobald dieses Problem gelöst ist, wird aber das Anspruchs-Thema wieder in den Vordergrund drängen. Und dann sind Sie hier im Forschungs- und Entwicklungslabor wieder gut aufgehoben.

Es kann ja auch sein, dass Sie schon jetzt ziemlich genau wissen, wie Sie Ihr Problem »eigentlich« lösen könnten. Ihr Autor will Sie nicht davon abhalten, den Rest dieses Buches zu lesen. Aber wenn ich auf diese Weise Leserpost oder *Amazon*-Rezensionen vom Typ »hat dann letztlich doch nix gebracht« vermeiden kann, dann will ich doch eine Abkürzung, einen »Schleichweg« sozusagen, wenigstens nicht unerwähnt lassen.

> Wissen Sie, was Sie tun müssten – tun es aber nicht?

Sollten Sie bereits ziemlich klare Vorstellungen haben, wie der Ausbruch aus Ihrer Falle zu bewerkstelligen wäre, dann lassen Sie uns ein bisschen darüber nachdenken, warum Sie diesen Weg noch nicht beschritten haben. Ist Ihnen jetzt schon klar, dass Ihre Ehe unrettbar zerrüttet ist (und dass das Ihr Kernproblem ist)? Ist Ihnen jetzt schon klar, dass Sie aus Ihrem Job, möglicherweise aus

Ihrem Beruf, raus müssen (und dass das Ihr Kernproblem ist)? Ist Ihnen jetzt schon klar, dass Ihre verdammte Harmoniesucht Sie hindert, sich abzugrenzen (und dass das wohl nur in einer Psychotherapie zu ändern wäre)? Haben aber in allen drei Fällen (oder weiteren, die in Frage kommen) noch keinerlei Anstalten gemacht, auch nur Pläne zu schmieden? Oder brechen das Pläneschmieden immer wieder früh ab, weil Ihr Gefühl sagt: Das schaffst du sowieso nicht?

Sollten Sie soeben mindestens einmal genickt haben, dann habe ich im Rahmen der Burnout-Kur vor allem drei Empfehlungen.

- Vielleicht kommen Sie sich selbst auf die Schliche und können sich so **entblockieren**. Was hat Sie in den drei skizzierten Beispielen gehindert, aktiv zu werden? Im ersten Beispiel (Ehe) vielleicht ein ausgeprägtes Sicherheitsbedürfnis, vielleicht ein Pflichtgefühl (»die Kinder!«), vielleicht Angst vor Ablehnung (»was werden die Nachbarn denken?«). In Beispiel zwei (Job) wahrscheinlich ein Sicherheitsbedürfnis (»vom Regen in die Traufe?«, »in meinem Alter?«), *vielleicht* aber auch einfach nur Trägheit. In Beispiel drei (Psychotherapie bzw. Coaching): »Ob's das bringt? Kost' ja auch Geld!« Alles verständlich. Aber wägen Sie ab: Was ist wichtiger? Sie haben – vorerst – nur *ein* Leben.

Wenn Sie eine verlässliche und vertrauenswürdige Bezugsperson haben, dann beziehen Sie die in Ihren Abwägungsprozess mit ein. Noch eine Möglichkeit: Stellen Sie zwei Stühle nebeneinander und setzen Sie sich auf einen davon. Sprechen Sie laut aus, was Ihre Veränderungsmotivation sagt, z. B.: »Ich will hier raus! Ich halte es nicht mehr aus!« Setzen Sie sich dann – immer Zeit lassen! – auf den anderen und lassen Sie den Bedenkenträger sich äußern: »Mensch, du bist nicht mehr zwanzig! Was man mal angefangen hat, muss man auch zu Ende führen!« Darauf dann wieder der erste Stuhl. Und wieder Wechsel, bis Sie das Gefühl haben, dass nichts Neues mehr kommt. Dann ein bisschen Verdauungspause. Schließlich möglicherweise ein paar Notizen.

- **Zieldefinition** – Wichtig ist zweierlei: Erstens muss Ihr Ziel *eindeutig* positiv besetzt sein. Sie können sich also ausmalen, wie Sie – nachdem Sie Ihren Job aufgegeben und sich selbständig gemacht haben – in Ihrem eigenen Büro, in Ihrer eigenen Werkstatt sitzen und sich Ihrer Unabhängigkeit freuen. Wenn sich in dieses Wohlgefühl ein kleines Bauchgrummeln mischt, wegen des Kredits, den Sie haben aufnehmen müssen, dann sollten Sie das Ziel umformulieren (z. B. »Job anfangs nur noch halbtags, Aufbau der Selbständigkeit aus dem halben Gehalt«). Es kann auch sein, dass Sie das Grummeln durch Überlegungen (»Zur Not kann ich mir etwas bei Freunden leihen«) beseitigen können. Es ist aber ratsam, Risiken und Nebenwirkungen nicht einfach auszublenden. Zweitens müssen Sie Ihr Ziel eigenständig erreichen können. Es wird Ihnen die Durchschlagskraft fehlen, wenn Sie noch X, Y oder Z als Mitspieler brauchen. Natürlich können Sie als erstes Zwischenziel festsetzen: »Ich fasse mir endlich ein Herz und frage X, Y oder Z, ob die zusammen mit mir etwas aufmachen wollen«.

Überhaupt Zwischenziele: Wenn es so gar nicht losgehen will mit der Lösungsplanung, können Sie das Problem umdefinieren. Vielleicht fehlen Ihnen Informationen? Dann wäre ein Zwischenziel »Informationen beschaffen«. Und wenn auch das Sie erstmal ratlos lässt: »Informationsquellen ausfindig machen«. Sie gehen so lange einen Schritt zurück, bis Ihnen etwas einfällt, was Sie tun können.

- **Selbstmanagement** – Sie könnten sich das Buch *Selbstmanagement – ressourcenorientiert* von Storch u. Krause (2014) besorgen. Wenn Sie keine Angst vor Fremdworten haben: Das bereitet das Thema ziemlich gründlich auf.

Ergänzend oder als Alternative (wenn Sie das Gefühl haben: »Bücher haben mir noch nie was gebracht«) könnten Sie *Zürcher Ressourcen-Modell* oder einfach *ZRM* zusammen mit Ihrem Wohnort oder der nächsten größeren Stadt im Internet suchen. Wenn Sie dort einen Workshop oder ein Seminar finden: Überlegen Sie es sich. Ihr Autor ist mit den Anbietern nicht verbandelt – und kann darum auch keinerlei Garantien übernehmen –, hält aber von dem Ansatz viel.

## 3.2 Das Radler-Modell

Einige der häufigeren Fallen-Innenansichten, nicht unbedingt die dramatischsten, habe ich in der ◘ Abb. 3.1 unten zusammengefasst. Was sehen wir? Einen Radler (oder eine Radlerin, das ist nicht so genau zu erkennen). Neun Misslichkeiten, unter denen er oder sie leidet, sind in den Kästen drumherum skizziert. Fangen wir für einen ersten Erkundungsspaziergang oben links an und gehen dann im Uhrzeigersinn weiter. Sie beobachten sich bitte, ob irgendwo etwas in Ihnen klingelt.

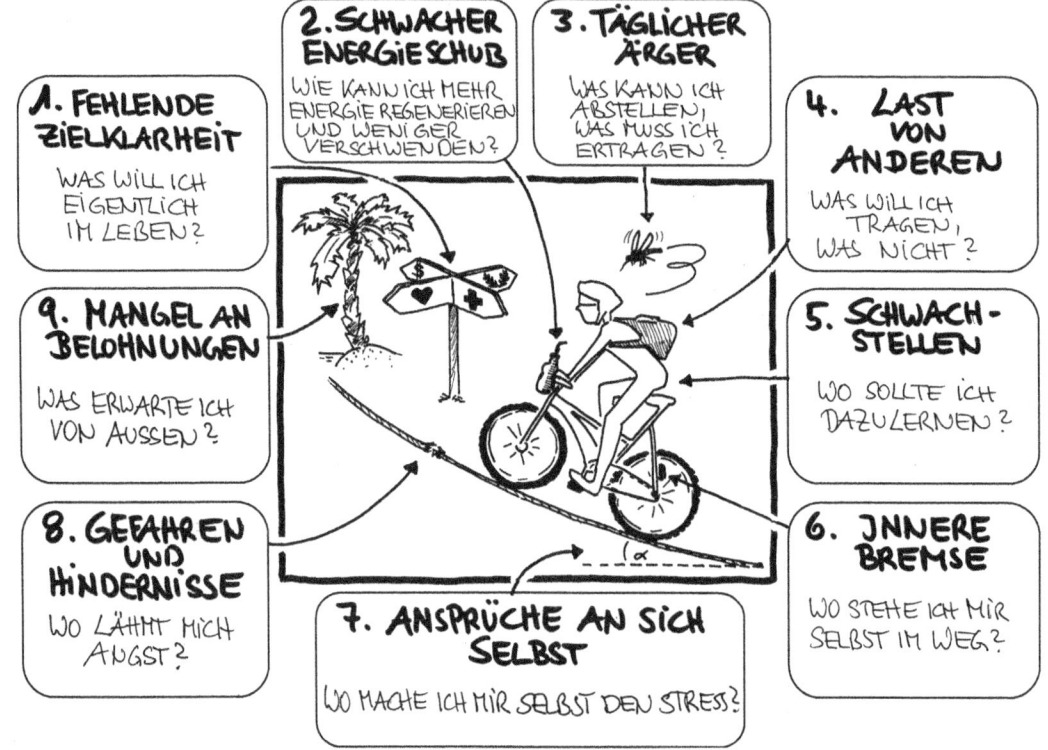

**Abb. 3.1** Radler-Modell

**Fehlende Zielklarheit** Der Radler hat keine klaren Ziele. Entweder er sieht den Wegweiser gar nicht, radelt also irgendwohin, oder er hat sich für keine Richtung entschieden. Denn: Sich für eine entscheiden, hieße ja, sich gegen die anderen entscheiden. Und die Optionen stehen nun mal in Konkurrenz zu einander. Wer vor allem Ruhm und Ehre anstrebt (»Lorbeerkranz«), wird nicht so ohne weiteres Nähe und Zuneigung (»Herz«) ernten. Wer als barmherziger Samariter durchs Leben gehen will (»Rotes Kreuz«), wird nicht gleichzeitig Reichtümer (»$«) anhäufen können.

**Schwacher Energienachschub** Am Lenker sehen Sie die übliche Nuckelflasche. Aber entweder ist sie leer oder der Strohhalm ist verstopft. Jedenfalls muss mit schwachem Energienachschub geradelt werden.

**Täglicher Ärger** Über dem Radler schwebt eine Stechmücke. Nicht, dass sie ihn umbrächte. Aber diese Art alltäglichen Ärgers verleidet ihm das Radeln.

## 3.2 · Das Radler-Modell

**Lasten von anderen** Auf dem Rücken des Radlers (und spätestens hier sollten wir mal wieder daran denken, dass es ebenso gut eine Radlerin sein kann) lastet ein Rucksack, wohlgefüllt mit Sorgen und Nöten. Ein gutes Maß dieser Lasten stammt von Anderen. Beschwingtes Radeln, freihändig womöglich, geht so nicht.

**Schwachstellen** Die Oberschenkelmuskulatur des Radlers (hier denken wir natürlich nicht an die Radlerin) ist schwach entwickelt, ein bisschen Training zum Abbau solcher Schwachstellen könnte das Radeln erleichtern.

**Innere Bremse** Die Radlerin radelt mit angezogener Handbremse, was die Sache naturgemäß nicht leichter macht. Darauf hingewiesen, pflegt sie sinngemäß zu antworten: Ich kann jetzt nicht absteigen, ich hab's eilig.

**Ansprüche an sich selber** Radlerin oder Radler sind keinesfalls in der Ebene unterwegs, das würde ihren Ansprüchen nicht genügen. Es sich leicht machen und im Flachland radeln, das wäre so etwas wie Warmduschen für sie. Der Steigungswinkel *alpha* entspricht der Höhe der Ansprüche.

**Gefahren und Hindernisse** Sie werden es nicht auf den ersten Blick bemerkt haben: Das Ganze findet auf einem Hochseil statt, und dieses ist stellenweise schon ein bisschen brüchig. Wer da radelt, wird unweigerlich an Gefahren und Hindernisse erinnert, zuweilen jedenfalls. Das kann aufs Gemüt drücken.

**Mangelnde Belohnungen** Es wird geradelt und geradelt, aber die Siegespalme, derentwegen das alles doch stattfindet, ist verwelkt, wenn nicht vertrocknet. Die Belohnung fürs Radeln fällt also aus. Oder sie fällt so mager aus, dass man lieber ganz drauf verzichten würde.

So weit eine erste Übersicht über diverse Ausstattungsmerkmale von Fallen. Haben Sie sich irgendwo gesagt: Das kommt mir vertraut vor? Dann können Sie natürlich sofort zur Detailbeschreibung dieses Merkmals springen. Vielleicht lesen Sie dennoch anschließend auch noch die anderen Beschreibungen in den folgenden Abschnitten; Sie könnten noch mehr Entdeckungen machen.

Vorher aber eine Eingangsfrage: Müssen wir eigentlich permanent radeln? Etwas tun, statt einfach nur zu sein? Im Grunde wohl eine philosophische Frage, auf die ich lediglich psychologische Antworten geben kann. Zuerst ein kurzes Plädoyer dafür, mit dem Tun regelmäßig auch mal aufzuhören. Dass Meditation – als

*Tun oder Sein?*

Oberbegriff für viele Arten der Selbstversenkung – einen heilsamen Einfluss auf unser Seelenleben hat, ist mittlerweile so gut belegt, dass daran kein vernünftiger Zweifel mehr besteht. Nicht jeder ist dafür gemacht, nicht jedem hilft es, aber das gilt auch für andere Praktiken. Ich kenne keine Indizien dafür, dass es schaden kann. (Eine ziemlich rasch wirksame Entspannungsmethode finden Sie in ▶ Abschn. 3.2.4)

Aber permanentes Nichtstun? Dafür sind wir wahrscheinlich nicht geschaffen. Ein starkes Indiz: Gesunden Kindern im Vorschulalter, also bevor sie den Ernst des Lebens kennen oder gelernt haben, nur noch Handy zu spielen, werden in Nordeuropa normalerweise nicht allzu viele Pflichten auferlegt. Sie könnten sich also, wenn das ihre Natur wäre, auf die faule Haut legen. Was tun sie stattdessen: Sie spielen bis sie umfallen, rackern sich möglicherweise für ein Ziel – eine Strandburg, ein Baumhaus, ein gestriegeltes Pony – bis zur Erschöpfung ab. (Dann allerdings, und davon können wir Erwachsenen uns eine Scheibe abschneiden, fallen sie von jetzt auf gleich in einen Erholungsschlaf.)

Also: Wir wollen radeln. Uns Ziele setzen, kurzfristige, langfristige, bescheidene, realistische, ehrgeizige. Pläne schmieden, Informationen zusammentragen, unsere Kräfte aktivieren. Und unsere Ziele möglichst erreichen, wenn nicht gar übertreffen. Uns anschließend freuen. Das scheint in der menschlichen Natur zu liegen.

### 3.2.1 Von der Wichtigkeit von Zielen

*Ohne Ziel passiert nicht viel*

Ein Schritt zurück: Wir haben der Radlerin, dem Radler mangelnde Zielklarheit oder gar Ziellosigkeit bescheinigt. Warum sollte das etwas mit Burnout zu tun haben? Was ist so wichtig an eigenen Zielen?
- Die Freiheit, uns eigene Ziele zu wählen und diese zu verfolgen, gibt uns eine Würde (zurück). *The pursuit of happiness* ist eines der Grundrechte, das in der US-amerikanischen Verfassung garantiert wird. Diese Würde ist bedroht, wenn wir ausschließlich fremdgesetzte Ziele verfolgen (müssen). Immer in Hetze, immer hinterm Plan zurück – die Gefahr, dieses Gefühl mit einer der leichter zugänglichen Drogen betäuben zu wollen, ist groß.
- Ziele geben unserer Zeit eine Struktur, es bleibt spannend. Auf dem Weg passieren Rückschritte, Fortschritte, Stagnationen. Aber wer Ziele verfolgt, dem passiert nicht das, was viele Rentner beklagen: Jeder Tag ist wie der andere.

- Ein Segler-Spruch: Wer nicht weiß, wo er hin will, dem ist jeder Wind recht. Wer dagegen, sagen wir mal: nach Süden will, wird immer mal SSW oder SSO oder gar SW oder SO in Kauf nehmen müssen. Das ist in Ordnung, wenn es einen nicht gerade nach Norden treibt – dann muss man umsteuern! Die Fortschritte, wenn sie denn zu beobachten sind, können eine Freude sein. Wenn es absolut keine gibt, kann man nachjustieren.

So viel zur Wichtigkeit von Zielen! Besser, man hat welche. Freilich: Die Zielwahl will gut bedacht sein. Ziele müssen »ziehen« wie die Mohrrübe, wenn sie ihre wohltätige Wirkung gegen Burnout entfalten sollen, keinesfalls sollen sie treiben wie der Knüppel. Davon gleich mehr.

Ebenso wichtig wie der »Zug«-Charakter: Die Ziele müssen »echt« sein, tatsächliche Bedürfnisse abdecken. An dieser Stelle kann man sich täuschen. Ich kannte einen Kollegen, der schon früh beschlossen hatte, Professor zu werden. Als er dann nach langen Jahren tatsächlich ein entsprechendes Schild vor seine Tür montieren konnte, war er zutiefst enttäuscht. Denn was an seinem Leben hatte sich geändert? Nichts.

Der international renommierte Psychiater Viktor E. Frankl (1905–1997) brachte es folgendermaßen auf den Punkt:

*Der Mensch weiß nicht, was er will*

> Im Gegensatz zum Tier sagen dem Menschen keine Instinkte, was er muss, und im Gegensatz zum Menschen von gestern sagen dem Menschen von heute keine Traditionen mehr, was er soll. Nun, weder wissend, was er muss, noch wissend, was er soll, scheint er oftmals nicht mehr recht zu wissen, was er im Grunde will (Frankl 1987, S. 13).

Vielleicht kennen Sie das auch? Können Sie ohne viel Nachdenken formulieren, was Sie eigentlich wollen im Leben? Vielleicht haben Sie sich schon einmal ein Ziel, ein Projekt, einen Beruf, einen Lebensstil gesucht, nur um nach einer Weile festzustellen, es passt doch nicht zu Ihnen. Oder Sie hatten die Latte zu hoch gelegt, die Widerstände waren zu stark. Das ist okay. Kein Perfektionismus! Auch in früheren Zeiten haben Menschen, die später so etwas wie ihre »Berufung« fanden, erst mal alles mögliche ausprobiert. Heute, wo wir praktisch überall viel mehr Alternativen zur Auswahl haben, ist ein bisschen Versuch-und-Irrtum unvermeidlicher, aus den Gründen, die Frankl benennt.

Ebendrum hier ein Plädoyer dafür, gelegentlich zu überprüfen, ob das, wofür Sie sich täglich abstrampeln, eigentlich zu Ih-

*Risiken der Ehrlichkeit*

nen passt. Ob Sie es »wirklich« wollen. Aber Obacht: Sie können unangenehme Entdeckungen dabei machen. Vielleicht halten Sie Ihr Hamsterrad nur in Bewegung, um jemandem zu beweisen, dass Sie es können? Ihrem längst verstorbenen Vater, Ihrer Frau, den Kumpels im Tennisclub, den Kolleginnen im Elternausschuss? Versprechen sich davon Dankbarkeit, die sowieso nie eintreffen wird? Anerkennung von Leuten, die heimlich darüber grinsen? Nachruhm, der sowieso schnellstens verfliegen wird? Ehrlich, will man das? Sollten Sie sich derlei eingestehen müssen, kann Ihnen das erst einmal den Teppich unter den Füßen wegziehen.

Gottfried Martens, der Arzt, und Dorian Ulmer, der Kriminalkommissar (s. ▶ Abschn. 2.7), wollten sich die eigene Grandiosität beweisen und scheiterten an ihrer Unersättlichkeit. Zwei Journalisten, die ihre Geschichte veröffentlicht haben und darum auch mit Klarnamen genannt werden können, mögen als weitere Beispiele dafür dienen, was geschehen kann, wenn man Fragen wie den obigen zu lange ausweicht.

**Beispiel**
Thomas Knapp (2006) ging in seiner Arbeit auf, sie war sein Lebensinhalt. Perfektionist war er auch noch. Die Familie bildete nur den Hintergrund. Aber er bekam körperliche Beschwerden und Schlafstörungen schon vor dem Zusammenbruch. Der kam, als er auch noch Sport-Chef beim *Blick* (der schweizerischen *BILD*-Zeitung) wurde. Vor Sitzungen musste er sich übergeben, dacht an Suizid. Er steckte zusätzlich in einer finanziellen Falle: Eine Hypothek war zu schultern. – Heute betreibt Knapp einen kleinen Verlag. Den Kontakt zur Familie und zu Freunden schätzt er sehr viel höher als früher.

**Beispiel**
Ganz ähnlich Matthias Onken (2013; vgl. a. Burisch 2014). Der war Chefredakteur der *Hamburger Morgenpost*, bis er als Lokalchef zur *BILD*-Zeitung ging. Die Arbeit war zunächst wie ein Rauschmittel. Zunehmend aber wuchs ihm die Verantwortung über den Kopf. Eine erste Ehe scheiterte. Onken brauchte alkoholische und andere Exzesse, um überhaupt weitermachen zu können. Schließlich zog er den Stecker und kündigte. – Heute arbeitet er als freiberuflicher Kommunikationsberater. Seine zweite Frau und der gemeinsame Sohn geben ihm Halt und fungieren als Frühwarnsystem, wenn er es mal wieder übertreibt.

Noch einmal: Stellen Sie getrost einmal in Frage, wofür Sie sich verausgaben. Gut, wenn Sie parallel darüber nachgedacht haben, was Sie denn *wirklich* wollen. Wie so etwas gehen kann, dazu gleich mehr. Im Erfolgsfall haben Sie sozusagen eine frische Batterie zur Hand, die Sie statt der untauglichen einsetzen können.

**Werkzeugkasten für Zielklärer**

Die folgende Selbsterforschung wird ein bisschen Zeit erfordern, wenn Sie's ernst meinen (was Sie sollten). Ich selbst habe vor zwei Jahrzehnten einmal einen ganzen Bergwander-Urlaub von vier Wochen darauf verwendet. Lesen Sie die fünf Leitfragen getrost schon jetzt durch – wer weiß, vielleicht kommen Ihnen sofort ein paar gute Ideen. Aber markieren Sie sich die Stelle dennoch; sicher werden Sie darauf zurückkommen wollen. Also:

> **Fünf Leitfragen der Selbsterforschung**
> 1. Speziell für Menschen mit spiritueller Fundierung: **Wozu bin ich eigentlich auf der Welt?** Habe ich so etwas wie eine Bestimmung? Und wenn ja: Woran merke ich, dass ich diese Bestimmung erfülle?
> 2. Speziell für sozial Gesonnene: **Was soll auf meinem Grabstein stehen?** Oder (konkreter): Was sollen die mir wichtigen Menschen denken, wenn sie von meinem Ableben erfahren?
> 3. Speziell für Selbstverwirklicher: **Auf was möchte ich zurückblicken können, um diese Welt zufrieden verlassen zu können? Ein erfülltes, gelungenes Leben – was ist das für mich?**
> 4. Speziell für von der Frage Gestresste: **Unter welchen Umständen fühle ich mich rundum glücklich und erfüllt?**
> 5. Speziell für Systematiker und Planer:
>    a. **Wie lauten meine langfristigen Ziele?** Was möchte ich bis zum Lebensende (oder bis zur Rente oder was immer »Langfrist« für mich bedeutet) erreicht haben?
>    b. **Wie lauten meine mittelfristigen Ziele?** Was möchte ich in den nächsten 1-5 Jahren (oder was immer »Mittelfrist« für mich bedeutet) erreicht haben?
>    c. **Wie lauten meine kurzfristigen Ziele?** Was möchte ich in den nächsten 2 Wochen bis 12 Monaten (oder was immer »Kurzfrist« für mich bedeutet) erreicht haben?
>    d. **Gibt es Konflikte zwischen meinen Zielen?** Wie werde ich sie lösen?
>    e. Bitte eines der Ziele auswählen, das es besonders verdient, und konkretisieren: **Woran merke ich, dass ich diesem Ziel ein bisschen nähergekommen bin?**

Gar nicht so einfach, was? Aber es folgen gleich noch eine ganze Menge Tipps. Immerhin: Haben Sie ein Gefühl dafür mitgenommen, dass wir an einem wichtigen Punkt sind? Es könnte Ihr Leben verändern! Das *soll* es ja sogar.

**Ziele müssen ziehen**

Einige nützliche Werkzeuge für Selbstentwickler liefert uns die sog. Transaktionsanalyse (TA), eine Richtung der Tiefenpsychologie. Sollten Sie bei diesem Wort eine Gänsehaut spüren, bekämpfen Sie sie – der Begründer, Eric Berne (1910–1970) war stets stolz darauf, dass seine Grundkonzepte auch Vierzehnjährige verstehen können. Das gilt, ich verspreche es, auch für die sogenannten *Ich-Zustände*. Und ich verspreche noch mehr: Mit ganzen fünf Grundbegriffen ausgestattet, werden Sie allerlei Merkwürdigkeiten plötzlich besser durchschauen, die zwischen Menschen so geschehen: Warum reagiert Kollegin X so heftig auf die leiseste Andeutung von Kritik? Wie kommt es, dass der Chef so auffallend viel Zeit für Handelsvertreter Y hat? Wie hat der Hotelmanager Z, bei dem Sie sich gerade wutentbrannt über Ihr lautes Zimmer beschweren wollten, es geschafft, dass Ihr Zorn binnen Kürzestem verrauchte?

Vor allem aber: Warum spricht Kollegin A so schnell? Warum tilgt Kollege B noch den letzten Tippfehler in Mails, die keinerlei Wichtigkeit haben? Warum macht Ihre Schwiegermutter bei jedem Besuch klaglos den ganzen Abwasch, obwohl sie nicht müsste? Wenn Sie das Programm im Besucher-Pavillon (▶ Kap. 2) bis zum Schluss verfolgt haben, fällt Ihnen zu den letzten Beispielen vielleicht schon ein Schlüsselbegriff ein: *Antreiber*. Richtig. Auch das stammt aus der Transaktionsanalyse. Und mit diesem Schlüsselbegriff können Sie die Beispiele wahrscheinlich schon enträtseln.

Drei Seelen, ach, in Ihrer Brust

Sollten Sie sich aus irgendeinem Grund mal für Psychoanalyse interessiert haben, dann sind Ihnen mit einiger Sicherheit die Begriffe *Über-Ich*, *Ich* und *Es* geläufig. Ähnlich, aber differenzierter und handgreiflicher, die Begriffe *Eltern-Ich*, *Erwachsenen-Ich* und *Kind-Ich* der Transaktionsanalyse. Die TA sagt, dass wir uns jederzeit in einem dieser *Ich-Zustände* befinden.

Wenn beispielsweise Sie, liebe Leserin, lieber Leser, konzentriert diesen meinen Text entziffern, dann befinden Sie sich gerade im *Erwachsenen-Ich*. In diesem Ich-Zustand lösen wir intellektuelle Probleme ohne nennenswerte emotionale Beteiligung, *denken* im engeren Sinne (auch wenn heute als gesichert gelten kann, dass ein gewisses emotionales Grundrauschen immer stattfindet, selbst wenn wir bloß Rechenaufgaben lösen).

Das kann sich von Sekunde zu Sekunde ändern.

## 3.2 · Das Radler-Modell

Sollten Sie z. B. ein winziges bisschen gegrient haben ob eines Verbums wie *entziffern* oder eines Wortes wie *Grundrauschen* – das ich hier bewusst eingestreut habe –, dann waren Sie wahrscheinlich im *Kind-Ich*, und zwar in der Unter-Abteilung *Freies Kind*. (Es gibt auch noch das *Angepasste Kind*, gleich mehr dazu.) Sie hätten dann mein kleines, spielerisches Angebot akzeptiert – »es geht um ernste Themen, aber ein bisschen Lachen, meinetwegen auch bloß ein Grinsen, erlauben wir uns einfach mal«. Ihr *Freies Kind* könnte Sie auch gerade daran erinnert haben, dass Sie Hunger haben oder mit Ihrer Freundin verabredet sind, jedenfalls etwas so Anstrengendes wie dieses Buch erstmal vertagen möchten.

Sollten Sie dagegen gerade auf Wortwahlen wie *entziffern* oder *Grundrauschen* negativ reagiert haben – »ich hab Probleme, ich hab Geld für ein ernsthaftes Buch ausgegeben, wieso blödelt der hier rum?« –, dann waren Sie im *Kritischen Eltern-Ich*. (Ich wälze mich dann im Staube und hoffe, Sie lesen trotzdem weiter.)

Im *Angepassten Kind* wären Sie z. B., wenn Sie überlegen, ob Sie die gerade gewonnenen Erkenntnisse in einem Referat oder Vortrag applausfördernd einsetzen können. Denn das Angepasste Kind schielt auf Streicheleinheiten von Elternfiguren.

Für das *Fürsorgliche Eltern-Ich* fällt mir leider nix ein, was ich an Ihre Lektüre anheften könnte. Oder doch: Sagen wir, Sie lesen das Buch, während neben Ihnen jemand schläft. *Nur* deshalb (obwohl Sie den Rest kaum erwarten können!) knipsen Sie das Licht aus.

Das Schneemann-Schema in ◼ Abb. 3.2 ist die Standard-Illustration für die Ich-Zustände. Sollte Ihr Erwachsenen-Ich gerade sagen »Das klingt ja tatsächlich, als ob es für was nütze ist ...«, dann könnten Sie sich übungshalber z. B. fragen, in welchen Ich-Zuständen Sie sich vorzugsweise befinden. Und in welchen Sie sich am wohlsten fühlen.

Einige Beispiele für das, was bei solchen Selbstbefragungen herauskommen kann: Das *Fürsorgliche Eltern-Ich* (das sich vorzugsweise an Angepasste Kinder richtet) ist natürlich die Rollenzuschreibung der Sozial-, besonders der Pflegeberufe. Umso wichtiger, wenn Angehörige dieser Berufe eine Balance herstellen, indem sie in ihrer Freizeit Dinge tun, die ihrem Freien (oder auch dem Angepassten) Kind Zucker geben; z. B. sich selbst mal verwöhnen lassen.

Das *Kritische Eltern-Ich* ist vielleicht am reinsten als Beruf installiert in der Strafjustiz. Wer sich zu entsprechenden Berufsbildern hingezogen gefühlt hat, wird wohl so strukturiert sein. Auch hier gilt es u. U., einen Ausgleich zu finden.

*Ich-Zustand und Berufswahl*

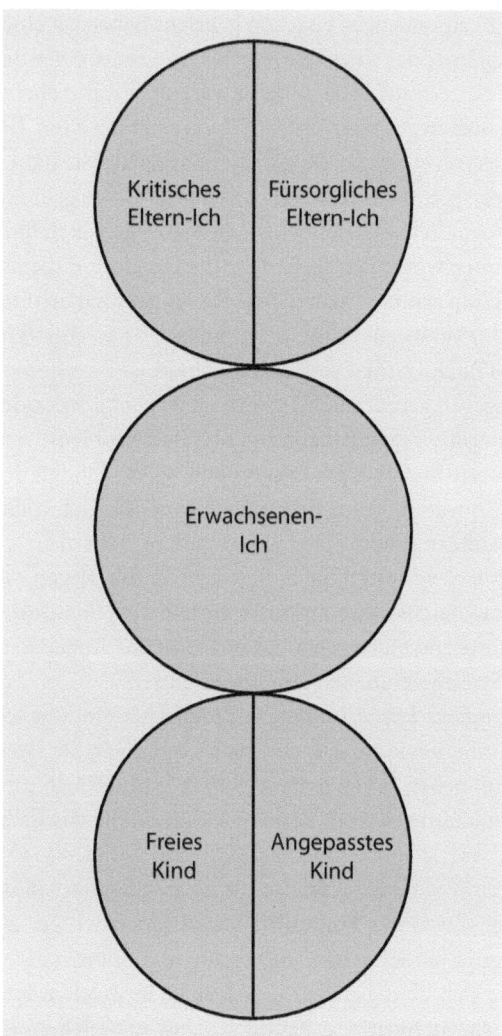

**Abb. 3.2** Die Ich-Zustände (Mit freundlicher Genehmigung der VBG, Hamburg/CConsult)

Wer einen Beruf gewählt hat, in dem sein *Freies Kind* gefragt ist – das sind erst mal alle kreativen, also z. B. Kunst, Literatur, Werbung, Marktforschung, Marketing – tut gut, als Gegenwicht sein Erwachsenen-Ich zu stärken. Ich verzichte auf Anregungen für Künstler im engeren Sinne; das wäre vermessen. Immerhin: Diejenigen, die in der Kunst-, Musik- oder allgemein Kultur-Szene auch kommerziell erfolgreich sind, haben meist einen guten Agenten oder selbst ein gut entwickeltes Erwachsenen-Ich, das sie geschäftstüchtig macht. Bei den brotlosen, den Hunger-Künstlern kann es daran liegen, dass das fehlt.

## 3.2 · Das Radler-Modell

Vielleicht hat Ihnen das Obige eine Ahnung davon vermittelt, wie gut sich die TA zur Analyse von Kommunikation, von Transaktionen eben, *zwischen* Menschen eignet. In unserem Zusammenhang wollen wir die drei *Ich-Zustände* benutzen, um genauer zu betrachten, wie wir *mit uns selbst* umgehen. Denn auch bei der Selbstkommunikation kommen diese permanent ins Spiel. Die schon erwähnten Antreiber beispielsweise sind Stimmen aus dem Kritischen Eltern-Ich, die einem Freien Kind, das z. B. spielen oder schlafen möchte, einschärfen: »Erst die Arbeit, dann das Spiel! Reiß dich zusammen! Tu erst mal deine Pflicht!« Wir kommen noch zu weiteren Nutzanwendungen.

Für die Definition von Zielen, die ziehen, ist jetzt schon eines wichtig: *Sie müssen allen Instanzen gefallen.* Damit sie die Radlerin, den Radler freudig strampeln lassen, müssen sie vor allem dem *Freien Kind* Zucker geben. Denn da spielt die Musik (oder ist leider verstummt), da braucht es keine Antreiber, um in Gang zu kommen. Gleichzeitig muss aber auch das *Kritische Eltern-Ich* einverstanden sein, sonst gibt es innere Konflikte. Schon darum ist von einem Ziel wie »Bankräuber-Karriere« abzuraten. Das sagt uns bereits das eigene *Erwachsenen-Ich*, das ja u. a. dafür zuständig ist, Mittel und Wege zu finden. Aber auch dafür, die Realisierungs-Chancen von Plänen und Zielen nüchtern abzuschätzen. Was allzu leicht zu erreichen ist, motiviert meist nicht ausreichend. Aber übertrieben ehrgeizige Ziele schaffen auch nur Frustrationen. Also irgendetwas dazwischen.

Um schon einmal zu verraten, wohin die Reise geht: Ihre Suche nach eigenen, energetisierenden Zielen soll zu einem »Anlasser« führen, einem kleinen Zettel, den Sie z. B. im Portemonnaie, jedenfalls immer bei sich führen. Die Idee habe ich von dem schwedischen Management-Autor Lennart Meynert (1989), der von einem *Self Starter* spricht. Diesen Zettel können Sie dann möglichst oft hervorholen, z. B., wenn Sie irgendwo warten müssen. Es ist nämlich so, dass wir so zahlreichen Querströmungen und -winden unterliegen, um das obige Seglerbeispiel hervorzuholen, dass wir leicht vergessen können, wohin wir denn *eigentlich* wollen. Wir müssen uns daran erinnern, um uns wieder als Kapitän(in) unseres eigenen Lebens zu fühlen, jedenfalls im Rahmen des Möglichen. Und nicht als Galeerensklave.

Bevor wir bei Ihrem Anlasser zur Sache gehen, noch eine Idee, die ich ebenfalls Meynert verdanke und früher, als ich noch mehr Eisen im Feuer hatte, gern und mit Gewinn benutzt habe: Der *Projekt-Zettel*. Das ist ein kleines Formular, das Sie sich mittels Fotokopierer oder Drucker herstellen (lassen) können. In meinem Fall sah es aus wie folgt, ◘ Abb. 3.3. Eine kleine Figur aus einem billigen

*Selbstkommunikation*

*Der Zettel, der Ihr Leben verändern kann*

**Projekt**

**Ideen**

| Mit wem? | Tel.-Nummer |
|---|---|
|  |  |

**Abb. 3.3** Projekt-Zettel

*ClipArt*-Programm musste hier aus Copyright-Gründen entfallen. Wenn Sie können, montieren Sie sich soetwas hinein, notfalls malen Sie vor dem Vervielfältigen eigenhändig einen *Smiley* – je spielerischer Sie die Sache angehen, desto mehr wird Ihnen einfallen.

Wozu soll das gut sein? Stellen Sie sich vor, Sie sitzen im Zug, vor dem Abflug, im Wartezimmer beim Zahnarzt. Wenn Sie jetzt, wie empfohlen, Ihren Anlasser hervorholen, kann es *sehr* gut sein, dass Ihnen etwas einfällt, was Sie einem Ihrer Ziele einen Schritt näher bringt. Das Erinnern an Ziele, die ziehen, pflegt nämlich einen Kreativitätsschub auszulösen. Ein Stift ist ja normalerweise vorhanden oder zu entleihen. Aber ein Papier, das möglichst auch noch gleich ein bisschen Struktur in die Handlungsplanung bringt? Meine Projekt-Zettel hatten ein Format, das optimal in meine Brieftasche passte; ich hatte stets ein paar davon bei mir. Sie, liebe Leserin, haben vielleicht ein Brillen-Etui oder sonst ein Behältnis in der Handtasche, das auch noch ein paar Zettel aufnehmen kann? Dann sollten die Zettel entsprechend dimensioniert sein.

Während ich dies schreibe, wird mir die Vorsintflutlichkeit dieses Vorschlags bewusst. So was macht man doch heute mit seinem *Smartphone* oder *Tablet!!* Okay, wenn Sie so etwas besitzen und auch zu bedienen wissen: Damit geht es sicher auch …

Damit Sie sich unter einem Anlasser etwas vorstellen können, folgt hier der von Meynert inspirierte Anlasser-Zettel eines fiktiven Mittelständlers mit etlichen Angestellten:

Anlasser-Beispiele

**Beispiel eines Anlassers**
- Meine Arbeit ständig vereinfachen
- Mehr delegieren
- Wichtiges nicht wegen Dringlichem liegenlassen
- Angebotspalette verbreitern
- Darauf achten, dass jeder Kunde profitabel ist
- **Segelschein + Segelboot**
- Mitarbeiter bei Laune halten
- Mitarbeiter weiterentwickeln
- Eine gute Spur hinterlassen

Mein eigener Anlasser enthielt einiges von Meynerts Zettel, wohl weil der so formuliert war, dass er für Viele nutzbar sein sollte. »Arbeit ständig vereinfachen« hieß für mich vor allem »Für wiederkehrende Routineaufgaben Checklisten ausarbeiten«. Ein Beispiel: Ich hasse Kofferpacken, aber da ich immer mal wieder einen Vortrag zu halten habe, muss es sein; nicht nur einmal im Jahr für den Urlaub (da packt meine Frau). Früher kostete es mich viel Nerven, weil ich stets sicher war: Bestimmt hast Du wieder das Wichtigste vergessen, irgendwas wie Rechner, Mac-Adapter, Fernbedienung, Audiokabel, Ersatzbrille, Ersatz-Uhr (Uhren bleiben gerne dann stehen, wenn man sie besonders braucht). Heute arbeite ich meine Checkliste ab. Immer noch kein Genuss, aber das Gefühl der Vergeblichkeit – irgendwas *wird* fehlen – ist gewichen.

Einst, im Tessin-Urlaub Anfang der 90er, suchte ich noch nach einem Ziel, das mich ein wenig spezifischer *ziehen* sollte; mit Segeln hatte und habe ich es nicht so. Und formulierte dann am Ende: »Soviel Geld zusammenkratzen, dass du dir hier, in dieser Landschaft, wo du so glücklich bist wie nirgends sonst, mal was Eigenes kaufen kannst«. Geld ist der große Motivator, und die Zumwinkels dieser Welt tun anscheinend auch dann noch alles dafür, wenn sie darin baden könnten wie Onkel Dagobert. Aber Geld kann man nicht essen, und das letzte Hemd hat keine Taschen, um zwei allgemein bekannte Lebensregeln zu zitieren. Die Frage ist: Geld wozu? Mit dem Traum »Was Eigenes am Lago Maggiore!« habe ich viele Jahre lang morgens leichter aus dem Bett gefunden, wenn der Tag nicht von sich aus eine Zugkraft entwickelte. Ich wusste, *wozu es gut war*, wenn ich meine Trägheit bekämpfte.

*Ihr* Anlasser, liebe Leserin, lieber Leser, kann natürlich ganz andere Punkte beinhalten als meine zugegebenermaßen lustorientierte Vision. Charlotte Bühler (1893–1974), eine große Psychologin des 20. Jahrhunderts, empfahl in ihrem Buch *Wenn das Leben gelingen soll* (1969) Zielsetzungen, die zur Selbstverwirklichung beitragen *und* solche, die über das eigene Ich hinausweisen, also etwa soziale, ethische, politische. Aber seien Sie sparsam mit Zielen, die *ausschließlich* unter die Rubrik »Weltverbesserung« fallen! Der Prüfstein für ein »Ziel, das zieht« ist das Bauchgefühl beim Lesen des Anlassers: »Ach ja, *das* ist es doch, was ich will! *Dafür* lohnt sich die Anstrengung!« Sollte das wirklich etwas Karitatives, Weltverbesserndes sein: Dann bin ich schon still. Aber prüfen Sie sich, ob Sie nicht ergänzend mindestens ein reines Spaß-Ziel fixieren wollen.

Wichtig: Keine trivialen Dinge aufnehmen, an die man nicht erinnert zu werden braucht. Nichts fixieren, was im Handstreich zu erledigen ist, wie »endlich Kleiderschrank aufräumen«. Nur Dinge aufnehmen, die sich wenigstens ein bisschen nach Spaß anhören. Wie gesagt: Mindestens ein persönliches Ziel aufnehmen, das mit dem Job nichts zu tun hat (im Beispiel oben: »Segelschein machen und auf ein Boot sparen«). Nicht zu viele Ziele, etwa zehn sollten genügen.

Ihren Anlasser können Sie natürlich jederzeit ergänzen oder korrigieren. Mindestens einmal pro Jahr (zu Neujahr?) sollten Sie

## 3.2 · Das Radler-Modell

sowieso prüfen, in einer stillen Stunde, ob Ihre Ziele noch aktuell sind, immer noch ziehen, vielleicht sich erledigt haben, beispielsweise wegen Zielerreichung.

Und dann noch eine Warnung: Nehmen Sie's wichtig – Ihr Anlasser soll Ihnen ja ein Stück Souveränität gegenüber all den Zwängen zurückgeben, in denen Sie sich befinden. Das wird nur funktionieren, wenn Ihnen klar bewusst ist: Das hier ist *Ihr* Leben! Aber nehmen Sie's nicht zu ernst, sondern eher spielerisch; verbeißen Sie sich nicht in Ziele! Das nämlich wäre ein prima Burnout-Programm. Zum Beispiel, wenn sich herausstellen sollte, dass Sie sich die Latte unrealistisch hoch gelegt hätten. Dazu ein Beispiel:

### Ein Scheitern

An meinem Fachbereich gab es einen Doktoranden, der drei Jahre lang an einem Projekt gearbeitet hatte, bis er es unvollendet aufgeben musste, was ihn in eine schwere Krise stürzte. Wie war die Dynamik? Er hatte einen Traum, weitgehend unbewusst, den man als Schlagzeile ungefähr so formulieren könnte: »Unbekannter Nobody löst altes wissenschaftliches Rätsel«. Also etwas, was man gemeinhin unter Narzissmus ablegt. Er brachte eine kleine Vorerfahrung mit, die diesen Größenwahn nährte: Seine Studien-Abschlussarbeit war in einer internationalen Fachzeitschrift veröffentlicht worden, schon mal nichts Alltägliches. Aber bei der Doktorarbeit ging es um ein ganz anderes Thema, dem er in vielerlei Hinsicht nicht gewachsen war.

Warum konnte er dieser Wahrheit nicht ins Auge blicken? Nun ja, er hatte seinen Selbstwert gefährlich eng mit seinem Traum verknüpft; würde der scheitern, wäre er – halt ein Nobody, jedenfalls nach seinem Gefühl. Er hatte aber auch keine Klarheit über seine sonstigen Ziele, fand sie wohl auch zu kleinkariert gegenüber dem großen Traum: Klar wollte er Forschung dauerhaft zum Beruf machen, eine Familie ernähren, Spaß am Leben außerhalb der Arbeit haben. Dies alles drang kaum noch zu ihm durch, während er in der heißen Phase seines Projekts steckte. Eine nüchterne Analyse hätte ihm gesagt, dass er lediglich rechtzeitig seinen Doktor machen musste, überdurchschnittlich gut, aber da war keine Gefahr. Sein Traumprojekt hätte er später fortsetzen können.

Seine Rettung: Er hatte parallel zu dem *großen* Projekt ein kleines angefangen, mehr als Fingerübung zur Ablenkung. Dahin sattelte er dann um, unter großen inneren Qualen, als das Traumprojekt notleidend wurde. Pointe: Auch diese Studie, die ihm viel zu mager erschienen war, wurde in einer internationalen Zeitschrift publiziert und trug ihm später eine gewisse Bekanntheit in der Fachwelt ein …

**Napoleonismus**

Vielleicht hatte unser Protagonist auch eine Dosis *Napoleonismus* mitbekommen, wie ich das nenne. Eine Ideologie, die auch heute, unter der Devise *Never give up!*, vor allem im US-amerikanischen Schrifttum verbreitet wird. Warum Napoleonismus? Im Jahre 1812 erlebte die *Grande Armée* des Napoleon Bonaparte in Russland eine unvorstellbare Niederlage. Ihr Kaiser hatte zuvor Sprüche wie den obigen abgesondert. Lernen Sie daraus.

Die Psychologie nennt dieses Phänomen »Eskalierendes Engagement«: Auf dem Weg zum Ziel treten unerwartete Hindernisse auf, daraufhin werden die Anstrengungen verdoppelt. »Das wäre ja noch schöner! Nun erst recht!« Bis Anstrengungen und Ertrag in keinem vernünftigen Verhältnis mehr stehen. Davor sei gewarnt. Die Geschichte ist voll von Beispielen, wo mit unendlicher Zähigkeit und unter großen Opfern jemand schließlich doch ans Ziel kam. Derlei wird meist bewundert. Die Geschichten derer, die trotz aller Opfer am Ende scheiterten, mögen zahlreicher sein, werden aber seltener geschrieben.

### Zielkonflikte

Zum Ende dieses langen Abschnitts noch die Möglichkeit, dass Sie bei Ihrer Zielanalyse *Zielkonflikte* entdeckt haben. Das ist ziemlich wahrscheinlich, wenn Sie kein ganz außergewöhnlicher Fall sind. Denn das ist unser täglich Brot. Wir alle, ob angestellt oder selbständig, Vorgesetzte oder Mitarbeiter, weiblich oder männlich, dürfen uns permanent entscheiden. Zwischen Produkten vom Frühstücksmüesli bis zum PKW. Zwischen Freunden (ggf. virtuellen), Ausbildungen, Studienfächern, Berufslaufbahnen, Versicherungen, TV-Programmen, Handy-Tarifen, Automarken, Ehepartnern, Lebensstilen (nein, *life styles*). Mit einer Auswahl, die ständig größer wird. Ist das nicht toll? Wer erinnert sich noch an die Zeit, als das *Zweite* Deutsche Fernsehen die vorhandene Auswahl verdoppelte?

**Qual der Wahl**

Wir *müssen* uns aber auch entscheiden. Wollen dabei keine Fehler machen, *auf* keinen Fall dumm dastehen vor der Kollegin, die sagt: »Mein Gott, hast Du denn nicht mitgekriegt, dass man heute …«. Alles muss um jeden Preis *optimal* ausgehen. Das kann anstrengend sein; *Simplify your life* heißt das Gegen-Motto. Der amerikanische Journalist Richard Parmenter (1990) hat von einem euphorischen Freiheitsgefühl berichtet, als ihm beim Eintritt in den Militärdienst tausend Alltagsentscheidungen einfach abgenommen wurden.

Kleine Pointe: Die unzähligen Wahlmöglichkeiten, die machen ja zu einem Gutteil die Freiheit des modernen Menschen aus, sollten also ein Segen sein. Sind aber kein reiner Segen, siehe das

## 3.2 · Das Radler-Modell

obige Zitat von Viktor Frankl – wissen wir immer, was wir wollen? Vielleicht bringt ein (selbst gehörtes) Zitat aus einem selbstverwalteten Kindergarten der 70er Jahre die Sache am besten auf den Punkt: »Müssen wir schon wieder machen, was wir wollen?«

Ich vermute mal, dass Sie, liebe Leserin, lieber Leser, sollten Sie burnout-gefährdet sein, nicht in erster Linie von der Qual der Wahl zwischen Lippenstiftmarken oder Krawattendesigns gequält sind. Wohl schon eher könnte Sie die Unsicherheit plagen, wer Sie denn *sein* wollen, oder als was Sie *durchgehen* wollen. Will ich erst mal alles ausreizen, was karrieremäßig geht, bevor ich mir einen Kerl suche? Oder lieber zuschlagen, sobald einer in mein Beuteschema passt, bevor es für andere Optionen zu spät wird? Muss er auch noch Vater-Qualitäten haben, oder ist das nicht so dringend? Will ich in erster Linie Geld verdienen (wegen Sicherheit? wegen Kicks?) oder Spaß an meiner Arbeit haben? Oder geht vielleicht beides? Möchte ich ganz viele *Followers* haben, und sollte ich deswegen einen *Blog* schreiben? Wenn mich die Firma ins Ausland schickt, was wird dann aus meinem Familienleben? Wenn ich die Beförderung annehme, was ist mit meiner Gesundheit – mein Vorgänger ging mit Herzinfarkt ab! Wenn ich ablehne, habe ich in dem Laden noch eine Chance? Und so weiter.

### Beispiel

Ich kannte eine junge, ehrgeizige amerikanische Anwältin. Sie war auf der zweithöchsten Karrierestufe innerhalb ihrer Kanzlei – *Principal* – nur mäßig zufrieden, weil, wie gesagt, ehrgeizig. Als sie dann *Partner* wurde, lernte sie den Preis des Aufstiegs kennen und wurde todunglücklich. Denn im *Principal*-Status hatte sie sich jederzeit einen Rat von ihrem Chef holen können. Wichtiger noch: Bei Erfolgen gab es Streicheleinheiten. Wie wichtig das für sie war, wurde erst klar, als beides in der Chef-Rolle nicht mehr vorgesehen war. Unter *Partners* herrschte deutlich harschere Konkurrenz; gegenseitige Beratung war nicht mehr vorgesehen. Und vor allem: Streicheleinheiten waren reserviert für die unteren Etagen; man musste geben, wie hungrig man sich selbst auch fühlte.

Wie gesagt, es ist ziemlich wahrscheinlich, dass Sie solche Zwickmühlen entdeckt haben, während Sie über sich nachdachten. Natürlich wird auch dieses Buch Ihnen nicht sagen können, wie Sie sich entscheiden sollen. Gleich folgen ein paar Empfehlungen, wie Sie zu einer Entscheidung gelangen können. Oder auch entscheiden, sich (noch) nicht zu entscheiden.

Vorher doch ein Rat, den Viele, die später darüber geschrieben haben, als für sich wegweisend bezeichnet haben, so banal er

*Erkenne dich selbst*

auch klingt: »Bleib immer du selbst!« Der Rat kam oft von einer Mutter, einem Großvater, oder von wem immer. Im Grunde ist es das Motto dieses Buches gegen Burnout, jedenfalls dieses Kapitels: Erkenne dich selbst – und bleib dabei. Oder: Tu nix, was dich dauerhaft in Konflikte mit dir selbst bringt.

Wenn die Analyse **Zielkonflikte** offenbart hat, gibt es mindestens drei Möglichkeiten.

- Man kann eine **Entscheidung treffen,** *für* etwas, was aber auch heißt: *gegen* eine Menge anderes. Man kann beschließen, das Studium abzuschließen, obwohl die *Model*-Karriere vielversprechend angelaufen ist; oder eben umgekehrt. Die krebskranke Frau zu pflegen, obwohl das für die politische Karriere das Aus bedeutet. Den Sprung in die Selbständigkeit zu wagen, obwohl der feste Job mehr Sicherheit verspricht. Einem späteren Nobelpreisträger den Rücken frei zu halten, wie das Thomas Manns Frau Katia tat, obwohl eine Promotion in Mathematik schon angedacht war. Die Qual der Wahl abkürzen kann folgende Überlegung: Sobald man sich *für* etwas entschieden hat, pflegen die Alternativen, *gegen* die man sich entschieden hat, zu verblassen. Und viele Entscheidungen kann man ja auch später revidieren.
- Man kann zeitweise **Kompromisse machen**: Elternzeit nehmen, damit man die Kindheit der eigenen Kids mitbekommt. Eine langweilige Ehe aufrechterhalten, bis die Kids aus dem Gröbsten raus sind. Einen bloßen Brotberuf ertragen, um Zeit für die Kunst zu haben, wie Franz Kafka das machte. Es ist auch ratsam, sich über das angestrebte *Zielniveau* Gedanken zu machen, nicht nur über die Richtung. Es mag einzelnen Ausnahmeexemplaren gelingen, sieben Kinder auf die Welt zu bringen, eine intakte Ehe zu führen, einen anspruchsvollen akademischen Beruf auszuüben, anschließend eine politische Karriere bis hin zu höchsten Regierungsämtern hinzulegen und dabei attraktiv auszusehen und anscheinend gesund zu bleiben. Das heißt aber nicht, dass es auch *Ihnen* gelingen wird, schon gar nicht *muss*. Das Zielniveau sollte mit den vorhandenen Ressourcen realistischer Weise erreichbar sein. Alles andere führt mit hoher Wahrscheinlichkeit in die Krise.
- Man kann u. U. scheinbar widerstrebende Ziele – wie im obigen Beispiel »eigener Reichtum« und »soziales Engagement« – miteinander **versöhnen**, indem man das eine für das andre einspannt. Wahrscheinlich haben die meisten Mäzene (Bill Gates oder Warren Buffett fallen mir als erste ein) diesen Weg gewählt: »Nichts kann ich so gut und nichts macht mir

so viel Spaß wie Geld scheffeln – aber ich will's ja nicht bloß für mich. Also gründe ich eine Stiftung!« Allerdings: Sich mit »Guten Werken« ein gutes Gewissen kaufen für unredlich erworbenes Vermögen, das kann ich nicht empfehlen.

Fürs eigene Seelenleben schlimmer als eine Fehlentscheidung ist in aller Regel die Zerrissenheit zwischen diversen Optionen, die Reglosigkeit in einer Hängepartie. Besser, man kommt in die Aktion!

**Innerlich zerrissen**
Manfred Jochums hatte als Ingenieur eine leitende Position in einem Großkonzern. Viele Jahre lieferte er dort »das Beste ab, was auf dem Markt zu haben war«. Als Techniker »die Welt zu verändern«, das machte ihm Spaß, und er war gut darin. Anfangs reichte die Befriedigung ob gelungener Problemlösungen aus. Dann kamen ihm Zweifel, ob die Veränderungen, die er managte, denn in die richtige Richtung gingen; er war für Waffensysteme und schließlich Kernkraftwerke zuständig. Das zerriss ihn förmlich. Er wurde zu Hause reizbar und ungenießbar, schlief schlecht. Ein nächtlicher Herzanfall brachte ihn zur Entscheidung. Er kündigte seinen gut bezahlten Job und eröffnete ein kleines Immobilienbüro.

Sollten also auch Sie sich zwischen unvereinbaren Zielen aufreiben: Lassen Sie es nicht so weit kommen. Es gibt oft dritte Möglichkeiten. Wenn Ihnen die Ideen fehlen, lassen Sie sich beraten. Wo? Das sei dann Ihre erste Aufgabe: Jemanden finden, der Ihnen raten kann, worauf Sie nicht selbst kommen. Das Internet ist voll von Foren, in denen sich Ratgeber tummeln, deren Kompetenz Sie natürlich abzuschätzen versuchen müssen. (Aber letztlich entscheiden ja immer Sie, was Ihnen plausibel erscheint.) Ebenso gibt es, jedenfalls in den Gelben Seiten von Großstädten, jede Menge Beratungsstellen für alles und jedes. Probieren Sie's aus, meist ist es gratis. Nur: Werden Sie aktiv! Auch wenn Sie nach dem dritten Mal immer noch sagen: Hat mir eigentlich nix gebracht – sich rühren ist besser als resigniert in einer Falle sitzen bleiben!

**Zwischenfazit**
Worum ging es in diesem Abschnitt?
- Sie sollten abklären, ob das, was Sie für Burnout halten, vielleicht rein **organische Ursachen** hat.
- Wenn Sie die einzige oder die beste Lösung Ihrer Probleme eigentlich schon klar vor Augen haben, sich aber nicht zur

Umsetzung **aufraffen** können, sollten Sie *das* vordringlich in Angriff nehmen. Dabei wird eine individuelle Beratung von außen besonders wichtig sein.
- Das **Radler-Modell** lieferte einen Rahmen für einige häufige Problemlagen.
- Als erstes wurde Ihnen zur (Wieder-)Entdeckung **persönlicher Ziele** geraten. Für die Formulierung solcher gab es einiges an Werkzeug.
- Ziele, die ziehen, müssen vor allem dem **Freien Kind** gefallen, aber auch dem Kritischen Eltern-Ich. Und schließlich sollte das Erwachsenen-Ich sich um die Machbarkeit kümmern.
- Der **Anlasser** sorgt dafür, dass Ziele nicht gleich wieder in Vergessenheit geraten. Der **Projekt-Zettel** dient zur Anregung und Speicherung kreativer Ideen.
- Und schließlich sollten Sie **Zielkonflikte** klar erkennen, aber auch möglichst bald zur Auflösung bringen.

### 3.2.2 Schwacher Energienachschub: Wenn die Pulle leer bleibt

Nach diesem langen Abschnitt über die Wichtigkeit von Zielen zurück zu unserem Radler. Vielleicht ist der Mangel von Zielen oder deren Widersprüchlichkeit gar nicht so Ihr Thema. Sondern, oder auch: Das Leben macht keinen *Spaß* (mehr). Das in unserer Spaß-Gesellschaft! *Wir amüsieren uns zu Tode* hieß ein einflussreiches Buch der 80er Jahre. *Viel Spaß!* – das sagt uns heute nicht nur die freundliche Kollegin am letzten Tag vor dem Urlaub. Wir verlangen es auch von uns selbst. Bloß keine Spaßbremse sein, das ist heute Pflicht. Komisch, dass wir uns oft so wenig zu Späßen aufgelegt fühlen, obwohl wir doch »eigentlich nicht klagen« können, meistens.

Sollten allerdings Sie, liebe Leserin, diesen Text gerade in den Minuten vor dem Eindämmern lesen, nachdem Sie die Waschmaschine entleert und die Kids ins Bett manövriert haben (deren Erzeuger sich aus dem Staube gemacht hat) und nur wenige Stunden Schlaf vor Schichtbeginn vor sich haben: Sie sind nicht gemeint, Sie können klagen. Aber auch Sie könnten aus dem Folgenden eine Anregung beziehen.

*Was gibt uns Energie?*

Wann fühlen Sie sich so richtig energiegeladen? Oder, für Leser(innen) meiner Alterskategorie: In Schwung, lebendig, verjüngt? Wahrscheinlich, wenn Sie gerade Ihrem Affen richtig Zucker gegeben haben, wie man das früher nannte. Erinnern wir uns, dass wir alle zu einer bestimmten Zeit unseres Lebens vor Energie geradezu gestrotzt haben (wenn wir nicht zufällig zu dieser Zeit krank waren oder unter ganz besonders schweren Belastungen standen). Es gibt nämlich zu jeder Zeit in jeder Gesellschaft eine Bevölkerungsgruppe, für die »Energiemangel« überhaupt kein Thema ist. Die im Gegenteil vor Vitalität dermaßen strotzt, dass es für die Menschen in ihrer Nähe nervtötend sein kann: Kinder im Vorschulalter. Wenn Sie selbst Kinder haben, werden Sie sich gut dran erinnern – oder vielleicht ist es sogar das, was gerade um Sie herum tobt? Von Kindern dieses Alters können wir alle uns energiemäßig eine Scheibe abschneiden. Und das wollen wir anschließend auch tun.

Aber waren nicht auch wir mal Kinder und in diesem beneidenswerten Zustand? Wie ist uns der verlorengegangen? Was ist passiert? Es ist ja nicht so, dass wir einfach biologisch so rasch gealtert wären, dass unsere Körper einfach selbsttätig saft- und kraftlos geworden wären. Das zählt erst ab einem ziemlich hohen Alter. Energiemangel, Schlaffheit, Lustlosigkeit, Erschöpfung treten aber oft schon viel früher auf, in einem Alter, wo der Körper objektiv kräftiger ist als der eines 6-Jährigen. Also:

> Wir altern in erster Linie nicht im Körper, sondern in Geist und Seele.

Für die Bändigung des Energieüberschusses sorgen bei den meisten Kindern zunächst mal Schule und Elternhaus, später weitere Erziehungsinstanzen. (Heute zuweilen auch Ritalin.) Die bringen uns bei, dass man bestimmte Dinge auch dann tun muss, wenn man dazu überhaupt keine Lust hat. Das hat Folgen. Die Überwindung von Unlust – oder, feiner ausgedrückt: innerer Widerstand gegen Tätigkeiten – ist nach meiner Auffassung die psychologische Kernursache der Erschöpfung bei Erwachsenen. Ein Beispiel: Wenn Sie einen Garten haben und da einen Tag lang gebuddelt oder einen Haufen Holz gehackt haben, dann sind Sie wahrscheinlich hinterher hundemüde – aber keineswegs erschöpft, es sei denn, Sie hätten sich aus irgendwelchen unguten Gründen über alle Grenzen hinweg getrieben. Sie sind müde, aber wahrscheinlich guter Dinge. Ich habe unterstellt, dass Sie das freiwillig gemacht haben, und dass Sie einen Sinn darin gesehen haben.

Vergleichen Sie das mal mit dem Gefühl vor und während irgendeiner verhassten Tätigkeit. Wenn Sie beispielsweise den Rasen zähneknirschend und nur darum mähen, weil sich ein Nachbar beschwert hat, während Sie selbst lieber eine Wiese wild wachsen ließen. Es kann schon reichen, das, was man tut, unter Zeitdruck tun zu müssen, um jede Lust daran zu killen.

*Wie wir altern*

Eine meiner verhasstesten Pflichten ist die Steuererklärung. Ich werde sofort völlig kraftlos, wenn ich bloß dran denke. Noch schlimmer ist es, wenn das Gefühl »muss denn das sein?« dazukommt. So, wenn ich einen Text zum zweiten Mal eintippen muss, weil mir eine ungesicherte Datei abgestürzt ist.

*Sinn-Verlust und Sinn-Gewinn*

Und noch viel schlimmer ist es für die meisten, eine ganz offensichtlich sinnlose Tätigkeit ausüben zu müssen, z. B. bloß deshalb, weil jemand sie angeordnet hat. Das kam in meinem Beruf, auch früher, nicht oft vor. Aber es soll andernorts Vorgesetzte geben, die zuweilen bestimmte Aufstellungen oder Ausarbeitungen partout und *asap* (*as soon as possible*) haben wollen, obwohl allen Beteiligten außer dem Auftraggeber klar ist, dass es nicht den geringsten Unterschied macht, ob das geschieht oder ob weiterhin die Linde rauscht.

Man kann Menschen buchstäblich umbringen, indem man sie zwingt, sinnlose Arbeiten zu verrichten. Umgekehrt kann es ungeheure Energien mobilisieren, wenn Menschen plötzlich etwas zu tun bekommen, wofür sie sich begeistern können, worin sie einen Sinn sehen. Man sieht das bei freiwilligen sozialen Diensten, in Bürgerinitiativen, in Vereinen. Ich selbst habe vor vielen Jahren mal an der »Sommerhochschule« der damaligen Hamburgischen Hochschule für Wirtschaft und Politik mitgearbeitet, einer Art »Wissenschaftlichem Kongress für normale Menschen«. Ich werde nie den Ausspruch einer Teilnehmerin vergessen, die sagte »Wenn mein Chef sehen könnte, wie ich arbeiten kann, wenn ich will!«

*Spontaneität und Energie*

Zurück zu den Kindern. Sie haben vor allem darum diese beängstigende Energie, weil sie nur tun, wozu sie Lust haben. Wenn sie dagegen müde werden, können sie von einem Moment auf den anderen in Schlaf versinken. Auch haben sie die Fähigkeit, aus weniger spaßigen Tätigkeiten ein Spiel zu machen und so wieder Spaß hineinzubringen. Sie machen sich keine großen Sorgen, was die Folgen sind. Sie machen sich überhaupt wenig Sorgen und leben eher im Augenblick. Sie machen spontan, wonach ihnen ist. Und haben keine großen Schuldgefühle, wenn das in erster Linie Spaß, Spaß, Spaß ist. Wie ist das bei Ihnen? Beschäftigen Sie sich doch einmal mit dem Übungsblatt (◘ Abb. 3.4) auf der folgenden Seite!

Sollten Sie mehr als dreimal die 7 markiert haben: Glückwunsch! Wenn nicht, überlegen Sie doch einmal, wo es sich lohnen könnte, von Kindern zu lernen. Fangen Sie da an, wo Sie die 1 markiert haben!

Was lernt uns das alles? Wenn wir einen Teil unserer verschütteten Energien wiederbeleben wollen, können wir vor allem zweierlei tun:

## 3.2 · Das Radler-Modell

| Wie gesunde Vorschulkinder den Tag verbringen – auf hohem Energieniveau | | |
|---|---|---|
| 01. | Sie lächeln und lachen viel | 1 2 3 4 5 6 7 |
| 02. | Sie sind körperlich aktiv | 1 2 3 4 5 6 7 |
| 03. | Sie lernen mit Begeisterung neue Dinge | 1 2 3 4 5 6 7 |
| 04. | Sie sind kreativ und innovativ | 1 2 3 4 5 6 7 |
| 05. | Sie springen spontan zwischen Beschäftigungen hin und her | 1 2 3 4 5 6 7 |
| 06. | Sie entwickeln sich körperlich und geistig ständig weiter | 1 2 3 4 5 6 7 |
| 07. | Sie glauben an das Unmögliche | 1 2 3 4 5 6 7 |
| 08. | Sie machen Ruhepausen, wenn ihr Körper es verlangt | 1 2 3 4 5 6 7 |
| 09. | Sie tun Dinge, die ihnen Spaß machen – oder finden Wege, Spaß und Spiel hineinzubringen | 1 2 3 4 5 6 7 |
| 10. | Sie sind neugierig und normalerweise bereit, alles mindestens einmal auszuprobieren | 1 2 3 4 5 6 7 |
| 11. | Sie nehmen ihre Gefühle ernst und drücken sie frei aus | 1 2 3 4 5 6 7 |
| 12. | Sie riskieren oft etwas, d.h., sie haben keine Angst, etwas zu probieren, worin sie nicht gleich gut sind oder versagen könnten | 1 2 3 4 5 6 7 |
| 13. | Sie träumen und phantasieren | 1 2 3 4 5 6 7 |
| 14. | Sie leben leidenschaftlich | 1 2 3 4 5 6 7 |
| 15. | Sie leben sorglos und sind frei von Schuldgefühlen | 1 2 3 4 5 6 7 |

Machen Sie bitte einen Kreis um eine der Zahlen 1-7, je nach dem, was für Sie zutrifft: Mache ich selbst
7 = (fast) immer  6 = sehr oft  5 = oft  4 = oft  3 = selten  2 = sehr selten  1 = (fast) nie

**Abb. 3.4** Lernen von Kindern

**Sinn-Anreicherung**

Wir müssen, erstens, den Teil unserer Tätigkeiten, den wir als sinnlos empfinden, auf ein Minimum reduzieren. Mit »sinnlos« meine ich hier nicht irgendetwas Philosophisches oder Spirituelles. Sondern die Frage, ob das was wir tun, zumindest auch irgendwelchen Zielen dient, die die unseren sind. Dazu müssen wir unsere eigenen Ziele klären, und das war ja Gegenstand des vorangehenden Abschnitts. Wenn Sie nach gründlicher Überlegung sagen, dass Sie das meiste, was Sie tun, nur aus einem einzigen Grund tun, nämlich unfreiwillig und fürs nackte Überleben, dann kann es eine gute Idee sein zu überlegen, ob Sie es nicht mit Sinn anreichern können. Z. B. dadurch, dass Sie versuchen, die Sache so aufzuziehen, dass Sie etwas dabei lernen, was Sie lernen möchten. Sinn kann auch indirekt entstehen: etwas macht keinen Spaß, bringt aber weiter. Oder vielleicht kann man die Arbeit so umorganisieren, dass man sie im Team mit Leuten erledigt, mit denen man gerne zusammenarbeitet. Das kann ein Wert an sich sein. Wenn all solche Ideen nicht realisierbar sind, dann muss man auch über einen Jobwechsel nachdenken dürfen. Aber wie gesagt: Ziele hatten wir schon, in ▶ Abschn. 3.2.1 Jetzt: Spaß.

**Spaßanreicherung**

Denn das, zweitens, ist die Hauptsache, die wir von Kindern lernen können: Was man gerne und mit Leidenschaft tut, das belastet das Energie-Konto wenig. Im Gegenteil, es bringt oft Energie zurück. Am besten natürlich, Sie finden Wege, Spaß in Ihren *Arbeitsalltag* zu implantieren. Mindestens können Sie versuchen, Ihren Arbeitsplatz so zu gestalten, dass Sie sich dort wohlfühlen. Aber es kann auch schon einen beträchtlichen Schub entwickeln, wenn Sie zumindest in Ihrer Freizeit reichlich Dinge vorfinden, auf die Sie sich immer wieder freuen. Nichts gibt dem Leben so viel Schwung wie Vorfreude. Dafür wollen wir gleich etwas tun.

Wenn Sie vorhin (im ▶ Abschn. 3.2.1 »Ziele müssen ziehen«) die Transaktionsanalyse nicht übersprungen haben (z. B. weil sie nicht nach *Spaß* klang, sondern nach Schule), dann haben Sie jetzt einen praktischen Begriff zur Hand: Das *Freie Kind-Ich*. Gehen wir mal davon aus, dass Spaß ausschließlich oder vor allem in diesem *Ich-Zustand* erlebt wird. Im Zustand des *Freien Kindes* gibt es immer Wünsche und Ziele, für die rasch reichlich Energie mobilisierbar ist. Wecken Sie ein gesundes 6-jähriges Kind nachts auf und versprechen Sie ihm irgendwas Abenteuerliches oder sonstwie Spannendes, und es wird sehr rasch zu allen Schandtaten bereit sein.

In der Übertragung auf das Erwachsenenalter fällt einem schnell das sprichwörtliche »Kind im Manne« ein, das will spielen, so Nietzsche. Und tut es auch sehr ausdauernd und selbstvergessen, wenn es um Computerspiele, Modellflugzeuge, Fußball oder ähnliches geht, nur wenig getarnt auch dann, wenn es um

Autos, *Smartphones* oder Risikoanlagen geht. Frauen sind da im Durchschnitt ein bisschen anders – bei ihnen hieß Spielen früher vielleicht der Puppenwagen, das Sichverkleiden oder der Ponyhof und ist im Erwachsenenalter eher der Austausch über Menschen (vulgo Klatsch), das Versinken in einem Roman oder (immer noch) das Sichverkleiden. Aber die Unterschiede zwischen den Geschlechtern scheinen sich an dieser Stelle zu nivellieren.

Stellen Sie sich vor – vielleicht tun Sie das eh täglich? –, Sie hätten soeben die berühmte Million im Lotto gewonnen. Warum fällt Ihnen dann so schnell so vieles ein, wozu Sie keine großen Energiereserven mobilisieren müssen, sondern spontan Lust haben? Weil Ihr Freies Kind-Ich gerade Zucker bekommen hat. Es könnte Träume realisieren, für die das Kind, das Sie mal waren, nur seine Phantasie hatte.

> **Jedenfalls – in uns allen steckt noch das Freie Kind, das wir früher mal waren, mit all den zugehörigen Gefühlen, aber eben auch mit den zugehörigen Energiepotentialen, der Neugier, dem Bedürfnis nach Lernen und Weiterentwicklung.**

Bloß, Ihr Freies Kind wird mehr oder weniger gut in Schach gehalten von den Stimmen, die im Kritischen Eltern-Ich gespeichert sind. Die sagen z. B.: »Lass das, das ist ungesund!«, »Sowas tut man in Deinem Alter nicht mehr!«, »Was sollen die Leute denken!«, »Erst die Arbeit, dann das Spiel!«, »Was Du heute kannst besorgen …«, und wie die Sprüche alle heißen. Wir haben alle gelernt, dass es u. U. böse Folgen haben kann, diese Stimmen zu ignorieren. Und so ist denn bei vielen von uns das Freie Kind in die innere Kündigung oder gar Emigration gegangen und hat dem Angepassten Kind Platz gemacht, das brav verrichtet, was ihm aufgetragen wird. Höchstens, dass es nach Dienstschluss noch ein bisschen rebelliert, auf »die da oben« schimpft, vielleicht ein bisschen Sand ins Getriebe wirft und die Schmerzen betäubt, z. B. mit Alkohol. Das in manchen Branchen noch heute beobachtbare Phänomen des gemeinsamen Abhängens und Becherns nach Feierabend (heute *after-work party*) lässt sich deuten als der Versuch, in gemeinsamer und scheinbar fröhlicher Runde ein Stück Freiheit zurückzugewinnen. Dabei werden dann ja schon mal tollkühne Pläne geschmiedet – »Man müsste einfach mal …« – aber davon bleibt in der Regel anderntags nicht viel in Erinnerung.

Ein anderes, wie gesagt mögliches Schicksal des Freien Kind-Ichs: Innere Emigration. An Stellen der Arbeitswelt, wo das heute noch möglich ist, gibt es Leute, die im Beruf fast vollautomatisch

**Nieder mit dem Kritischen Eltern-Ich?**

und geistesabwesend funktionieren. Im ungünstigen Fall wirken solche Menschen auch in ihrer Freizeit wie abgestorben. Im günstigen Fall wachen sie bei Dienstschluss auf und werden zu Menschen, die man nicht wiedererkennt – in ihrem Angelklub, ihrem Gesangsverein, ihrem Fitness-Studio oder in ihrer Skatrunde. Dann nämlich wagt sich das Freie Kind, das bei der Arbeit nur auf *standby* war, wieder heraus. Und auf einmal geht die Post ab.

Das Vorstehende soll nicht dahingehend missverstanden werden, dass die Stimmen des Kritischen Eltern-Ichs grundsätzlich abzulehnen wären. Wir alle wissen es zu schätzen, wenn Piloten, Lokführer, Automechaniker und Polizisten sehr gewissenhafte Leute sind, wenn Steuerberater und Zahnärzte ein bisschen perfektionistisch sind, wenn die Post zuverlässig funktioniert – anders als z. B. in südlichen Kulturen, wo Impulse des Freien Kind-Ichs anscheinend sehr viel ungehemmter ausgelebt werden dürfen als bei uns. *Manana* ist Norm, drum braucht die Post dort lange, wenn sie denn überhaupt ankommt.

Bloß – wir zahlen einen hohen Preis (eben den der Energielosigkeit, der Leblosigkeit), wenn wir die Gebote unseres *Kritischen Eltern-Ichs* verabsolutieren, niemals »fünfe grade sein lassen«, nie »unserem Affen Zucker geben«, *selbst da, wo wir das ruhig dürften.* Es lohnt, gelegentlich das Erwachsenen-Ich einzuschalten und nüchtern abzuwägen, welche elterlichen Ge- und Verbote wir denn uneingeschränkt und immer in Kraft lassen wollen, von welchen wir uns, weil selbstschädigend, ganz trennen wollen und welche wir nur fallweise und sehr relativierend gelten lassen wollen. **Motto: Erlaubt ist, was gefällt, solange es weder Anderen noch mir schadet.** Es geht darum, eine erwachsene und selbstbestimmte Balance zu finden zwischen den Normen des *Eltern-Ich* und den Bedürfnissen des Kindes. Werte und Prinzipien nicht über Bord werfen, aber auch das Kind nicht mit dem Bade ausschütten. Wer Energieprobleme hat – und auch Sie haben sich dieses Buch ja freiwillig beschafft –, der hat im Allgemeinen zugelassen, dass sein Freies Kind-Ich allzu sehr untergebuttert worden ist. Das kann man rückgängig machen. Allerdings ist das oft ein Projekt für den Rest des Lebens, weil die Einschärfungen allzu tief in die Wolle eingefärbt worden sind: »Du bist nicht auf der Welt, um Spaß zu haben!« Gerade die Nachkriegsgeneration hat das gründlich verinnerlicht. »Das Leben ist kein Ponyhof!« lautet die modernere Formulierung. Aber, auch das ist wahr:

> **Es ist selten zu spät für eine glückliche Kindheit!**

## Dazu ein kleines Beispiel

Vor Jahren führte ich einen Workshop durch, der aus technischen Gründen an zwei aufeinander folgenden Samstagen stattfinden musste. Am ersten davon gab es die unten folgende Übung »Lebensanreicherung«. Unter den Teilnehmerinnen war auch eine Buchhalterin in den Sechzigern, die die Sache äußerst skeptisch anging: »Ich bin kurz vor der Rente, was soll ich mir da groß einfallen lassen?« Indes, die Sache arbeitete offenbar in ihr weiter. Eine Woche später erzählte sie, sie habe sich Inline-Skates gekauft. Rollschuhe, das war einst ihr sehnlichster Wunsch gewesen. Aber damals nach dem Krieg war kein Geld dafür da gewesen. Den Wunsch hatte sie komplett vergessen, es hatte immer Wichtigeres gegeben. Mittlerweile hatte sie, natürlich mit Hand- und Knieschonern, auf einem leeren Parkplatz erste Runden gedreht. Wie sie das strahlend berichtete, wirkte sie mindestens zehn Jahre verjüngt.

Vielleicht gelingt Ihnen, liebe Leserin, lieber Leser, ja etwas Ähnliches? Nehmen Sie doch in einer ruhigen Stunde einmal das Übungsblatt auf der folgenden Seite (◘ Abb. 3.5) zur Hand und ergänzen es. Noch erfolgversprechender ist es womöglich, wenn Sie das gemeinsam mit Partnerin oder Partner machen. Aber nur, wenn Sie sich so nicht ein zusätzliches *Kritisches Eltern-Ich* ins Boot holen!

Der Sinn der Übung ist natürlich, Ihr Freies Kind ein bisschen zu vitalisieren, sollte es das gut gebrauchen können. Schaden wird es kaum! Und wenn Sie Ihr Leben mit etwas anreichern, worauf Sie sich vor dem Feierabend freuen können, am besten etwas rein Spielerisches, was keinerlei direkten Nutzen verspricht – dann haben Sie Ihre Burnout-Gefährdung schon wieder ein bisschen vermindert.

## Zwischenfazit

- Wir alle, jedenfalls solange wir gesund sind, haben jede Menge Energie zur Verfügung – sie ist nur teilweise verschüttet.
- Damit die Quellen wieder sprudeln, müssen wir mehr Sinn in dem finden, was wir tun – und vor allem viel mehr Spaß und Lebendigkeit!

### 3.2.3 Der tägliche Ärger

Kennen Sie das: Irgendein Schriftstück muss dringend raus, aber der Drucker spinnt. »Fehlermeldung: Lesen Sie in der Gebrauchsanweisung nach«! Das dauert jetzt mindestens eine halbe Stunde.

| Lebensanreicherung ||
|---|---|
| Was habe ich als Kind am liebsten getan? Was *hätte* ich am liebsten getan, was aber nicht ging (z. B. weil das Geld fehlte)? ||
| **Einige Beispiele (bitte fortsetzen!)** | |
| Schlittschuhlaufen | Etwas Verrücktes kochen |
| Ein Musikinstrument spielen | Ein Gedicht schreiben |
| Singen | Mich bemalen (nicht mit Mascara!) |
| Theater spielen | Ein Tier streicheln |
| Etwas sammeln | Comics lesen |
| Mich verkleiden | Eine Sprache lernen |
| Ein Baumhaus bauen | ……………………………………… |
| Drachen steigen lassen | ……………………………………… |
| Etwas basteln | ……………………………………… |
| Leuten einen Streich spielen | ……………………………………… |
| Photographieren | ……………………………………… |
| Malen | |
| **Gibt es etwas auf der obigen Liste, wozu ich heute noch Lust hätte? Bitte ankreuzen!** ||

| Wenn mich innere Stimmen davon abhalten es zu tun, was sagen sie? |
|---|
| Einige Beispiele: |
| |
| |
| |
| Und wie kriege ich die Stimmen zum Schweigen? |
| |
| |
| |

◘ Abb. 3.5  Lebensanreicherung

Glücklicherweise gibt es ja die junge Kollegin X, die in solchen Fällen meist Rat weiß. Und da kommt sie auch schon. »Du musst nur hier klicken, dann da doppelklicken und zum Schluss einmal aus- und dann wieder anschalten«, aber natürlich ist sie damit schneller fertig, wenn sie's selber macht. Schon ist sie weg. Aufatmen, Dank hinterher rufen, Entwarnung. Und die Sache schnellstens vergessen, unangenehm wie sie ist. Nur, beim nächsten Mal sind Sie wieder genauso hilflos.

Der alltägliche Kleinkram, soweit er sich als täglicher Ärger darstellt, wird niemanden in ein Burnout treiben, schon wahr. Kann aber, wenn es auch noch bei wichtigeren Problemen kneift, zu einem umfassenden Ohnmachtsgefühl beitragen. Über Thomas Buddenbrook, die Hauptperson der *Buddenbrooks*, schreibt Thomas Mann: »Er war gehetzt von fünfhundert nichtswürdigen Bagatellen, die zum großen Teil nur die Instandhaltung seines Hauses und seiner Toilette betrafen, die er aus Überdruss verschob, die sein Kopf nicht beieinander zu halten vermochte und mit denen er nicht in Ordnung kam …« Thomas Buddenbrook ist ein schönes literarisches Beispiel eines Ausbrenners. Klar, er hatte auch noch andere Probleme.

Was hilft gegen dergleichen Ärgernisse? Sie *ernst nehmen*. Sie mindestens *registrieren*, am besten in Form einer Notiz an einer Stelle, die dafür vorgesehen ist, z. B. in Ihrem kleinen schwarzen Buch. Und später entscheiden, ob, und wenn ja, wie man damit verfahren will. Damit ist schon die allgemeine Empfehlung ausgesprochen, die am Ende dieses Abschnitts ausführlicher folgen wird. Zuerst eine kleine Typenlehre von Ärger-Quellen, die zur Klärung beitragen soll.

Man kann alltägliche Ärgernisse einteilen in (a) technische, (b) zwischenmenschliche und (c) allgemeinpolitische. Die Rede ist hier von prinzipiell abstellbaren, nicht von solchen, mit denen man sich auf jeden Fall abfinden muss, wie mit dem Wetter (von denen später mehr).

## Technische Ärgernisse

Technische Ärgernisse sind entweder sofort behebbar, indem man Routinen einführt (und sich ab dann daran hält). Oder sie erfordern einen gewissen Lösungsaufwand, der aber nur einmal anfällt.

Ein Beispiel für die einfachere Sorte: Immer, wenn's besonders eilig ist, fehlen Briefmarken, Toner für Drucker oder Kopierer, Klebeband, Heftpflaster, Toilettenpapier, Milch. Die Lösung heißt in der Lagerhaltung *two-bin system*. Von allem, was regelmäßig verbraucht wird, gibt es zwei Einheiten, also z. B. zwei Sätze der häufigsten Briefmarken-Werte, zwei Rollen Klebeband usw..

Die leichteren Übungen

Sobald der eine Satz verbraucht ist, kommt *sofort* ein Eintrag auf die Einkaufsliste. Das Prinzip kennen Sie schon vom Auto: Bevor der Tank ganz leer ist, leuchtet die Reserveleuchte auf. Und wo Tankstellen rar sind, hat man besser auch noch einen Reservekanister dabei. Wichtig nur: Das Handlungssignal »rotes Licht« wird Ihre Aufmerksamkeit ziemlich automatisch aufs Nachtanken lenken – bei den anderen Artikeln, wo nicht sofort gehandelt werden muss, müssen Sie sich selbst ein solches Signal setzen.

**Weitere simple Beispiele**
- Sie verlegen permanent Ihre Brille? Hängen Sie sie an einem Bändchen um den Hals.
- Jeden Morgen, wenn es los gehen soll, fehlt der Hausschlüssel oder die Uhr, das Portemonnaie, die Packung Taschentücher? Stellen Sie irgendein nett aussehendes Behältnis (es gibt edle Modelle zu kaufen) neben die Wohnungstür. Wenn Sie nach Hause kommen, leeren Sie sämtliche Taschen dort hinein – am nächsten Morgen ist alles zur Hand. Für die Damen: Es gibt Innen-Beutel, die frau samt Inhalt einfach von einer Handtasche in die nächste verlagern kann.
- Sie haben bei komplexen Aufgaben Konzentrationsschwierigkeiten? Räumen Sie vorübergehend Ihren Schreibtisch so um, dass Sie außer Ihrem Arbeitsgerät (wahrscheinlich ein Laptop) und vielleicht einem Blatt Papier nichts mehr im Blickfeld haben, was Sie auf ablenkende Gedanken bringen könnte. (Eventuell brauchen Sie eine zusätzliche Ablagefläche hinter sich, der Boden tut's auch.)

Die schwereren Übungen

Ein immergrünes Reizthema für viele Menschen heißt *Ordnung*, will heißen: Suchen und Finden. Wenn Sie mehr als ca. 1 Stunde pro Woche mit Suchen verbringen, kann es viel Ärger ersparen, wenn Sie mal zwei halbe Tage in ein vernünftiges Ordnungssystem investieren. Dabei sollten Sie archaische Lösungen nicht von vornherein verschmähen. In alten Werkstätten sieht man manchmal noch Werkzeuge an Nägeln aufgereiht, deren Umrisse auf die Wand gemalt sind. Man erkennt dann mit einem Blick, wo etwas fehlt, und das Aufräumen geht auch viel einfacher. Vielleicht brauchen Sie erst einmal Stauraum, sprich Schubladen, für die vielen Dinge, aus denen ein Haushalt besteht? Aber: Die Schubladen wollen beschriftet werden! (Es sei denn, Sie waren schon immer in *Memory* gut.)

Ansonsten brauchen Sie je ein System für Papiere und für elektronische Dokumente. Sollten Sie daran schon mehrmals gescheitert sein, gehören Sie wahrscheinlich zu den sog. Rechtshirnern, die sich eher merken können, *wo* im Raum etwas liegt, z. B. in

## 3.2 · Das Radler-Modell

welcher Schicht welches Stapels auf dem Fußboden. Sobald der Ort Ihres segensreichen Wirkens wegen allzu vieler Stapel selbst für Sie nicht mehr begehbar ist, muss aber etwas anderes her. Eine Möglichkeit sind simple Aktenordner, in die Sie gleich von Anfang an je ca. 30 Klarsichthüllen heften. Was dann in die Ablage soll, kommt in eine Hülle, chronologisch hintereinander. Das ist schnell gemacht. Sobald ein Ordner voll ist, müssen Sie ihn nur noch auf dem Rücken beschriften, z. B. »März-April 2015«. Noch besser wäre es natürlich, Sie würden auch noch vorne ein Registerblatt einheften und darauf handschriftlich eintragen, was Sie da gerade aus dem Weg geschafft haben. Aber wenn Sie jetzt schon wissen, dass Sie das eh nicht lange durchhalten werden, nehmen Sie es sich gar nicht erst vor. Sobald Sie irgendein Dokument suchen, werden Sie wahrscheinlich ungefähr datieren können, aus welcher Zeit es stammt. So werden Sie nicht mehr als drei oder vier Ordner durchblättern müssen. Da es sich um Klarsichthüllen handelt, geht auch das sehr schnell. Obacht: Wenn Sie etwas aus einer Hülle herausnehmen und nicht unmittelbar zurück stellen, stecken Sie einen Platzhalter in die Hülle. Wenn Sie aus mehreren Ordnern etwas entnehmen, kleben Sie einen *Haftie* darauf und notieren Sie, woher das Schriftstück stammt. (Hafties kann man auch nie zu viele zur Hand haben, überall.) – Dieses System funktioniert besser als die üblichen Inhalts-Ordner wie »Haushalt«, »Rechnungen«, »Garantiescheine«, »Finanzen« etc.. Denn als Rechtshirner sind Sie wahrscheinlich ausreichend kreativ, jedes Ablagestück in ein halbes Dutzend Kategorien einordnen zu können.

Analog können Sie sich auch auf der Oberfläche Ihres Rechners Ordner einrichten. Wichtig: Machen Sie das gleich für einige Zeit im Voraus. Ebenso, wie Sie gleich einen ganzen Schwung Aktenordner besorgen sollten, damit sie da sind, sobald sie gebraucht werden. Oder *Hangordner* samt einem Gehäuse, in das sie passen. Aufziehen, einlegen, zuschieben, das war's. Denn ein System muss rasch und widerstandsarm zu bedienen sein, sonst werden Sie es in Kürze frustriert fallen lassen.

So könnte es noch eine ganze Weile weitergehen. Aber zu diesem Thema gibt es eine riesige Literatur, deren augenblicklich bekanntestes Beispiel die *Simplify-Bücher* (z. B. Küstenmacher u. Küstenmacher 2011; Küstenmacher u. Seiwert 2008) darstellen. Sinn der Übung war hier, ein bisschen Appetit und Hoffnung auf Erfolg zu machen. Es ist auch ein gutes Rezept, Andere zu beobachten, die mit dem betreffenden Ärgernis offensichtlich keine Probleme haben. Man kann sich natürlich auch direkt einen Rat holen. Aber Vorsicht, speziell beim Thema Ordnung. Wenn Ihr Ratgeber sagt: »Das ist doch ganz einfach; du musst bloß…« – dann handelt es sich höchstwahrscheinlich um einen sog. Linkshirner. Der funktioniert anders als Sie! Seine Tipps werden Ihnen nicht helfen.

### Zwischenmenschliche Ärgernisse

Konflikte nicht schmoren lassen

In einem meiner Workshops berichtete eine junge Grafikerin, sie habe mehrere Jahre mit einer Kollegin Tisch an Tisch gearbeitet, deren beständiger Redefluss ihr den letzten Nerv geraubt habe. Auf meine Frage, ob sie denn das Thema nie angesprochen habe, antwortete sie spontan: »Nee! Ich konnte die doch nicht ändern!« Den anderen Teilnehmern fielen viele ähnliche Situationen ein. Ab da nahm ich eine Einheit »Das befreiende Gespräch« fest in mein Programm auf, unter dem Eindruck, die Fähigkeit konstruktiven Streitens sei auf dem absteigenden Ast. Denn mit jemandem eng zusammenarbeiten müssen, an dem einen etwas fundamental stört, das kann sich tatsächlich zu einer Burnout-Falle auswachsen. Die meisten von uns müssen eh eine Menge Gefühlsarbeit verrichten; schon das Zusammenleben in einer Familie, womöglich mit mehreren Generationen, kann einige Kraft kosten. Die kann dann fehlen, wenn man sie im Beruf braucht. Nicht nur im Großraumbüro.

Die einfacher gestrickten Beispiele dieser Ärger-Kategorie betreffen ein- und denselben Partner aus dem Berufs- oder Privatleben. Sie ärgern sich mehr oder weniger täglich über etwas, was er tut (oder gerade *nicht* tut). Dann sollten Sie das Gespräch suchen.

Das befreiende Gespräch

Vorher müssen Sie sich ein paar Gedanken machen. Was genau ist es, was Sie ärgert? Und am besten auch, *warum*? Denn bei den Gründen gibt es zwei Möglichkeiten: (a) Das Verhalten würde auch (fast) jeden anderen stören. Beispiele: Sie sind auf Zuarbeit angewiesen, aber der Kollege liefert regelmäßig zu spät ab. Oder: Geraucht werden darf ja heute nirgends mehr, aber die Kollegin packt in der Frühstückspause immer ihr Brötchen aus und hat eine Vorliebe für reifen Harzer oder für Mett mit rohen Zwiebeln. (b) Das Verhalten stört kaum jemanden außer Ihnen. Beispiele: Der Kollege macht gern Witzchen, und Sie sind zufällig allergisch gegen Ironie. Oder: Die Kollegin trägt gern und viel schwarz, und Sie bringt das in Trauerstimmung.

Wenn der Ärger zur letzteren Kategorie gehört, können Sie eigentlich nur eine *Bitte* aussprechen (einsteigen sollten Sie so allerdings auch im anderen Fall). Unter Umständen ist es dann besser, über die eigenen Allergien nachzudenken. Etwa so: »Der meint es nicht böse – schalt einfach auf Durchzug!« Oder: »Wenn die meint, ihr steht schwarz – bitte …« Das kann das Gespräch entbehrlich machen. Aber machen Sie solche schweigenden Kompromisse mit sich selbst nicht zu häufig!

## 3.2 · Das Radler-Modell

Wenn Sie es doch mit dem Gespräch versuchen wollen, sollten Sie auf jeden Fall Ihre persönliche Überempfindlichkeit einräumen (»Ich weiß, andere haben damit kein Problem, darum ist dies auch nur eine Bitte«). In solchen Fällen sollten Sie Gegenleistungen anbieten: »Wenn *Sie* etwas an *mir* stört – bitte sagen Sie's mir!«

Aber nun die Gebrauchsanweisung. Zuerst die **Gesprächsanbahnung**. Warten Sie einen entspannten Moment ab und sagen Sie etwas wie »Ich wollte schon lange mal eine Kleinigkeit mit Ihnen besprechen – wann wollen wir das machen?«. Wenn irgend möglich, wechseln Sie das Terrain, gehen also z. B. auf einen Kaffee in die Kantine.

Sprechen Sie dann in ruhigem Tonfall und nicht allzu ausschweifend Ihr Thema an. Keine Anschuldigungen und auch nicht mehr als ein Thema zur Zeit! Dabei sind für Ihr Gegenüber sog. Ich-Botschaften besser verdaulich, in denen Sie also beschreiben, was der tägliche Ärger in *Ihnen* auslöst. Also z. B. »Wenn ich Ihre Vorlagen so spät bekomme, komme ich selbst ins Schwitzen; Sie wissen ja, wie eng meine Termine sind«, oder »Der Geruch bleibt lange hängen im Büro, ich kann mich dann nicht mehr konzentrieren«. Und dann, wenn Sie fertig sind, auf genaues **Zuhören** schalten! Warten Sie lieber auf Lösungsangebote, als gleich mit eigenen guten Ratschlägen zu kommen (»einfach früher mit der Arbeit anfangen« oder »Brötchen woanders verzehren«). Denn wenn Sie jemanden ersuchen, seine Gewohnheiten zu ändern, auch wenn es sich nur um vermeintliche Kleinigkeiten handelt, greifen Sie ja in die Freiheit dieses Jemand ein. Das hat niemand gern.

Am besten ist es natürlich, Sie kommen zu einer Übereinkunft, mit der Sie beide gut leben können. In manchen Fällen ist es gut, ein kleines Signal an den Anderen zu verabreden, das Dritte nicht kennen oder nicht einmal bemerken. Wenn es Ihnen mal wieder zu ironisch wird, legen Sie z. B. kurz die Hand auf die Stirn. Wer weiß, vielleicht können Sie dann irgendwann sogar selbst mitlachen …

Wenn Besserung dann nicht nur versprochen wurde, sondern eingetreten ist, müssen Sie das unbedingt anerkennen. Dafür kann schon ein leises »Danke!« im Vorübergehen reichen. Im besten Fall haben Sie so Ihr Verhältnis zu der Problemperson auf eine neue, vertrauensvollere Basis gestellt.

Natürlich kann es Ihnen auch widerfahren, dass Ihre Problemperson sich überhaupt nicht entgegenkommend verhält. Dann auf keinen Fall zum Chef oder sonst jemandem rennen! Sondern das Thema einfach ein paar Tage lang in der Schwebe halten, nichts weiteres sagen. Oft kommt dann ein bisschen späte Einsicht.

Wenn auch dann nicht: Überlegen Sie, mit wem Sie sich beraten können, Kollegin oder Kollege, Betriebs- oder Personalrat. Vermeiden Sie jeden Eindruck, etwas »hintenrum« unter Einsatz von »Beziehungen« regeln zu wollen. Das würde mit einiger Sicherheit nach hinten losgehen.

**Und wenn es der eigene Chef ist?**

Chefs oder Chefinnen sind im Leben der allermeisten Angestellten nun mal wichtige Figuren. Wenn ausgerechnet so eine Figur unangenehme Angewohnheiten hat? Kurz vor Feierabend z. B. *last minute*-Aufträge zu erteilen, oder im Gegenteil alle Mitarbeiter im Unklaren lassen, was er denn will? Die Schwelle ist hier natürlich höher als bei Kollegen. Aber auch in solchen Fällen sollen klärende Gespräche schon geholfen haben. Natürlich werden Sie im Normalfall äußersten Takt walten lassen (»rohes Ei«). Versetzen Sie sich in ihn oder sie hinein; wahrscheinlich haben Sie eh eine Vermutung, wo es hakt. Wenn er oder sie ansonsten klaren Verstandes ist, kann sich aus einem Gespräch, dass Sie angestoßen haben, eine spürbare Verbesserung ergeben. Bevor Sie zu früh resignieren, machen Sie einen Versuch. Aber vielleicht erst, nachdem Sie einen Plan B erkundet haben.

**Allein gegen alle: Mobbing**

Was tun, wenn es sich nicht bloß um eine einzelne Kollegin handelt, sondern gleich um viele? Dann haben Sie eine ganze Palette von Bewältigungsmöglichkeiten, abhängig davon, (a) wo die stärkeren Bataillone sind, (b) wieviel Rückhalt Sie noch haben und (c) wie verfahren die Lage schon ist.

Im günstigsten Fall haben Sie mindestens noch eine(n) vertrauensvollen Verbündete(n). Mit ihm oder ihr sollten Sie sich beraten. Bitten Sie auch um ein ehrliches Feedback bezüglich Ihres Anteils an den Konflikten, beinahe immer werden Sie dann den einen oder anderen blinden Fleck bei sich entdecken. Anschließend können Sie es mit einem *Befreienden Gespräch* nach Feierabend (s. oben) versuchen, bei demjenigen von der Gegenpartei, wo Sie sich am ehesten Chancen auf Klärung und Lösung ausrechnen.

Im ungünstigsten Fall stehen Sie allein mit dem Rücken zur Wand, und es ist schon viel Porzellan zu Bruch gegangen. Bevor Sie sagen: Genauso ist es! sollten Sie die Sache aber noch mit irgendjemandem aus Ihrem privaten Umfeld besprechen, der mit unbeteiligtem und klarem Kopf an die Frage herangeht. Wenn das nicht geht oder ergänzend: Mit dem Betriebs- bzw. Personalrat und jedenfalls Ihrem Vorgesetzten. Vielleicht gibt es für Sie einen Job an anderer Stelle in der Organisation? Sollte das alles nichts helfen, müssen Sie überlegen, sich einen Job ganz woanders zu suchen. Aber zuvor sollten Sie auf *jeden* Fall einen Fachanwalt für Arbeitsrecht zu Rate ziehen – wenn Sie Angst vor den Kosten haben, erst mal die *Öffentliche Rechtsauskunft*, die es in diversen

Bundesländern gibt. Sollten Sie sich nämlich zu Recht als *Mobbing-Opfer* fühlen, hat Ihr Betrieb eine Menge Pflichten, und diese anscheinend versäumt …

Was Sie *nicht* tun sollten, ist kampflos das Feld räumen. Nicht nur würden Sie u. U. hinterher dumm dastehen, es würde Ihnen voraussichtlich auch noch lange nachgehen. Und das nächste Opfer hätte noch schlechtere Karten!

Und wenn es gar nicht die Kolleg(inn)en sind, sondern das berufliche Klientel, also Kunden, Patienten, Schüler, Studenten etc.? Stoßseufzer: »Ich kann sie nicht mehr sehen!« Dann sollten alle Alarmglocken schrillen. Denn dann haben Sie in der Regel keine direkten Eingriffsmöglichkeiten – *die* können Sie tatsächlich nicht ändern. Und wenn sich in Ihnen bereits ein ziemlicher Groll gegen »die« aufgestaut hat, könnten Sie in einem mittleren Burnout-Stadium angelangt sein. Jedenfalls wird »Dehumanisierung« zu den klassischen Symptomen gerechnet.

> Im Mittelpunkt steht immer der Kunde – und stört

Das könnte dann ein Fall für eine Supervision, ein ausgedehnteres Coaching, u. U. eine Therapie sein. Es kann hilfreich sein, sich erst einmal mit Kolleg(inn)en auszutauschen. Aber nicht mit solchen, die begeistert einstimmen: »Geht mir genauso! Sind die nicht alle furchtbar?« Die werden Ihnen nicht weiterhelfen können.

Der Schlüssel wird dann sein, sich einmal gründlich in das berufliche Gegenüber einzufühlen. Das kann Selbstüberwindung kosten; sich einfach nur zu ärgern (und überlegen zu fühlen), ist leichter. Eine meiner eigenen Burnout-Erfahrungen stammt aus dem Kontakt mit Studenten der siebziger Jahre, die zwar enthusiastisch reagierten, wenn ich »modernere« Lehrmethoden wie das Projektstudium vorschlug. Aber sofort auf den Bäumen verschwanden, wenn es galt, einen Finger krumm zu machen. Ich hatte nach einigen Semestern eskalierender Gereiztheit das Glück, dass mir einzelne Studentinnen sehr taktvoll zu verstehen gaben, dass mein Kurs nun einmal nur eine kleine Insel im Archipel ihres Studiums darstellte. Da war dann halt nicht mehr drin.

Ein ganz anderes, und doch analoges Beispiel: Der Busfahrer, der auf die Fahrgast-Frage »Fährt der nach Heidenau?« antwortet: »Steht doch vorne dran! Man müsste natürlich lesen können …« ist genervt von einer »dummen« Frage, die er schon allzu oft beantwortet hat. Er vergisst, dass die Schrift auf einem heranrauschenden Bus nicht immer gut zu erkennen ist, vor allem, wenn man ein bisschen aufgeregt ist, was in einer Menge drängelnder Wartender an der Haltestelle sowieso leicht möglich ist. Ist ein derartiges Verständnis erst einmal erzeugt (was bei manchen Busgesellschaften durch Trainings gefördert wird), hat man sich erst einmal erinnert, dass es einem selbst in fremder Umgebung schon einmal genauso gegangen ist wie dem Fahrgast, dann ist es nicht mehr weit zu einer professionellen Gelassenheit, die die Psyche entspannt. Und den Ärger verrauchen lässt. Manche Busfahrer haben sogar gelernt, einen professionellen Stolz darauf zu gründen, dass sie eben *nicht* ihren Reflexen freien Lauf lassen.

**Allgemeinpolitische Ärgernisse**

> Ist das nicht alles schrecklich?

In jeder Lebenssituation gibt es für einen Jeden von uns Dinge, die man nicht in Ordnung findet. Die Welt ist nicht so, wie sie sein sollte. Oft, weil andere Leute andere Vorstellungen davon haben, wie sie sein sollte.

Radfahrer, ob auf oder abseits von Radwegen, verlangen heute »Freie Fahrt für freie Bürger« wie weiland die Porsche-Typen; sie stören, behindern und gefährden andere Verkehrsteilnehmer (und sich selbst) mancherorts spürbar. Sollten Sie, liebe Leserin, lieber Leser, bekennende oder gar militante Radler(in) sein, haben Sie wahrscheinlich gerade eine Adrenalinausschüttung gehabt. Gemach, nicht gleich in die Luft gehen!

In dem Bundesland, in dem ich lebe, kann man seine Steuererklärung, will man nicht einen Steuerberater bemühen, nur noch übers Internet abgeben. Dafür braucht man allerdings einen PC, als Nutzer eines *Apple*-Rechners bin ich auf den Rechner meiner Frau angewiesen, den sie glücklicherweise hat. Ein Minoritätsproblem, zugegeben. Aber ist das nicht eine Sauerei?

Die Politik jeder Stadt, jedes Landkreises, jedes Bundeslands und die der Bundesregierung sowieso – jede Menge Anlässe, sich zu ärgern, täglich. Von den gerade einmal besonders turbulenten Verhältnissen auf dem Globus außerhalb der D-A-CH-Länder ganz zu schweigen.

Wie mit dem täglichen Ärger richtig umgehen? Unser Thema im Rahmen der Burnout-Kur ist ja Burnout-Vermeidung.

Ich betrete hier dünnes Eis. Dass es »kein richtiges Leben im Falschen« gebe, dass man also die Welt notfalls auch gegen deren Willen verbessern muss, war das Credo einer studentischen Generation. Dass man vor Unrecht nicht die Augen verschließen, sondern dagegen kämpfen soll, ist eine hehre Maxime. Dass man die Welt verbessern soll, »*make the world a better place*«, ist ein bisschen aus der Mode, aber trotzdem richtig, meiner unmaßgeblichen Meinung nach. Allerdings mit Maß und Ziel, in kleinen Schritten mit realistischer Einschätzung der eigenen Fähigkeiten und Möglichkeiten. Das kann dann oft eher »Nächstenliebe« als »Fernstenliebe« nahelegen. Die einsame Oma drei Häuser weiter hat die Beförderung zum Arzt oder die Einkaufshilfe nicht weniger nötig als die zugegebenermaßen dramatischeren Fälle irgendwo am anderen Ende des Globus.

Was ich der geneigten Leserschaft lediglich nahelegen möchte, ist ein realistisches (heute heißt das »postheroisches«) Verhältnis zwischen alltäglichen Ärgernissen und den eigenen Möglichkeiten, diese abzustellen. Jeder soll tun, was ihm möglich ist, dabei aber im Auge behalten, wieviel oder wenig das ist. Und über den unbeschränkt verfügbaren Anlässen, sich »wutbürgerlich« aufzuregen, im Bewusstsein behalten, dass die Aufregung meist niemandem hilft. Es hilft auch nichts, wenn man sich schwerstens »betroffen« zeigt und anschließend nicht in den Schlaf findet. Wir alle haben je nur 1 Leben, voraussichtlich.

Und abraten möchte ich von einer Lebenseinstellung, die jedenfalls in Deutschland weit verbreitet ist: »Alles schrecklich, nich?« Vornehmlich unter Älteren spielt man gerne dieses Spiel. »Die da oben – wir hier unten. Keiner kümmert sich, die Politiker schon gar nicht!« Wo ich wohne, endet beinahe jede Konversation über den Gartenzaun mit »Nutzt ja nix!«

Natürlich ist da was dran. Aber es ist eben auch »natürlich«, dass mit dem Schwinden der eigenen Kräfte ein gewisses Schwinden der eigenen Einflussmöglichkeiten einhergeht. Speziell, wenn man sich schon früher, als es noch leichter möglich gewesen wäre, nirgends eingemischt hat.

Wie könnte ein burnout-vermeidendes Gegenprogramm aussehen? Sich lächelnd abfinden mit den Realitäten, die nicht oder nur sehr aufwendig zu korrigieren wären. Sein eigenes Leben so *saftstrotzend* wie möglich leben. Schauen, was man noch zu geben hat, den Freunden, den Nachbarn, deren Kindern oder Enkeln, oder den eigenen. Den Asylanten, deren Sprache man vielleicht zufällig spricht. Dem alten Sportverein, der jemanden gut gebrauchen könnte, der Buchhaltung kann. Dem Volkshochschul-Kurs *Erlebte Geschichte*. Oder wem immer.

**Die drei entscheidenden Regeln**

**Achtung: Weisheit**
Worauf es ankommt, ist die Unterscheidung zwischen
- Dingen, die prinzipiell zu ändern sind. Dann: Mutig ändern!
- Dingen, die unabänderlich sind. Dann: Gelassen damit abfinden!

> Klingt ziemlich elementar, nicht wahr. Und ist es auch. Das Problem ist die dritte Regel:
> - Zwischen Änderbarem und Unabänderlichem klug unterscheiden!
>
> (Nicht von mir, aber die Quelle ist unklar.)

Es gibt Dinge, die zwar prinzipiell zu ändern sind, aber nur zu einem hohen Preis an Aufwand oder Nebenwirkungen. Wenn zu Ihrem täglichen Ärger gehört, dass Kinder grundsätzlich noch nicht ins Bett wollen, wenn sie sollen, dann legen Sie das getrost unter »unabänderlich« ab. (Vielleicht hilft zur inneren Entspannung die Erinnerung aus dem Urlaub, dass Kinder in Südeuropa oft noch um Mitternacht mit in der Bodega sitzen, anscheinend, ohne Schaden zu nehmen.) Ähnlich die kleinen störenden Eigenheiten von Partner oder Partnerin, die man im Laufe einer längeren Beziehung unweigerlich entdeckt, von Zahnpastatuben bis Dusch-Gesang oder Socken-Chaos. Natürlich sollte man hier erst einmal das »Klärende Gespräch« zum Einsatz bringen. Wenn die gemeinsame Wohnung groß genug ist, gibt es vielleicht auch technische Lösungen. Aber wenn alles nichts geholfen hat, stellen Sie sich besser die Frage: Ist das nun ein Grund, die ganze Sache abzubrechen? Steht dem, was mich nervt, nicht eine Menge gegenüber, was ich liebe? Kann ich vielleicht versuchen, die zu Tage getretenen Schwächen (eh ja nur aus *meiner* Sicht!) mit einem nachsichtigen Lächeln mitzulieben? Wer nur das Perfekte lieben kann, kann nämlich Menschen nicht lieben.

Die *Drei entscheidenden Regeln* von oben sind eines der wenigen Universalrezepte gegen Burnout. Sich nicht verkämpfen in Schlachten, die man eh nicht gewinnen kann. Andererseits auch keine Türen uneingerannt lassen, die vielleicht nur angelehnt sind. Und bewusst entscheiden, was in welche Kategorie gehört – man kann ja seine Entscheidung jederzeit revidieren. Ist aber erst mal die Hängepartie »soll ich da was machen oder nicht?« los.

### 3.2.4 Gebeugt unter fremden Lasten

Sie erinnern sich an den Rucksack auf dem Rücken unserer Radlerin in ▶ Abb. 3.1 (S. 56) Da sind die Sorgen drin, eigene und fremde. Auf die eigenen kommen wir zurück, wenn es um *Gefahren und Hindernisse* geht (▶ Abschn. 3.2.8). Bei manchen Menschen kommt zu dem eigenen Blei noch etliches an Beschwerung von Mitmenschen hinzu. »Ich hatte das Gefühl, ich muss immer

## 3.2 · Das Radler-Modell

helfen, rund um die Uhr« erzählt Friederike Helger, die frühere Erzieherin, die sich aus einem eh anspruchsvollen Berufsfeld auch noch einen der belastendsten und undankbarsten Ausschnitte ausgesucht hatte (vgl. ▶ Abschn. 2.5. und ▶ Abschn. 2.10).

Das Burnout-Syndrom wurde zuerst bei den »helfenden« Berufen beschrieben, und lange Jahre hielt sich die Legende, es handele sich um ein *Helfer-Leiden* (so der Titel eines Buches von Enzmann u. Kleiber 1989). Das wird kaum noch vertreten. Aber bei den Sozialberufen im engeren Sinne ist die Anteilnahme an anderer Leut's Sorgen natürlich wirklich ein Teil der Berufsrolle. Und insofern ein Burnout-Risikofaktor.

Aber auch Chefs (oder eher Chefinnen), die sich für ihre Mitarbeiter(innen) auch als Menschen interessieren, können gefährdet sein, wenn sie sich den Rucksack allzu bereitwillig füllen lassen. Ich kannte eine Boutiquebesitzerin, die ihren gut gehenden Laden aufgab, weil ein Großteil ihrer Zeit dafür draufging, Kundinnen die Große Schwester zu ersetzen. Friseure kennen diese Sorte Kundinnen ebenfalls: Während das Shampoo einmassiert wird (wofür im Privatleben niemand zur Stelle ist), kann unauffällig eine Menge Ballast abgelassen werden, ohne dass das extra honoriert werden müsste. Und ohne dass mögliche Problemlösungen zur Sprache kommen könnten, wie in einer Psychotherapie oder einem Coaching. Der legendäre Barmann oder Kneipenwirt ist Beichtvater und Echo eher für die männlichen Stammkunden, dort zusätzlich unter dem enthemmenden Einfluss von Bier oder Cocktails.

Spätestens hier fragen wir mal: Kennen Sie das von sich selbst? Gehören Sie zu den Menschen, die Problemträger sozusagen magnetisch anziehen? Nein? Dann dürfen Sie den Rest dieses Erforschungsabschnitts getrost überspringen. Ebenso dann, wenn Sie für sich Mittel und Wege gefunden haben, Ihre eigenen Interessen und die Ihres Umfelds halbwegs in Ausgleich zu bringen. Doch, Sie kennen das? Dann weiter!

Noch eine Vorfrage: *Wollen* Sie wirklich etwas ändern am Beipack in Ihrem Rucksack? Manche Menschen jammern über diesen Beipack gegenüber Vertrauten, tragen die besagten Zusatzlasten aber eigentlich ganz gerne. Es verschafft ihnen ein gutes Bild vor sich selbst und Anderen. Und es lenkt von eigenen Problemen ab, an deren Lösung man so nicht heran muss. Bestimmt haben Sie schon einmal vom »Helfer-Syndrom« gehört. Es gibt Menschen, die unruhig werden, wenn sich gar niemand Hilfsbedürftiges im Blickfeld befindet; die gehen dann aktiv auf die Suche nach jemandem, der bemitleidet, beraten, gestützt werden kann. Auch in diesem Fall: Rest besser überspringen! Ohne einigen Leidensdruck werden Sie nicht ans Werk gehen.

Nicht nur bei Helfern

Das Ziel: Menschen, denen es gelingt, privat wie beruflich verständnisvoll und einfühlsam auf andere einzugehen, vielleicht sogar das richtige Zauberwort, den richtigen Ratschlag zur rechten Zeit, am rechten Ort zu finden, der jemanden weiterbringt – und dennoch sich davon nicht beschweren zu lassen. Sondern vielleicht eine eigene Befriedigung darin zu finden, dass man ihren Rat sucht, dabei aber unbeschwert zu bleiben. Solche Menschen gibt es. Vielleicht überlegen Sie mal, ob Ihnen eine Person dieser Art einfällt. Eine Lehrerin, ein Lehrer? Der alte Landarzt oder -pfarrer? Der Abteilungsleiter, zu dem damals alle wollten? Wie haben die das wohl angestellt?

Von *denen* wollen wir uns nämlich eine Scheibe abschneiden. Davon handelt dieser Abschnitt.

**Das Ziel: Distanzierte Anteilnahme**

Es geht, bei Ihnen, wenn Sie das nicht »von Hause aus« mitbringen, darum, Trittsicherheit auf einer Gratwanderung zu entwickeln. Auf der einen Seite droht das Sich-Auffressen-Lassen, die Erstickung aller Lebensfreude, weil es »denen« so schlecht geht, ohne dass man allen helfen könnte. Auf der anderen Seite können Sie abstürzen, wenn Sie »Schotten dicht« machen. Es droht der Verlust des Kontakts zum Klientel, was Ihnen den Konflikt zwischen Jobwechsel oder Burnout bescheren kann. Oder, wenn Sie gar keinen Sozialberuf ausüben, der Konflikt mit Ihren eigenen Idealen und Werten. Sie wollen doch wenigstens ein »netter« Mensch sein, oder?

**Vorfragen**

Fragen wir doch erst einmal, was genau denn für Sie die fremden Lasten im eigenen Rucksack so belastend macht.

a. Ärgern Sie sich, weil Sie so oft den berühmten »seelischen Mülleimer« für andere abgeben? Oder weil Sie meinen, Sie müssten das? Es macht ja keinen Spaß, Unerfreuliches anzuhören – so etwas nimmt einen mit.

b. Haben Sie das Gefühl, für Ihre Anteilnahme »nichts zurück zu kriegen«? Fühlen Sie sich ausgebeutet? Hätten Sie gerne mehr Dankbarkeit?

c. Gehen Ihnen die Sorgen und Nöte anderer zu stark nach? Können Sie davon nicht mehr abschalten?

d. Ist vielleicht nicht das Helfen und Anteilnehmen selbst das Problem, sondern der Zeitdruck, der es Ihnen unmöglich macht, so zu helfen, wie Sie möchten? Man hört diese Klage z. B. aus der Altenpflege, aus Schulen oder Kindertagesstätten.

Das Zauberwort für die Gratwanderung heißt »Distanzierte Anteilnahme« (im Amerikanischen *detached concern*). Ich habe das mal eine »dickenverstellbare Haut« genannt. Die Fähigkeit also,

## 3.2 · Das Radler-Modell

Anteilnahme, ja Mitgefühl zu empfinden, ohne sich jedoch davon überwältigen zu lassen. Jedenfalls nicht länger, als unbedingt nötig.

Wie erwirbt man diese Fähigkeit? Am besten wahrscheinlich durch Beobachtung eines Imitationsvorbildes. Wo kein solches da ist, helfen einige Überlegungen zu den obigen Fällen a-d.

Wenn Sie oben bei der Formulierung »seelischer Mülleimer« ein Klingeln gehört haben, gehören Sie wahrscheinlich zu den Vielen, denen es enorm schwer fällt, Anderen Grenzen zu setzen.

*Fall a: Unterbegrenzt*

Jetzt müssen Sie mal scharf überlegen und sich dann entscheiden: Stellen Sie sich vor, Sie hätten damit keine Probleme – was wären die Risiken und Nebenwirkungen? Fürchten Sie, als kalt und herzlos zu gelten? Als egoistisch? Wenn es das ist, dann ändern Sie besser nichts. Denn diese Nebenwirkungen sind zu gewärtigen, wenn ein vormals grenzenloser Mensch beschließt, Grenzkontrollen einzuführen. Dann versuchen Sie besser, sich weniger zu ärgern. Spekulieren Sie auf Ihren Stehplatz im Himmel.

Oder fürchten Sie, nicht mehr unbefangen in den Spiegel schauen zu können? Weil *Sie selbst* sich die besagten Vorhaltungen machen würden? Dann können Sie versuchen, nachsichtiger mit sich ins Gericht zu gehen. Eine soziale Einstellung ist etwas Feines. Aber nicht jede(r) hat das Zeug zur Mutter Teresa, auch wenn die Welt solche Menschen braucht. Wenn Sie sich ärgern, ist das ein Zeichen dafür, dass Sie Ihr Recht auf ein eigenes Leben reklamieren müssen. Vier Tipps dazu:

**Erster Tipp:** Unterscheiden Sie zwischen *Hilfs-, Rat- und Kontaktbedürftigen*. Wo nicht guter Zuspruch, sondern zupackende Hilfe gefragt ist, helfen Sie im Rahmen Ihrer Möglichkeiten. Aber nur in *diesem* Rahmen und auch nur, wo Selbsthilfe offensichtlich unmöglich ist! Oft ist Beratung, Hilfe zur Selbsthilfe, viel besser, weil so Eigenständigkeit gefördert wird statt Abhängigkeit.

Und dann gibt es die Fälle, wo eigentlich nur Nähe und Wärme gefragt ist. Kinder kommen manchmal mit scheinbaren Problemen – wollen aber eigentlich nur auf dem Knie sitzen und zusehen, wie man sich mit der Antwort müht. Auf einer Tagung vor einigen Jahren hörte ich den Rat (an Ehemänner oder Partner): Wenn Ihre Frau Ihnen ihre Sorgen klagt, geben Sie ihr keine Ratschläge – das verstärkt ihren Stress nur! Nehmen Sie sie in den Arm – das senkt den Stress. Dürfte auch umgekehrt gelten.

**Zweiter Tipp:** Verlangen Sie nicht doppelt so viel von sich selbst wie von anderen. Sie selbst überlegen es sich doch zehnmal, bevor Sie irgend jemanden um Hilfe, Rat oder Anteilnahme angehen, oder? Von der grandiosen Idee »Alle sind ganz bedürftig, bloß ich brauch glücklicherweise nichts« sollten Sie sich möglichst gründlich verabschieden.

**Dritter Tipp:** Lernen Sie nehmen. Wenn Sie jemals den schönen Satz »Ich weiß gar nicht, wie ich ihnen danken soll!« hören, sollten Sie einen mentalen Zettel mit Antworten aufrufen können. Wahrscheinlich können Sie, wenn Sie nicht gerade Professor oder Lehrerin sind, schlecht sagen: »Och, mein Rasen könnte mal gemäht werden …«. Aber vielleicht fällt Ihnen auch etwas für Sie Passendes ein. Ich mache viele Coachings, bei denen ich die Abschlussfrage »O.K., wieviel bin ich ihnen jetzt schuldig?« nicht beantworten mag, aus dem einen oder anderen Grund. In solchen Fällen sage ich: »Spenden Sie einer mildtätigen Stiftung Ihrer Wahl so viel, wie es Ihnen richtig erscheint!«. Natürlich erkundige ich mich nie, ob und wo Geld angekommen ist. Aber so habe ich ein gutes Gefühl. Und der Klient (hoffentlich) auch.

**Vierter Tipp:** *Abwimmeln* finden Sie schrecklich, stimmt's? (Vielleicht, weil Sie vermeiden wollen, irgendwann in Ihrem Leben abgewimmelt zu werden? Sehr verständlich, sehr traurig. Funktioniert bloß nicht.) Aber Sie müssen höchstwahrscheinlich lernen, Ihre Interessen und die des jeweiligen Anderen schnell abzuwägen. Speziell dann, wenn Sie nun wirklich mit Wichtigem oder Dringendem beschäftigt sind – oder eigentlich selbst jemanden brauchten, der Ihre Hand hält –, und jemand kommt mit einem deutlich banaleren Problem herein. Dann dürfen Sie auch ein ganz simples STOP sagen. Wenn Ihnen das zu rüde klingt, hier ein Formulierungs-Angebot: »Du, ich würde mich jetzt gern richtig um dich kümmern. Geht leider im Augenblick nicht! Können wir heute Nachmittag/morgen/demnächst mal ausführlich darüber reden?« Sie werden sich übrigens wundern, wie viele ganz dringliche Anliegen sich auf diese Weise in Luft auflösen.

Fall b: Undank ist der Welten Lohn

Wenn Sie oben Alternative b angesprochen hat – »es kommt zu wenig zurück« –, dann erwarten Sie jetzt auch hier ein paar Wegverzweigungen.

Kommt wirklich nichts zurück? Oder können Sie es bloß nicht wahrnehmen? Oder nicht annehmen? Überlegen Sie doch einmal, was Sie zurückbekommen *möchten*. Dank? Gegenleistungen? Befolgung Ihrer guten Ratschläge? Wirkung also? Kommt da, bei Lichte besehen, nicht doch einiges zurück – nur vielleicht das für Sie Falsche? Man kann es sich nur beschränkt weit aussuchen …

Und: Um wen geht es eigentlich? Ich habe Lehrer gekannt, die ob einer speziellen Schulklasse völlig verzweifelt waren, auf Nachfrage aber konzedieren mussten, dass es eigentlich nur zwei oder drei Schüler waren, mit denen sie nicht zurecht kamen, während der Rest weitgehend problemlos war. Nachdem die Überverallgemeinerung behoben war, konnte man sich dann gezielt den Problemfällen zuwenden.

Bleiben wir beim Beispiel Erziehung (Kindergarten, Schule, auch noch Hochschule). Versuchen Sie nicht, Wasser aus dem Stein zu schlagen. In diesem Arbeitsfeld, das ja auch ein gewisses disziplinarisches Machtgefälle aufweist, ist Anerkennung, gar Dankbarkeit, einfach nicht vorgesehen. Erwarten Sie, sollten Sie dort arbeiten, *nichts*. Jedenfalls nicht gleich. Hatten Sie Lehrerinnen oder Lehrer, denen Sie bis heute dankbar sind? Und, haben Sie's denen damals zu verstehen gegeben? Dergleichen bricht sich meist erst Bahn, wenn man sich beim zehnjährigen Abschlussjubiläum wiedersieht. So lange müssen Sie warten können. (Ausnahmen bestätigen die Regel.)

Es ist aber auch in anderen Berufsfeldern und im Privatleben so, dass Sie für Anteilnahme und Hilfe nichts erwarten sollten. Geben Sie nur, wenn Sie nicht auf Belohnung (in dieser Welt) rechnen. Tun Sie's, weil das nun mal Ihre Lebenseinstellung ist, die aber auch Verbitterung unbedingt ausschließen muss. Wenn Sie von Anderen, anders Gestrickten, darauf angesprochen werden, rechtfertigen Sie sich zur Not damit, dass Sie Ihren Stehplatz im Himmel noch in diesem Leben in einen Sitzplatz umwandeln möchten. In dieser Zeit, wo jedermann von *VIP-Lounges* träumt, sollte das zur Erklärung reichen.

Klar, eine Hand wäscht die andere, und wenn Ihre Freundin Ihnen nicht mal einen Knopf annähen will, nachdem Sie den Umzug für sie gemanagt haben, dann sollten Sie mit ihr klären, ob sie die selbe Vorstellung von Freundschaft hat wie Sie – und, wenn nicht, den Stecker ziehen. Auch Nachbarschaftshilfe funktioniert auf Gegenseitigkeit. Aber auch hier empfiehlt es sich, nicht allzu buchhalterisch vorzugehen, nicht im Wochentakt auf Kontoausgleich zu dringen. Sondern eine gewisse Großzügigkeit walten zu lassen. Ein gelegentlicher mentaler Schuldenschnitt kann helfen. Wenn Sie allerdings psychisch auf einem Haufen unbezahlter Rechnungen sitzen bleiben, erhöht das Ihre Burnout-Anfälligkeit!

Eine Situation, wo dieses Risiko extrem hoch ist, sind stark *asymmetrische Helfer-Empfänger-Beziehungen*. Dass die traditionelle »Entwicklungshilfe« kein Erfolgsmodell darstellt, ist heutzutage eine weit verbreitete Erkenntnis. Im Privatleben gibt es dessen ungeachtet jede Menge ähnlich gestrickter Beziehungen. Der erwachsene Sohn, der sich ewig päppeln lässt, dann aber mit Undank, Verachtung, ja Hass auf seine Eltern reagiert; die gut betuchte Muse, die den Künstler-Ehemann lange Jahre alimentiert, bis der sie nonchalant verlässt; die Geliebte, die sich von ihrem lebensuntüchtigen Partner zeitlich unbegrenzt ausbeuten lässt; der Schriftsteller, der sich an seinen Mäzenen in Tagebucheintragungen schadlos hält (oder sie später sogar veröffentlicht, wie weiland Arno Schmidt) – alles Beispiele, die Ihnen einen sehr klaren Blick nahe legen sollen, wenn Sie selbst sich in einer solchen Beziehung befinden.

Die Dynamik dürfte vor allem daraus gespeist werden, dass sich der »schwächere« Hilfsempfänger durch die Tatsache der Hilfsbedürftigkeit in seinem Stolz verletzt fühlt. Wenn er nicht sehr reif ist, liegt die Versuchung nahe, sich am »stärkeren« Helfer für diese Verletzung zu rächen. Sollten Sie gerne die Rolle des »Sponsors« oder »Mäzens« einnehmen: Denken Sie gründlich drüber nach! Man kann sich auch verabschieden.

Noch ein paar Möglichkeiten, warum Sie bei Fall b genickt haben.

Schon oben unter a erwähnt: Sie könnten *vorschnell* hilfsbereit sein. Den Spruch »Alle reden bloß rum, aber niemand hilft!« haben Sie bestimmt schon mal gehört. Wenn Sie zu der zupackenden Sorte Mensch gehören, die ich persönlich schätze, dann wollen Sie zu der Bande der bloßen »Schnacker« (wie man das in Norddeutschland nennt) bestimmt nicht gehören. Aber es kann tatsächlich sein, dass die alte Nachbarin, die schon jahrelang einsam lebt, gar nicht primär das Regal angeschraubt haben möchte, sondern jemanden, der ihr mal zuhört. Wenn Sie sie mögen, schrauben Sie das Regal an. Aber wichtiger (und für Sie befriedigender) kann dann das Zuhören sein.

Und schließlich: Es gibt und gab schon immer Menschen, um die man besser einen großen Bogen macht, wenn man nicht mit außergewöhnlichen pädagogischen Fähigkeiten ausgestattet ist. Solche z. B., die Kontakt mit Anderen nur über Jammern herstellen können, obwohl sie sich durchaus selbst helfen könnten. Ganz zu schweigen von den echten Piranhas, die sich ihre Psyche zwar auch nicht bei der Geburt aus dem Katalog aussuchen durften, aber, aus welchen Gründen auch immer, mit Menschen ausschließlich ausbeuterische Beziehungen eingehen können. Von denen sollten Sie sich fernhalten. Allerdings: Vorsicht mit dieser Diagnose!

Triage

Etwas Wichtiges zum Thema »Lasten von Anderen«. Wenn Sie, beruflich oder privat, in eine Situation geraten, wo Sie eindeutig nicht Allen gerecht werden können, die gerade Ihre Hilfe oder Anteilnahme brauchen, könnte es entlastend sein, wenn Sie den Begriff *Triage* kennen. Das ist ein Wort aus den Feldlazaretten

## 3.2 · Das Radler-Modell

des I. Weltkriegs. Oft reichen die vorhandenen Mittel – Medikamente, Zeit, Betten – nicht annähernd aus, um alle Verwundeten zu versorgen. Was tun? Man sortierte die Fälle in A, B und C. Die A-Fälle hatten die gute Prognose; sie würden auch unbehandelt gesunden. Die C-Fälle waren die hoffnungslosen; mit den verfügbaren Mitteln war ihnen eh nicht zu helfen. Man konzentrierte die Ressourcen auf die B-Fälle, wo eine Behandlung mit einer gewissen Wahrscheinlichkeit den Unterschied bewirken könnte.

Klingt eiskalt, gell? Und vermutlich möchte niemand die Entscheidung über A, B, C treffen müssen, das war schon damals so. Manchmal ist es aber das kleinste Übel, auch im Privatbereich. Sollten Sie permanent in der Glanzrolle »Fels in der Brandung« auftreten, und zwar überlastet, könnten Sie sich mal fragen: Wer von denen, um die ich mir Sorgen mache, wird es *sowieso* machen? Wer sowieso *nicht* (das ist die härteste Entscheidung)? Und wo haben meine Förderungsanstrengungen den längsten Hebel? Schön, wenn Sie nicht so trennscharf sortieren müssen, wohin Sie Ihre Energien stecken. Auch die sog. Hoffnungslosen Fälle wurden immer mal Senkrechtstarter. Aber wenn wirklich *Triage* angesagt ist, sollten Sie sich an dieses Denkmodell erinnern, skrupellos.

Was uns so begegnet im Leben, schwingt in der Regel noch eine Weile in uns nach: Das Fußballspiel lässt den Fan nicht gleich wieder los, der packende Film die Kinogängerin, der Streit mit der halbwüchsigen Tochter die Mutter. Aber nach einer Weile werden diese Schwingungen normalerweise flacher, sie dämpfen sich von selber irgendwann auf Null. Wenn Sie oben bei Möglichkeit c genickt haben, funktioniert bei Ihnen diese eingebaute Dämpfung wahrscheinlich langsamer als bei anderen. Wahrscheinlich sind Sie eher introvertiert und gehen Dingen gern auf den Grund, hassen Oberflächlichkeit. Alles gute Qualitäten! Nur sollten die Ihnen das Leben nicht vermiesen dürfen.

Fall c: Zu schwache Dämpfung

Was hilft? Wieder mal Nachdenken. Und Gewohnheiten ändern.

**Erste Überlegung:** Es hilft *niemandem* auf der Welt, wenn Sie sich über fremde Probleme grämen, gar Schlaf darüber verlieren! Nicht einmal dem Problemträger! Überlegen Sie mal, wie oft Ihnen beim Grübeln über ein solches Fremd-Problem eine wirklich gute Lösung eingefallen ist, die bloß ihre Zeit brauchte?

**Zweite Überlegung:** Wahrscheinlich selten! Weshalb Sie auch das problemlösende Denken getrost auf den Folgetag verschieben dürfen.

**Dritte Überlegung:** Auch wenn es Ihnen selbst sehr viel besser geht als dem Menschen, der Sie mit seinen Problemen konfrontiert hat: Es ist gut, mit diesem Menschen *mitzufühlen* (wobei nach dem unmittelbaren Kontakt die besagte Dämpfung einsetzen darf). Sie müssen aber nicht mit *leiden* (und tun es besser nicht)! Denn das, siehe oben, hilft niemandem. Wenn Sie in einem Sozialberuf arbeiten, können Sie sonst an den Punkt kommen, diesen nicht mehr ausüben zu können. Und das würde erst recht niemandem helfen, oder?

Dekompression

Vielmehr, wir kommen zu den Gewohnheiten, sollten Sie sich etwas angewöhnen, was man *Dekontamination* bzw. *Dekompression* nennen kann. Nach einem belastenden Kontakt mit einem Mitmenschen, ob beruflich oder privat, sollten Sie sich mindestens ein wenig Zeit nehmen, um wieder sicher in Ihren Schuhen zu stehen. Sie können, wenn dergleichen Ihr Job ist, ein Kärtchen aus der Schublade holen, auf dem z. B. steht: »Dieser Mensch, den ich gerade gesprochen habe, hat entsetzliche Probleme. Ich werde, so gut ich kann, das Meine tun, um bei der Lösung zu helfen. Aber es sind und bleiben *seine* Probleme, nicht *meine*. Ich habe das Recht auf mein Leben. Ich habe nur eines.« Oder so ähnlich.

Sollten Sie, beispielsweise, Asylbewerber im Viertelstundentakt begutachten müssen – ohne Zweifel ein Burnout-Job –, dann können diese fünf Minuten Dekontamination für Sie überlebenswichtig sein. Wenn sie in Ihrem Arbeitsablauf nicht vorgesehen sind, kämpfen Sie dafür.

Und wenn dann der Arbeitstag rum ist, und es war mal wieder mehr, als ein mitfühlsamer Mensch ohne weiteres wegstecken kann, dann führen Sie das eine oder andere Ritual durch. Sollten Sie bei der Arbeit einen Kittel tragen, stecken Sie alle Tagesreste in seine Taschen, bevor Sie ihn weghängen; über Nacht kommen die Heinzelmännchen und räumen alles wieder leer. Oder werfen Sie die Reste in den Rundordner, statt in Ihren Rucksack. »Morgen gibt's neue Sorgen!«, sagt man in Holland.

Nach Arbeitsschluss erwartet Sie die nächste Schicht zu Hause? Kinder von der Kita abholen und versorgen, Emails beantworten, das Meeting für morgen vorbereiten? Dann brauchen Sie ein weiteres Dekompressions-Ritual. Nehmen Sie nicht den ersten Bus, steigen Sie nicht sofort ins Auto, sondern tun Sie etwas, was zwischendurch den Druck von Ihnen nimmt (darum Dekompression, ▶ Abschn. 2.1). Ein Gang durch einen Buchladen, zwei Seiten in einem Buch, die Mini-Entspannungsübung, die Sie gleich kennenlernen werden; was immer Ihnen hilft, wieder »zu sich« zu kommen, im doppelten Sinn des Wortes. Wichtig ist, dass Ihr

## 3.2 · Das Radler-Modell

Rucksack geleert ist, bevor Sie auf die Lieben daheim treffen. Denn sonst ist die Gefahr groß, dass Sie ihn denen vor die Füße kippen.

Wenn Ihr Leben extrem eng getaktet ist – aber lassen sich da beim besten Willen nicht zehn Minuten täglich für diesen guten Zweck heraus schinden? –, dann besorgen Sie sich einen *Walkman* oder *MP3-Player* und hören Sie auf dem Weg von A nach B etwas, was Ihnen ein Gefühl von Freiheit zurück gibt. Ausnahmsweise mische ich mich da mal ein und empfehle: Nichts Ablenkendes! Sondern vielleicht ein Stückchen aus einem Hörbuch. Oder, wenn es Musik sein soll, was meist sehr viel direkter wirkt: Nicht die *Top Ten!* Sondern ein Stück, mit dem Sie etwas verbindet, wahrscheinlich besser *immer dasselbe!* Nämlich eines, von dem Sie wissen, dass es auf Sie die gewünschte Zauberwirkung ausübt. Ob nun Mozart oder Pink Floyd oder Udo Jürgens – egal. Es geht nicht ums Ablenken, sondern ums Umschalten. Ein Ritual eben, das seine volle Wirkung meist erst nach diversen Wiederholungen entfaltet.

Erprobte Entspannungstechniken wie das Autogene Training oder die Progressive Muskelrelaxation sind äußerst empfehlenswert, brauchen aber einigen zeitlichen Vorlauf. Wer derlei erst erlernt, wenn er es braucht, hat möglicherweise nicht mehr das erforderliche Konzentrations- und Durchhaltevermögen. Auch die folgende Übung wird nach einigen Wiederholungen noch wirkungsvoller, wirkt aber bei den meisten Menschen schon von Anfang an. Ich verdanke sie dem verdienstvollen Buch von Angelika C. Wagner (2011). Dort heißt sie *Konstatierendes Aufmerksames Wahrnehmen (KAW)*, stammt aber unter anderen Bezeichnungen aus uralten Traditionen.

*Die 6-Minuten-Entspannung*

Für *KAW* brauchen Sie nicht einmal absolute Ruhe um sich herum. Sie können das im Wartezimmer, im Bus, vor dem Abflug genauso gut praktizieren wie zu Hause. (Beim Autofahren geht es nicht.) Nämlich wie?

Setzen Sie sich aufrecht, aber entspannt auf einen Stuhl oder Sessel. Prüfen Sie, ob Sie so die nächsten sechs Minuten bequem sitzen können, sonst verändern Sie Ihre Haltung, ziehen ggf. einen Mantel aus, ruckeln sich ein bisschen zurecht. Und nun konzentrieren Sie sich für je zwei Minuten auf das, was Sie sehen, was Sie hören und was Sie in sich spüren.

Zunächst also aufs *Sehen*. Sie müssen den Kopf nicht starr halten, aber es reicht, wenn Sie wahrnehmen, was ohnehin in Ihrem Blickfeld ist. Farben, Formen, Objekte. Stellen Sie sich vor, Sie seien gerade als *Alien* von einem fremden Planeten an diesen Platz geraten. Denken Sie: »Aha, so ist das also hier.« (Darum konstatierendes, nicht wertendes Wahrnehmen.) Sollte Ihnen, zu Hause, eine Spinnwebe an der Decke auffallen, dann denken Sie nicht: »Muss dringend weg!« Sondern: »Aha, eine Spinnwebe.« (Punkt, nicht Ausrufungszeichen.)

Als nächstes konzentrieren aufs *Hören* (Augen also besser geschlossen). Wenn es gerade richtig still ist (aber wo ist es heute richtig still?), hören Sie vielleicht das Blut in Ihren Ohren rauschen. Zu Hause wahrscheinlich mindestens den Kühlschrank oder den Verkehr von draußen. Akzeptieren Sie konstatierend für die zwei Minuten alles, was Ihnen zu Ohren kommt mit Ausnahme von (eh seltenen) Katastrophensignalen: »Aha, so ist das also hier.«

Zuletzt das *Spüren im eigenen Körper*. (Wenn Sie aus irgendeinem Grund gerade Schmerzen haben, wird von diesem dritten Teil abgeraten; die Schmerzen könnten sich verstärken.) Spüren Sie einmal dem nach, was wir normalerweise ausblenden (müssen): Dem Gefühl von unseren Fußsohlen, vom Sitzfleisch, vom Atem, vom leisen Grummeln aus dem Verdauungstrakt, von der Spannung um die Augen. Nichts korrigieren wollen, bloß konstatieren (sind ja bloß zwei Minuten): »Aha, so ist das also hier.«

Es kommt natürlich nicht darauf an, dass Sie exakt je zwei Minuten durch die Modalitäten gehen. Ungefähr reicht. – Freuen dürfen Sie sich auf ein nachfolgendes Gefühl von Gelassenheit, vielleicht auch Ernst.

Wie gesagt: Am besten dreimal täglich vor oder nach den Mahlzeiten. Ihren Arzt oder Apotheker brauchen Sie nicht zu konsultieren.

Besser nicht: Dehumanisierung und Chain Dumping

Wir sind immer noch beim Thema *Gebeugt unter fremden Lasten*. Von zwei Bewältigungsmöglichkeiten möchte ich Ihnen abraten, obwohl oder gerade weil sie häufig anzutreffen sind: *Dehumanisierung* und *Chain Dumping*.

*Dehumanisierung* (im Englischen *Depersonalisation*) galt und gilt als eines der klassischen Burnout-Symptome, speziell in der Frühzeit, als man dachte, dass nur Helfer ausbrennen können. Bei Menschen in Sozialberufen ist es nach wie vor das dramatischste Symptom: Man wollte ursprünglich die einfühlsamste Therapeutin, der engagierteste Sozialarbeiter, die verständnisvollste Lehrerin sein. Nach einer Weile aber, über Zwischenstadien, kommt man an den Punkt, wo man sagt: Ich kann sie nicht mehr sehen! Überlegen Sie mal, ob Sie sich an einen Lehrer, eine Lehrerin erinnern, die zu dieser Skizze passt. Und was er oder sie bei Ihnen ausgelöst, wenn nicht angerichtet, hat.

Wer beruflich mit sog. Ratsuchenden zu tun hat – das obige Beispiel Asylbehörde oder Sozialamt ist ein extremes –, kann früher oder später schlecht anders, als sich eine »dicke Haut« zuzulegen. Was Sie, wenn Sie in einer solchen Position stecken, unbedingt vermeiden sollten, ist, Ihr Klientel sozusagen prinzipiell abzuwerten. »Selbst schuld«, »prinzipiell unerziehbar«, »Jammerlappen«, »hoffnungsloser Fall«, »bestimmt alles nur vorgetäuscht« – das sind so ein paar Schnell-Diagnosen, die das Mitfühlen ersetzen können und darum Entlastung schaffen. Sie können im Einzelfall sogar immer mal wieder stimmen. Aber nehmen Sie nicht all die anderen in Sippenhaft! Behalten Sie den Blick für den Menschen.

Sollten Sie sich dabei ertappen, ohne derartige Dehumanisierungen Ihren Job kaum noch ertragen zu können, suchen Sie sich Supervision. Ich selbst habe vor Jahrzehnten mehrere Jahre Team-Supervision gebraucht, um mein ziemlich zerrüttetes Verhältnis zu meinen Studenten zu reparieren. Hilft auch das nicht, sollten Sie über einen Job- oder gar Berufswechsel nachdenken.

*Chain Dumping* (»reihenweise Müll abladen«) ist eine höchst verständliche Reaktion von Menschen, deren Mitgefühl-Potential überstrapaziert ist. Kollege A erzählt Kollegin B, was er gerade mit einem Klienten oder sonst wem erlebt hat. Weil nämlich gerade der Topf übergelaufen ist, in dem er seine Fremdlasten zwischenlagert. Er muss »mal was loswerden«. Kollegin B, deren Speicher eh voll ist, die aber insgeheim froh ist, zu registrieren, dass das nicht nur ihr so geht, leiht ihm willig ihr Öhrchen. Und geht postwendend zu Kollegin C: »Weißt du, womit A gerade ankam? Muss ich dir unbedingt erzählen! Ist das nicht alles furchtbar?« So erleichtert sich der Eine beim Nächsten. Was einzeln unerfreulich war, wird dadurch nicht weniger, belastet nun sogar Mehrere. Die Abteilung rückt einen Schritt weiter auf ein kollektives Burnout zu.

Dagegen helfen nur Vereinbarungen, die man im Team treffen kann: z. B. ist es O.K., sich einen kollegialen Rat zu holen. Aber »Dampf ablassen« bzw. »Müll abladen« nur, wenn es gar nicht anders geht! Vorher fragen, ob's gerade passt! Und möglichst an den Punkt kommen, wo man gemeinsam wieder lachen kann! Oder eine Lösung anstreben.

Wer sich auf einen Beruf wie Krankenpflege, Sozialarbeit oder Rettungsdienst einlässt, weiß heute in aller Regel, dass ihn eine Menge fremdes Leid erwartet. Was Viele anscheinend immer noch überrascht, sind die Bedingungen, unter denen gearbeitet werden muss. Personalmangel, Sparzwänge, uferlose Dokumentationspflichten, all das raubt Zeit und Energie, die dann für das eigentliche Helfen, Pflegen und Heilen fehlt. Wo das das Problem ist, versagen individuelle Lösungen. Höchstens kann man sich fragen, ob man vielleicht von unrealistischen Vorstellungen ausgeht – Ressourcen sind nun einmal beinah überall begrenzt…

Fall d: Wenn's vorne und hinten nicht reicht

Aber es wird wohl doch um sozusagen strukturelle Probleme gehen. Und darum werden wir das Thema im ▶ Abschn. 3.2.8 (»Gefahren und Hindernisse«) aufgreifen.

**Zwischenfazit**
Wie so oft in der Burnout-Kur ging es auch hier um die Herstellung oder Aufrechterhaltung einer dynamischen *Balance*. Zwischen dem Zuviel und dem Zuwenig an mitmenschlicher Anteilnahme. Und dem Geben und dem Nehmen. Dynamisch soll diese Balance in dem Sinne sein, dass das optimale Mischungsverhältnis von Stunde zu Stunde, von Situation zu Situation wechseln kann. Es darf auch mal eine ganze Weile deutlich mehr Geben als Nehmen sein, wenn sich jemand in echter Not befindet. Anschließend soll aber wieder ein Ausgleich stattfinden, der Sie Ihre innere Balance wiederfinden lässt. Dieser Abschnitt hat Ihnen hoffentlich einige Ideen geliefert, wie das gehen kann.

### 3.2.5 Schwachstellen

Wer in der Situation unseres Radlers unterwegs ist, egal wohin, braucht einiges an Fähigkeiten, sonst ist das Radeln allzu beschwerlich. Es ist unwahrscheinlich, dass Ihnen auf breiter Front die nötigen (beruflichen) Kompetenzen fehlen, sonst müssten Sie über einen Berufswechsel nachdenken. (Zu einer wichtigen Ausnahme gleich mehr.) Wahrscheinlich ist es eher so, dass es einzelne Schwachstellen sind, die Ihnen immer wieder das Leben schwer machen. Dieses kurze Kapitel wird Ihnen nicht sagen, wie Sie Schwächen in Stärken verwandeln sollen. Vielmehr wird es Sie dabei unterstützen, zu einer klaren Diagnose zu gelangen, wo denn die Schwachstellen genau liegen. Nur so können Sie nämlich etwas für sich tun.

*Die Kompetenzkrise*

Die angekündigte Ausnahme: Der Berufseinstieg. Der amerikanische Psychologe Cary Cherniss hat dazu 1980 eine bis heute berühmte Studie veröffentlicht, für die je sieben junge Anwälte, Lehrer, Gemeindeschwestern und Sozialarbeiter durch ihr erstes Berufsjahr begleitet wurden. Bei den meisten davon stellte sich ein, was der Autor die *Kompetenzkrise* nannte: Eine Folge der alltäglichen Frustrationen ob noch fehlender Routine, die zu Misserfolgserfahrungen führten. Wo es keine ernstzunehmende Einarbeitungsphase gab – nicht selten –, musste man erst einmal herausfinden, wo man einen Kugelschreiber her bekam, wem von den Kollegen zu trauen war, wie man die richtige Balance zwischen Kontakt und Distanz mit Klienten und Schülern hielt (vgl. voriger ▶ Abschn. 3.2.4), und vieles andere. Die Frage »Schaff ich das?« stellte sich täglich.

In Großunternehmen gibt es heute funktionierende Einarbeitungsprogramme, vielleicht sogar Mentoren. Aus Krankenhäusern und anderen chronisch unterbesetzten Einrichtungen hört man dagegen, dass junge Ärztinnen und Ärzte, noch in Ausbildung, tage- oder nächtelang die alleinige medizinische Verantwortung für eine Station aufgebürdet bekommen, ein unmöglicher Zustand. (In einem solchen Fall müssen Sie Ihre Vorgesetzten darauf aufmerksam machen – und sicherheitshalber eine Aktennotiz anfertigen.)

Sollten Sie, mit diesem Buch in der Hand, sich in einer Kompetenzkrise weniger dramatischer Art befinden, erst einmal zwei Tröstungen, die Sie hoffentlich auch schon von anderer Seite gehört haben: *Das ist normal! Alles braucht seine Zeit!* Und: *Das läuft sich zurecht!*

Gewarnt seien Sie vor zwei Bewältigungsmöglichkeiten: *Arroganz* und *Bluff*. Man wird Sie enttarnen, evtl. in Fallen laufen lassen, wenn Sie eine Souveränität vortäuschen, die Sie noch nicht haben können. Signalisieren Sie auf angemessene Weise, dass Sie von den Alteingesessenen immer mal wieder Rat und Hilfe brauchen. Wenn es an Ihrer Arbeitsstelle kein offizielles Mentorenprogramm gibt, suchen Sie sich auf eigene Faust einen Mentor oder eine Mentorin. Natürlich erst nach einiger Sondierung der Alternativen.

Dieselben Empfehlungen gelten auch für alle anderen beruflichen Zäsuren wie Jobwechsel oder Beförderung. An solchen Umbruchstellen lauern besonders viele Burnout-Fallen. Optimal, wo Sie keinen Mentor finden, wäre ein Coach, von dem Sie sich ein Stück Weges begleiten lassen können.

Auch wenn Sie als Einsteiger sich in sehr kaltem Wasser der obigen Art befinden, kann dieses Kapitel für Sie von Nutzen sein. Rechnen Sie nur damit, an mehr Schwach-Stellen fündig zu werden als ein alter Routinier.

- **Diagnosemöglichkeit I: Selbstbeschattung**

Die Anforderungen in den Tausenden von Berufen, die heutzutage ausgeübt werden, sind zu vielfältig, um sie in einer einzigen Checkliste abzubilden. Sie werden sich wahrscheinlich auch nicht einen professionellen »Beschatter« besorgen können, der einige Halbtage Mäuschen spielt, während Sie Ihrer Arbeit nachgehen. Was Sie aber tun können, ist sich sozusagen selbst beschatten. Dazu sollten Sie sich ein kleines Heft griffbereit an Ihren Arbeitsplatz legen. Und dann während mindestens einer Woche sofort eine Notiz anfertigen, wenn Ihnen etwas komplett misslungen ist, viel mehr Aufwand kostete als gedacht, ungeplante Nebenwirkungen nach sich zog, nicht zum angestrebten Ergebnis führte. Kurz gesagt: Wann immer Sie irgendeine Aktion unzufrieden und wahrscheinlich ärgerlich zurückließ. Die Notiz können Sie notfalls auch abends machen. Geißeln Sie sich nicht für Misserfolge, skizzieren Sie kurz und sachlich, was passiert ist. Es soll Ihnen nur helfen, sich an das Geschehene auch noch nach einigen Tagen zu erinnern. Man vergisst so leicht, man verdrängt so gerne.

Wenn Sie das Gefühl haben, genug Material zu haben – vielleicht brauchen Sie mehr als eine Woche, vielleicht reichen auch schon drei Tage –, ist es Zeit für eine Analyse. Optimal wäre es, Sie könnten die gemeinsam mit einer vertrauten Person vornehmen, möglichst einer, die sich in Ihren Arbeitsabläufen auskennt. Aber das Leben spielt sich meist unter suboptimalen Bedingungen ab, warum sollte es hier anders sein? Also werden Sie das wohl allein machen müssen.

Lesen Sie dazu Ihre Notizen auf einen Rutsch nochmal durch. Und achten Sie darauf, ob sich Dinge wiederholen. Zwei Dinge, die ich auf diese Weise bei mir entdeckt habe, als Beispiel dafür, was dabei heraus kommen kann: Ich tendiere, erstens, dazu, den Zeitbedarf für Aufgaben systematisch zu unterschätzen. Das führt(e) zu Hektik im Ablauf oder zu Nachtschichten, beides Sachen, die ich hasse. Zweitens: Ich blockier(t)e mich oft mit der Vorstellung, dass alles was ich anfange, mindestens weit überdurchschnittlich sein muss, am besten perfekt, und zwar beim ersten Versuch. Auch Allerweltsgeschichten, die nun wirklich keinen Goldrand brauchen. (Kennen Sie auch? Na, wie nennt man so was? Richtig!) – Ich werde nicht behaupten, dass sich mit der jeweiligen Erkenntnis die Schwachstelle in Nichts aufgelöst hätte. Aber ich kalkuliere seitdem mindestens 30 % Zeitreserve ein, speziell dann, wenn auch noch Unabsehbares in den Ablauf hineinfunken kann. Zu Vorträgen beispielsweise reise ich, wo immer möglich, schon am Vortag an, um bei Verkehrsstaus ruhig bleiben zu können. Und: Ich gebe meinem Perfektionismus immer mal eins aufs Dach. Oder überliste ihn, indem ich mir sage: Heute machst du erst mal bloß eine Grobskizze! Die tut's dann oft schon, am Folgetag.

- **Diagnosemöglichkeit II: Feedback**

Sie könnten natürlich auch Andere fragen, Ihren Chef beispielsweise oder Ihre Mitarbeiter, wenn Sie welche haben. In einer Zeit, die vor wenig anderem mehr Angst hat als Ehrlichkeit, klingt so eine Idee wahrscheinlich ein bisschen verrückt. Andererseits: Der ins Arbeitsleben vorrückenden sog. Generation Y wird, von sol-

## 3.2 · Das Radler-Modell

chen, die sie zu kennen meinen, ein gewisser Feedback-Hunger nachgesagt. (Angeblich hat das etwas mit den dort seit Kindesbeinen vertrauten Computerspielen zu tun, die meist am Ende einen *Score* ausspucken.)

Wie dem auch sei: Sollten Sie in einer Position sein, sog. 360°-Feedback für Ihre Arbeitseinheit zu organisieren, tun Sie es. Ein paar Grad weniger reichen auch. Sollte Ihr Arbeitgeber Ihnen anbieten, an einer solchen Aktion teilzunehmen, greifen Sie zu.

Eigentlich noch besser als solche meist sehr technisch und mit höchster Datensicherheit organisierten Aktionen wäre es, Sie würden die Menschen um sich herum ermuntern, Ihnen kontinuierlich Rückmeldungen zu geben. Das setzt, es sei zugegeben, eine gewisse menschliche Reife und Stabilität voraus. (Meine eigene Ersterfahrung, vor vielen Jahrzehnten, fand ich damals annähernd traumatisch; heute wäre ich souveräner.) Vielleicht ist es besser, derlei erst einmal im Rahmen einer Seminar-, Trainings- oder Selbsterfahrungsgruppe zu erproben. (Seriöse Anbieter für derlei gibt es viele, es gibt aber auch andere. Ich kann aus eigener Erfahrung das ▶ www.osterberginstitut.de/ Stand 3.4.2015, in der holsteinischen Schweiz und das ▶ www.odenwaldinstitut.de/ Stand 3.4.2015, im Odenwald empfehlen.) Für das Geben wie für das Nehmen von Feedback gibt es ein paar hilfreiche Regeln, man sollte sie kennen.

War's das jetzt schon? Ich kann der Versuchung nicht widerstehen, noch einige, meiner Meinung nach besonders häufige oder virulente Schwachstellen anzusprechen.

*Einige häufige Schwachstellen*

Speziell, wenn Sie der Berufseinstiegsphase schon eine Weile entwachsen sind, kann es Ihnen leicht passieren (oder bereits passiert sein), dass Ihr Arbeitgeber Unerhörtes von Ihnen verlangt. Am häufigsten: Sie mussten die Handhabung irgendeiner *Software* erlernen. Sollte das misslungen sein, sind Sie jetzt wahrscheinlich schon ganz woanders. Aber nun, wo Sie sich gerade halbwegs eingefuchst haben, kommt das erste *Update*, die weiteren in immer kürzeren Abständen. Hilfe! Die *Computer-Kids*, die mit einem *USB-Stick* im Mund zur Welt gekommen sind, finden das eher spannend, es verringert auch den Kompetenz-Abstand zu den »alten Hasen«, die möglicherweise bisher auf sie herab gesehen haben. Aber nun Sie!

In vielen Organisationen, eher im Öffentlichen Dienst, kommt man immer noch mit einer Verweigerungshaltung ungeschoren bis zur Rente. In Wirtschaftsunternehmen gibt es, hoffentlich, einen *IT-Support*, dessen Mitarbeiter(innen) aber ihrerseits Burnout-gefährdet sind, wenn sie ehrlich bleiben wollen: Sie werden, dringlich, zu Sachbearbeiterinnen gerufen, von denen sie, aus womöglich jahrelanger Erfahrung, wissen: Die wollen's gar nicht lernen! Die machen immer wieder die selben Fehler! Die fordern uns bloß an, um zu dokumentieren, dass sie sich überfordert fühlen. (An die IT-Leute: Sie können aber auch überfordert *sein*; der Job ist heute meist um einiges komplexer als noch vor wenigen Jahren. Das weckt nicht gerade die Lust, auf einem völlig fremden Feld der Ehre – Software – auch noch Defizite auszugleichen.)

Wie gesagt, mancherorts kann man mit dieser Schwachstelle den sicheren Hafen der Rente erreichen. Anderswo nicht. Überlegen Sie, und zwar ehrlich und gründlich, ob Sie nicht *durchstarten* wollen. Den VHS-Kurs nutzen, den jungen Neffen als Nachhilfelehrer engagieren, die überall reichlich angebotenen Computer-Kurse besuchen, was immer. Um wenigstens bei den *Basics* mitreden zu können.

Zu Ihrer moralischen Entlastung: Ich selbst habe diesen meinen Rat nicht befolgt. Ich habe glücklicherweise zwei Menschen, die ich bei Software-Problemen konsultieren kann und mindestens einen, der auf Hardware spezialisiert ist. Wer hier gemeint ist, weiß es – ich bin ihnen dankbar. Aber ich bin Jahrgang 1944 und hoffe, diese Nachlässigkeit nicht allzu hart büßen zu müssen. *Sie* sind jünger, stimmt's?

Ein zweites Standardthema sind *Sprachen*. Vor etwa zwanzig Jahren beriet ich einen Konzern, der zwar international aktiv war, im Kern aber mittelständisch, aus der deutschen Provinz heraus geführt wurde. Ziemlich abrupt wurde dort entschieden, dass ab Datum *ordre de mufti* Englisch die Konzernsprache sein sollte, sowohl extern als auch intern. Ich äußerte Bedenken, aber als Bedenkenträger war man schon damals nicht besonders einflussreich.

Heute, ganz klar, muss man beinah überall Englisch können. Oder doch wenigstens verstehen. Das ist keine so große Zumutung; bis zum *Pidgin*-Stadium steigt man leicht auf. Die Aufbaustufen kann man dann irgendwann drauf setzen.

Hier rate ich ganz unverbrämt zur Vorwärts-Strategie. Das Lehr-Angebot ist nun wirklich allgegenwärtig. Und wer die Sprache ein bisschen gelernt hat, hat womöglich auch privat was davon.

Ein drittes besonders häufiges Thema: *Durchsetzungsvermögen*. Lehrer(innen) sind zahlreich und kennen das Thema Burnout besonders gut. Also mögen sie als Beispiel herhalten (vgl. auch »Junglehrerin« in ▶ Abschn. 2.7).

Dass Lehrpersonal heute oft unter unhaltbaren Arbeitsumständen leidet, zusätzlich von vielen Seiten unrealistischen Erwartungen ausgesetzt ist, sei gleich konzediert. Dies fördert Burnout aber besonders rasch, wenn eine bestimmte persönliche Fähigkeit schwach entwickelt ist: Eben die, sich in sozialen Kontakten ohne große Kraftanstrengung (und ohne innere Konflikte) zu behaupten. Gegenüber Schülern und Eltern sowieso, was heute sicher schwerer ist als zu Zeiten, als Lehrer noch unbestritten Respektspersonen waren. Aber auch im Kollegium und gegenüber Vorgesetzten.

Nun kann man diese unspezifische Fähigkeit zumindest deutlich verbessern. Sog. Selbstbehauptungstrainings (*assertiveness trainings*) wurden früher sehr viel häufiger angeboten, von Fortbildungsinstituten, Volkshochschulen, Gewerkschaften und anderen Veranstaltern. Wie man hört, hat allerdings die Nachfrage spürbar nachgelassen. Wenn das so ist, dann kann ich mir das nur dadurch erklären, dass die Scham größer geworden ist, wenn man sich eingestehen müsste: Stimmt, ich bin oft zu schüchtern. Womit sich die Schlange in den Schwanz beißt: Zu schüchtern, um etwas gegen die eigene Schüchternheit zu unternehmen!

Sollten Sie, liebe Leserin, lieber Leser, sich hier gerade wiedererkannt haben (und dazu brauchen Sie nicht im Lehramt zu sein), dann malen Sie sich doch kurz mal aus, was es für Ihr Leben bedeuten würde, wenn Sie Ihre Interessen ein bisschen leichter und erfolgreicher durchsetzen könnten. Und werden Sie aktiv. Fragen Sie im Bekanntenkreis, wer so etwas kennt. Oder noch einfacher: Suchen Sie im Internet. Die Suchbegriffe haben Sie soeben erfahren.

Und mit dieser Empfehlung, verallgemeinert, kann dieses Kapitel auch schon schließen. Wie schon im Abschnitt »Der tägliche Ärger« (▶ Abschn. 3.2.3) gesagt: Sollten Sie eine ausreichend wichtige Schwachstelle bei sich identifiziert haben, dann kommt es als erstes darauf an, die Sache ernst zu nehmen (statt sie zum tausendsten Mal aufseufzend der Resignation anheim zu geben). Fantasieren Sie ausgiebig, wie sich Ihr Leben ändern würde, wenn Sie da stabiler auf den Beinen stünden. Recherchieren Sie, wo man lernen kann, was Ihnen fehlt. Und geben Sie sich einen Schubs, besorgen Sie sich mindestens erst einmal Informationsmaterial. Vielleicht können Sie sich beraten lassen. Und dann fangen Sie an! Wenn Sie einen Coach finden, der Sie auf dem Weg begleitet, umso besser. Es geht aber auch ohne. Sehr viel ausführlichere Gebrauchsanweisungen finden Sie in dem Buch *So entkommen Sie der Falle Stress* von Manfred Oetting (2006).

### Zwischenfazit

In diesem Abschnitt wurde Ihnen ein offensiver Umgang mit eigenen Schwächen angeraten. Auch hier heißt »Problem erkannt« noch nicht »Problem gebannt«. Aber es ist schon viel gewonnen, wenn man sich eingesteht, an manchen Stellen Entwicklungsbedarf zu haben, ganz nüchtern und ohne Selbstanklagen. Wenn Sie jetzt meinen, es türme sich vor Ihnen ein veritabler Berg auf, dann zerlegen Sie ihn in Maulwurfshügel, die Sie nacheinander ersteigen, immer nur einen zur Zeit. Besser eine Kerze anzünden, als über die Dunkelheit jammern!

### 3.2.6 Innere Bremse

Verpasste Chancen

Im Tessin, wo ich manchen Urlaub verbracht habe, war es früher üblicher als heute, Grabsteine mit Fotos der Verstorbenen zu versehen, vor allem auf den Friedhöfen entlegener Bergdörfer. Oft waren das Bilder aus jungen oder mittleren Jahren, auch wenn das Leben achtzig Jahre oder länger gewährt hatte. Wie oft habe ich in diese Gesichter, vor allem der Frauen, geschaut und gedacht: Was hätte aus dir werden können – wenn du es geschafft hättest, aus diesem Nest auszubrechen! Es ließ sich nämlich leicht erraten, wie ein solches Leben stattdessen verlaufen war: Unbeschreiblich hart, entbehrungsreich, eintönig, gefangen in einer feindlichen Natur, einsam. Manchen Männern gelang der Ausbruch; sie wurden anderswo Maurer, Architekten, Künstler, manchmal wohlhabend. Den Frauen nie. Was mich bei ihnen so erschütterte, war das *ungelebte Leben*, das ihnen verwehrt blieb.

**Beispiel**
Die innere Bremse ist wahrscheinlich auch noch heute vor allem ein Frauenthema. Ein gut dokumentiertes Beispiel vom Anfang des vorigen Jahrhunderts stellt Katia Mann dar. Als sie nach langem Zögern den späteren Nobelpreisträger Thomas Mann heiratete, stand ihr, ganz anders als den Tessinerinnen, die Welt weit offen. Sie führte ein unbeschwertes Studentenleben im Kreise ihrer vier Brüder und im Hause ihres schwerreichen Vaters, ihr Mathematikstudium stand nicht weit vor dem Abschluss, ihre Familie, die auch eine prominente Feministin aufwies, hätte ihr auch später voraussichtlich keinerlei Druck in Richtung Eheschließung gemacht. Warum sie sich trotzdem entschloss, dem Werben des aufstrebenden, aber nicht besonders lebenstüchtigen Schriftstellers nachzugeben, dem sie später sechs Kinder gebar und zeitlebens loyal und geschickt den Rücken frei hielt – man weiß es nicht, aber Verliebtheit, so viel scheint sicher, scheidet als Erklärung aus. Katia überlebte Thomas um fünfundzwanzig Jahre. Als es gegen Ende ihres Lebens stiller um sie wurde, kam wohl ein wenig Bitterkeit auf.

Jedenfalls gab sie, neunzigjährig, zweien ihrer Kinder den folgenden Satz zu Protokoll: »Ich wollte nur sagen: ich habe in meinem Leben nie tun können, was ich hätte tun wollen«.

Zweifellos gibt es diese Konstellation – tüchtige, womöglich überlegene Frau im Schatten des Künstlers, des Gelehrten – nicht selten. Auch heute noch, wo dieser Lebensentwurf ja keineswegs mehr hohes Ansehen genießt, jedenfalls nicht mehr Pflichtprogramm ist. Der viel beklagte Mangel an Chefredakteurinnen, Aufsichtsrätinnen, weiblichen Vorstandsmitgliedern dürfte nicht ausschließlich an der »Glasdecke« liegen, die Aufsteigerinnen die obersten Leitersprossen versperrt. Sondern auch an einer inneren Bremse in Gestalt der Frage: Ist das was für mich? Will ich mir das antun?

Um Missverständnisse zu vermeiden: Ich finde die Frage vernünftig, und ich empfehle sie *beiden* Geschlechtern. Wer Burnout vermeiden will, sollte es sich gut überlegen, ob er (bzw. sie) sich auf eine berufliche Position einlässt, der er nicht voll gewachsen ist, fachlich oder menschlich. Das *Peter-Prinzip*, das eben das als Endzustand vorhersagt, gilt ja nicht zwangsläufig; man kann sich vor Erreichen der Inkompetenz-Stufe im Status quo einrichten. Darf dann allerdings nicht jammern, auch nicht still bei sich.

*Manche Chancen besser verpassen*

Wer weiß, vielleicht liegt heute das Burnout-Risiko also eher in zu lockeren Bremsen. Junge Menschen beiderlei Geschlechts trauen sich bisweilen viel zu viel zu. Wo das das Führen anderer Menschen betrifft, ist es besonders fatal; der Absturz vom Hochseil verursacht dann auch noch viele Kollateralschäden unter den Geführten.

Dennoch noch einmal kurz zurück zum Thema der angezogenen Bremse. Kennen Sie das bei sich? Wo verbieten Sie sich Dinge, die niemandem schaden würden, die sie sich bloß trauen müssten, sich zu erlauben? Darüber sollten Sie jetzt mal einen Moment nachdenken.

Als Denkhilfe lenken wir unsere Aufmerksamkeit vorübergehend mal aufs Privatleben. Angesprochen sind im Augenblick vor allem Leserinnen jenseits der ersten Jugendfrische (natürlich auch andere). Aus meiner Zeit als Amateurmusiker erinnere ich nicht wenige Frauen, die angesichts eines Schlagzeugs oder eines Saxofons, beides richtig laute Instrumente, träumerische Augen bekamen: Einmal richtig Krach machen – »darf ich mal ran?« Oder singen: »Aber ich kann doch gar nicht singen!« Oder sich ein bisschen schrill anziehen. Mit Inline-Skates auf die Piste gehen. Sich mit einem jüngeren Mann zusammentun. Fußball spielen. Motorrad fahren. Alles Beispiele, wo Rollenvorschriften übertreten werden müssten.

*Die gebremste Sau*

Wie spricht in solchen Fällen die Bremse? »Was sollen die Leute denken!« Die Stimme kommt aus dem Kritischen Eltern-Ich und adressiert das Angepasste Kind. Letzteres krümmt sich und legt das Freie Kind schlafen, aus dem die Impulse stammten (Krach machen, Motorrad etc., kurz: die Sau rauslassen). Das Resultat: Ungelebtes Leben. Möglicherweise resignative Verbitterung. »Ich durfte ja nie.«

Schon im Abschnitt »Schwacher Energienachschub« (▶ Abschn. 3.2.2) wurde Ihnen geraten, von Kindern zu lernen. Ihr Leben mit Spaß anzureichern. Aber Sie wurden dort auch schon vor inneren Stimmen gewarnt, die Sie bremsen könnten. Dagegen hilft, was Hermann Hesse als »Eigensinn« gepriesen hat. Und die Einsicht, dass Sie nun mal nur dieses eine Leben haben, für das allein Sie zuständig sind.

**Nochmal: Sie müssen wollen**

Und nun zurück zum Beruf. Sollten Sie sich nach reiflicher Überlegung eine Aufgabe, eine Position wirklich zutrauen und auch noch sicher sein, dass sie Ihnen Spaß machen würde: Was in Ihnen bremst Sie? Angst vor dem Scheitern? Angst vor Lächerlichkeit? Angst vor Konflikten? Angst wovor? Aber bedenken Sie auch die Spaß-Frage gründlich! So mancher in Wirtschaft, Wissenschaft oder Politik musste sich nach der Eroberung eines Feldherren-Hügels eingestehen: *Eigentlich* wollte ich hier gar nicht rauf … Spaß hat's jedenfalls nicht gemacht. Besonders bitter ist eine solche Erkenntnis, wenn sie spät einsetzt und wenn man da oben allein ist, weil sich die nächsten Menschen schon früher von einem verabschiedet haben.

Folgt man Hurrelmann u. Albrecht (2014), zögert die junge Generation Y wichtige Entscheidungen wie die Wahl von Studienfach, Beruf oder Partner(in) so lange heraus, wie eben möglich. Es soll eben alles stromlinienförmig verlaufen, *optimal* ausgehen. Wer sich zu früh festlegt, könnte ja einen Fehler begehen, weil etwas noch Besseres vorbeikommt. Aber so eine ewige Hängepartie kann auch ganz schön an den Nerven zerren. Eindeutige Fehler kann man meist korrigieren, das ist bedenkenswert.

Vor allem für junge Männer stellt sich die obige Frage evtl. ja anders: »Was sollen die Leute denken, wenn mich die Bilderbuch-Karriere *nicht* reizt? Sondern, zum Beispiel, eine stabile Familie gründen in dieser chaotischen Welt. Ist denn Ehrgeiz meine verdammte Pflicht und Schuldigkeit?« Da heißt es, sich gründlich erkunden und zu den Erkenntnissen stehen. Auch wenn die Eltern oder Schwiegereltern nicht begeistert sind.

Aber vielleicht wollen Sie ja tatsächlich »aufsteigen«, fühlen sich aber gehemmt. Wieder mal ein echtes Coaching-Thema. Wenn Ihnen Coaching nicht zugänglich ist, nutzen Sie Ihr »Netzwerk« (auch wenn Sie es nicht so nennen). Fragen Sie Partner/

Partnerin, Kollegen, evtl. Chefs: Ich trau mir das zu – ihr mir auch? Wenn Sie können, suchen Sie sich eine(n) Mentor(in), vielleicht im Internet. Und wenn die Signale nicht durchweg entmutigend sind, dann trauen Sie sich. Organisieren Sie sich so viel Flankenschutz wie möglich. Aber trauen Sie sich.

Bei der Entscheidung für Ausbildung, Studium und Beruf sollten Sie übrigens unbedingt berücksichtigen, was Ihnen *leicht* fällt. Sollte Ihr Begabungsprofil eindeutige Zacken aufweisen, dann kann es klüger sein, sich daran zu orientieren, statt irgend eine Traumbetätigung anzustreben, in denen Sie voraussichtlich lebenslang nur mittelmäßig sein werden. Wenn man etwas intensiv und mühelos ausübt, kommt nämlich der Spaß oft von selbst.

> Begabung oder Neigung

Auf keinen Fall sollte es Ihnen gehen wie dem Bauern in Kafkas *Vor dem Gesetz*. Der möchte ins Gericht, um seinen Fall vorzutragen. Aber vor einem Portal verwehrt ihm ein Wächter den Eintritt. Sollte er unbedingt eindringen wollen: Die weiteren Wachtposten seien noch furchterregender … Der Bauer verharrt lange Jahre vor dem Portal. Kurz bevor er dort stirbt, bemerkt er, dass der Wächter das Portal abschließt. Und ihm verrät, dass dieser Eingang einzig *für ihn* offen gewesen war.

> Uneingerannte Türen

### Zwischenfazit
Niemandem bekommt es gut, längere Zeit gleichzeitig auf Gaspedal und Bremse zu stehen. Schon klar, man sollte so viele Informationen über die erwartbaren Folgen einholen wie möglich, bevor man sich für Vorwärts- oder Rückwärtsgang entscheidet. Aber ewig Leerlauf, das lähmt. Notfalls eine Münze werfen! Wenn's eindeutig falsch war, kann man meist zurück.

### 3.2.7 Ansprüche an sich selbst

**Antreiber-Entschärfung**
Thomas Buddenbrook (die Hauptfigur aus Thomas Manns *Buddenbrooks*) wurde schon einmal als frühes literarisches Burnout-Fallbeispiel erwähnt. Sein Autor, der etwas von der Thematik verstand, skizziert auch eines der Gegenprogramme:

> Eine erträgliche Leichtigkeit des Seins

» Im Spiele zu arbeiten und mit der Arbeit zu spielen, mit einem halb ernst, halb spaßhaft gemeinten Ehrgeiz nach Zielen zu streben, denen man nur einen Gleichniswert zuerkennt – zu solchen heiter-skeptischen Kompromissen und geistreichen Halbheiten gehört viel Frische, Humor und guter Mut …
(Mann 1930, S. 586)

In der Tat: Frische, Humor, guter Mut. Haben auch Sie, Leser(in) dieses Buches, schon einmal den gutgemeinten Rat gehört: »Nimm doch nicht alles so ernst! Früher warst du weniger verbissen, da hast du die Dinge spielerischer genommen!« Ich selber habe dies während meiner Burnout-Erfahrungen regelmäßig gehört, und ich erinnere mich, welche Mordgelüste es bei mir ausgelöst hat. Spielerisch! Mir stand nach eigener Einschätzung das Wasser Oberkante Oberlippe, und ich hatte Wut. Und Angst.

In allen drei Episoden hat es mir vor allem der Antreiber *Sei stark!* verwehrt, mir Hilfe zu holen. Schon wahr, das Geld war auch knapp, aber ein paar Stunden Coaching, so viel ist mir im Rückblick klar, wären eine gute Anlage gewesen. Der Tunnelblick, der alle verfügbaren Alternativen ausblendete, hätte geweitet werden müssen.

*Antreiber: Bleikugeln am Fuß des Freien Kinds*

Damit sind wir einmal mehr bei den Antreibern, von denen im Besucher-Pavillon (▶ Abschn. 2.9.1) schon ausgiebig die Rede war. Hier kommen sie noch einmal, die Botschaften aus dem Kritischen Eltern-Ich, als Verhinderer einer *Erträglichen Leichtigkeit des Seins*. Diesmal anschließend eine Gebrauchsanweisung, wie ihnen beizukommen ist.

- Sei perfekt – also mach alles so gut wie irgend möglich! (Aber im Spiel kommt es nicht auf Perfektion an. Wer alles immer gleich »gut« können muss, fängt gar nicht erst an, er wird weder Klavierspielen noch Tanzen, Französisch oder Schach jemals lernen. – Dass vieles mehr Spaß macht, sobald man es zu einer gewissen Meisterschaft gebracht hat, steht auf einem anderen Blatt.)
- Streng Dich an – also gib immer alles! (Aber dann geht leicht das Spielerische verloren, aus dem Spiel wird unnötiger Weise Ernst.)
- Beeil Dich – also mach alles so schnell, wie Du kannst! (Spiel und Spaß haben ihr eigenes Tempo. Genießen kann man das nur ohne Zeitdruck.)
- Sei stark – also zeig keine Gefühle! (Zur Spontaneität gehört auch der Ausdruck von Gefühlen. Kinder haben noch nicht gelernt, alles unter Kontrolle zu halten, auch darum haben sie mehr Spaß.)
- Mach's den anderen recht – also nimm Dich nicht so wichtig! (Im Spiel darf man alle fremden Ansprüche vergessen, auch sich selbst. Gerade die Selbstvergessenheit macht den *Flow* aus.)

Noch einmal: Auch die Antreiber haben ihre Berechtigung, je nach Situation. Gefährlich werden sie, wenn sie als *absolute* Gebote wirken.

## 3.2 · Das Radler-Modell

Bevor wir Ihren Antreibern zu Leibe rücken, noch eine relativ frische Beobachtung und ebensolche Überlegungen dazu. In den Medien häufen sich in letzter Zeit Berichte über Schüler und Studenten, die sich selbst unter extremen Leistungsdruck setzen, während ihre Eltern rat- und machtlos dabei zusehen müssen. Im Phänomen der Anorexie, bei dem Mädchen dem Schönheitsideal der Barbie-Puppe u. U. bis zur Selbstzerstörung nacheifern, sehe ich eine Parallele. Ich habe in den letzten Jahren meiner Tätigkeit als Hochschullehrer Studenten erlebt, die um halbe Leistungspunkte bei Hausarbeiten feilschen wollten. Es wird von Fällen (vor allem jungen Frauen) berichtet, die sich an ihren Perfektheitswahn verbissen klammern. Die Antreiber scheinen hier selbstgesetzt zu sein. Woher kommt so etwas?

Nun, die Verhaltens-, Leistungs- und Schönheitsnormen bezieht man heute ja nicht mehr nur aus dem familiären Nah-Umfeld. Sondern auch aus den Medien. Und hier macht sich ein Prinzip breit, das in den USA *winner takes all* heißt: Nur der erste Platz zählt (für den Moment), schon der zweite landet unter *ferner liefen*. Die Silbermedaille zählt nicht mehr, auch wenn der Abstand zur goldenen nur eine Millisekunde war. »Das Beste oder gar nichts«, das Motto des Autoherstellers mit dem Stern, ist als Anspruch an sich selbst schierer Irrsinn. Man wird an das Märchen vom Schneewittchen erinnert, in dem die Stiefmutter es nicht erträgt, dass jemand schöner sein soll als sie, selbst wenn dieser jemand »hinter sieben Bergen bei den sieben Zwergen« lebt, ein direkter Vergleich also nicht einmal zu befürchten ist.

Was treibt die Jugend (vor allem die männliche) so in ihrer Freizeit? Sie spielt Computerspiele. Typischerweise gibt es dort nach jeder Runde einen *Score*, einen Punktwert, und den gilt es zu maximieren, bis man vom Einsteiger- ins Profi-Niveau vorgedrungen ist. Dieses hehre Ziel kostet viele Stunden Zeit … Aber jeder will der Erste sein.

Noch etwas, was junge Menschen aus dieser ihrer Lebenswelt mitbekommen: Die Verachtung für alle *Losers*. Bloß nicht so enden! Der Markt- und Tauschwert für die eigene Person (auf dem Arbeits- und auf dem Beziehungs-Markt), er ginge gegen Null. So jedenfalls ein verbreitetes Gefühl.

Sollten Sie, liebe Leserin, lieber Leser, aus welchen Gründen auch immer, in den Wettbewerben Ihres Lebens überall ganz vorne, als Star, mitspielen wollen, bitte. Das kostet einen Preis. Ich empfehle, immer nur in der Liga zu spielen, wo man spielerisch mithalten kann. Aber das ist eine Empfehlung aus einer anderen Generation.

Jeder will der Erste sein

*Entschärfung von Antreibern*

Wenn Sie, liebe Leserin, lieber Leser, den einen oder anderen überstarken Antreiber in sich entdeckt haben – und wenn Sie sich davon befreien *wollen* –, dann gibt es dafür Mittel und Wege. Ich habe in Beratungen oft erlebt, dass es schon etwas Befreiendes haben kann, wenn es einem wie Schuppen von den Augen fällt: Stimmt, in bestimmten Situationen mach ich mir selbst immer wieder Druck, völlig unnötig! Nicht unbedingt erforderlich, aber günstig ist es, wenn sich auch noch zurückverfolgen lässt, *wer* denn ursprünglich den Antreiber gesetzt hat. Denn das kann ein gesundes Aufbegehren auslösen: Will ich wirklich, erwachsen wie ich mittlerweile bin, mein Leben nach derart alten Geboten absolvieren? Muss ich wirklich in allem die Erste sein, bloß, weil Vater keine Schulnote unter »sehr gut« zur Kenntnis nahm? Beispielsweise.

Allerdings, ein solches Aufbegehren hält erfahrungsgemäß nicht lange vor. Zu früh und zu tief sind Antreiber meist verankert. Man gibt ihnen eins auf den Kopf und fühlt sich anschließend gut und leichter. Aber wie ein Kastenteufel sprengen sie schon kurz darauf den Deckel und recken wieder den Kopf aus der Kiste. Hinzu kommt, dass die Umwelt nicht garantiert begeistert reagiert, wenn man sein Verhalten ändert. Besonders fühlbar wird das, wenn man den Antreiber »Mach's den anderen recht« in seine Grenzen verweisen will.

*Ein 4-Schritt-Programm*

Hier folgt eine Gebrauchsanweisung »in vier leichten Schritten«. Jedem davon sollten Sie Aufmerksamkeit und Zeit widmen. Aber keine Bange, es wird höchstwahrscheinlich Spaß machen. Und es ist wichtig! Nur so erlangen Sie Kontrolle über Ihr Leben zurück!

- **Schritt 1: Auswahl**

Entscheiden Sie sich für einen der fünf Antreiber, nachdem Sie den ▶ Abschnitt 2.9.1 (ggf. ein zweites Mal) gelesen haben. Es sollte derjenige sein, den Sie am liebsten los würden. Bedenken Sie allerdings, dass Sie bei »Mach's den anderen recht« mit dem stärksten Gegenwind von außen rechnen müssen. Bei den anderen können Sie voraussichtlich freier schalten und walten. Fangen Sie mit einem Antreiber an, auch wenn Sie mehrere (oder gar alle) entschärfen wollen. Es soll gerade hier nicht gleich in Arbeit ausarten.

- **Schritt 2: Bringen Sie's auf den Punkt**

Wenn die Formulierung, wie in der Tabelle unten, nicht richtig passt, können Sie sie für sich passender machen. Beispielsweise kann »Beeil dich!« in Ihrem Fall »Trödel nicht rum!« heißen. Oder

»Überleg nicht immer so lange, komm in die Puschen!«. Es sollte sich schon ein bisschen nach Stachel anfühlen.

Jetzt kommt das Wichtigste: Die Formulierung des Gegengifts. Im allgemeinen wird das eine *Erlaubnis* sein. Einige Vorlagen finden Sie auch dafür in der folgenden Tabelle.

| Antreiber | Gegengift |
| --- | --- |
| 1. Sei perfekt! | Auch ich darf Fehler machen. Ich brauche mich nur um Perfektion zu bemühen, wo es lohnt. |
| 2. Streng Dich an! | Ich darf es mir leicht machen. Intelligent arbeiten, nicht hart! |
| 3. Beeil Dich! | Ich darf mir Zeit lassen. |
| 4. Sei stark! | Ich darf wahrnehmen und zeigen, wie mir zumute ist. |
| 5. Mach's den anderen recht! | Meine Bedürfnisse sind mindestens so wichtig wie die anderer. Ich bin der wichtigste Mensch in meinem Leben! |

Es ist aber wesentlich erfolgversprechender, wenn Sie sich etwas nach Maß schneidern. Im Idealfall sollten Sie ein erleichtertes Bauchgefühl verspüren, welches sagt: »Genau, *so* will ich doch leben!« Ein paar einsame Parkspaziergänge sollten Sie für die Formulierung schon einplanen.

Jetzt müssen Sie dafür sorgen, dass Sie mindestens einmal täglich an Ihr Gegengift erinnert werden. Wie gesagt, der Kastenteufel muss immer wieder den Deckel auf den Kopf bekommen. Wenn Sie in einem Büro arbeiten, stellen Sie sich einen kleinen Aufsteller auf den Schreibtisch. Zuhause kleben Sie einen Zettel auf die Innenseite der Eingangstür, groß genug, dass Sie ihn nicht übersehen. Wenn Sie nicht alleine wohnen bzw. arbeiten, kann es günstig sein, bloß die Anfangsbuchstaben drauf zu schreiben. Aus dem Gegengift »Ich darf mir Zeit lassen!« wird so *IDMZL*. Ihren Lieben oder den Kollegen, sollten sie fragen, können Sie z. B. sagen, dass das Ihr Passwort ist. Oder ein Mantra. Oder die Abkürzung für »In der Mitte zwickt die Leber«.

- **Schritt 3: Der Sprechzettel**

Wenn Sie nicht so kühn sind, Ihre Umgebung in Ihr Entschärfungsprojekt einzuweihen – das kann gut, will aber wohlbedacht sein –, dann legen Sie sich eine *Story* zurecht. Denn Sie müssen mit Fragen rechnen.

### Einige Beispiele

- Nehmen wir an, Ihr Chef spricht Sie darauf an, dass Ihre Memos neuerdings Tippfehler enthalten, was früher undenkbar war (weil Sie Ihren Antreiber *Sei perfekt* bekämpfen), dann könnten Sie etwa Folgendes sagen: »Wissen Sie, ich habe beschlossen, meine Prioritäten neu zu sortieren: Energie nur noch da einsetzen, wo es *wichtig* ist!« Und Sie könnten hinzufügen, dass Sie vor kurzem sogar mal mit zwei verschiedenen Schuhen losgegangen sind – sich aber insgesamt viel *souveräner* fühlen ... Oder Sie können etwas vom Pareto-Prinzip (»80:20-Regel«) faseln.

— Wenn Ihr Gegenprogramm zu »Streng dich an!« bedeutet, dass Sie pünktlich Feierabend machen, können Sie das zum Teil Ihrer persönlichen Energiekonservierungs-Strategie erklären. Sie sollten dann konsequenter Weise auch darauf hinarbeiten, dass Ihre Mitarbeiter es ebenso halten.

- **Schritt 4: Schmieden Sie einen Plan**

Den Antreiber, um den es gerade geht, haben Sie ja nicht zufällig ausgewählt. Sondern weil er Sie dazu bringt, Dinge zu tun, die Sie eigentlich nicht tun wollen. Oder sich Dinge zu verkneifen, die Sie sich gönnen wollen. Bei der Auswahl dürften Sie an konkrete, wiederkehrende Situationen gedacht haben. Welche waren das?

Nehmen wir an, es geht um »Mach's den anderen recht!« und eine Situation, in der Sie sich anschließend wie ausgewrungen fühlen. Wie die folgende: Sie sitzen mit einem Kunden, Kollegen oder Mitarbeiter zusammen, es geht um etwas Wichtiges, da klingelt das Telefon. Weil's ja dringend sein könnte, gehen Sie dran. Während Sie noch telefonieren – der Mensch am Tisch wird schon unruhig – kommt jemand zur Tür herein, der auch noch etwas will, natürlich dringend. Sie versuchen, allen dreien gerecht zu werden, weil Sie ja niemanden verprellen wollen. Das geht aber halt eigentlich nicht. Hektik kommt auf, alle fühlen sich unwohl. Am meisten Sie selbst. Sie ärgern sich über sich selbst. (Dieses Beispiel ist mir nicht ganz zufällig eingefallen ...)

Was können Sie tun, damit das anders läuft, beim nächsten Mal? Erstens können Sie technische Vorkehrungen treffen. An meiner Bürotür klebt innen ein Stopp-Schild: **»Stopp! Jetzt bitte nicht!«**. Das lässt sich leicht ablösen und außen ankleben. Mein Anrufbeantworter ist immer an – ich muss nur rechtzeitig daran denken, die Wiedergabe auf stumm zu schalten, damit das Gespräch am Tisch nicht durch den eingehenden Anruf gestört wird. Oder permanent auf stumm geschaltet lassen.

Das Wichtigste aber ist die fertig zurechtgelegte Formulierung, sollte jemand das Stopp-Schild missachten und doch hereinschneien: »Sorry, jetzt geht's wirklich nicht! Wo kann ich Sie nachher anrufen?«

## Anderes Beispiel

Wenn Sie aufhören wollen, jede Zusatzaufgabe, die man Ihnen zuschanzen will, umstandslos zu übernehmen, brauchen Sie ebenfalls Formulierungen; ein barsches Nein wird Ihnen hier nicht empfohlen. Als erstes können Sie das »umstandslos« ändern. Machen Sie mindestens eine Denkpause, die signalisiert, dass Sie auch noch anderes zu tun haben. Noch besser: Sagen Sie »Können wir das morgen noch mal besprechen?« Oder: »Darüber muss ich erst mal nachdenken«. In der gewonnenen Zeit können Sie den nächsten Schachzug planen. Einem Chef können Sie beispielsweise erklären, dass Sie zu 105 % ausgelastet sind. Und dann den Klassiker bringen: »Wenn ich diese Sache auch noch übernehmen soll – was ich selbstverständlich gerne für Sie tun würde –, muss ich etwas anderes zurückstellen. Entscheiden Sie, was!«. Kollegen oder Bekannten, die Sie um einen Gefallen bitten, können Sie ein »verkleinertes Gegenangebot« machen. »Okay, ich seh mir deine Präsentation mal durch. Aber für was wirklich Gründliches fehlt mir die Zeit, sorry!« Und: »Diese Woche geht überhaupt nix mehr – nächste Woche kann ich's versuchen …« Sie werden sich wundern, wie viele Anliegen sich in Luft auflösen, wenn Sie die Zeitverzögerung einschalten!

Sie verstehen das Prinzip? Überlegen Sie sich ungefähr drei Situationen, in denen Sie sich anders, nämlich antreiber-frei verhalten wollen. Einstweilen nicht mehr, sonst verlieren Sie den Überblick. Planen Sie nicht nur, was Sie *nicht* mehr tun wollen, sondern auch, was Sie stattdessen *tun* wollen! Sollte es nicht gleich beim ersten Mal klappen, weil der alte Automatismus zu stark war: Belohnen Sie sich dafür, dass Sie es immerhin gemerkt haben. Und erneuern Sie Ihren Vorsatz. Sobald es dann ein paarmal gelungen ist, versuchen Sie, das neue Verhalten zum Standard zu machen. Und seien Sie stolz auf sich!

Um Enttäuschungen vorzubeugen: Vor allem beim Antreiber »Mach's den anderen recht« müssen Sie wirklich entschlossen sein. Am besten ist ein bisschen Ärger auf die anderen, die Sie immer so prima ausbeuten konnten. (Auch wenn das nicht ganz korrekt ist.) Aber Sie müssen ja jetzt auch noch lernen, enttäuschte Gesichter und evtl. spitze Bemerkungen zu ertragen. Vielleicht legen Sie sich auch dafür einen Spruch zurecht, z. B. »Tja, irgendwann wird man zu alt, um nur pflegeleicht sein zu wollen!«.

Wann beginnen Sie mit Ihrem 4-Schritt-Programm? Wie gesagt, Sie sollten Zeit dafür reservieren. Daran darf Sie Ihr Antreiber »Beeil dich!« nicht hindern. Das Wichtigste ist, dass Sie Ihr Befreiungs-Projekt ernst nehmen. Den Entschluss fassen, es damit

Selbstbefreiung ist möglich

zu versuchen. Über die Details können Sie selbstverständlich im Bus oder beim Autofahren immer mal wieder nachdenken.

> Die Entschärfung unserer Antreiber, das ist ein Langfrist-Projekt. Aber es macht, anders als Neujahrsvorsätze vom Typ »Jeden Morgen ungefrühstückt Joggen!«, Spaß. Mit jedem Schritt, den wir in diese Richtung voran kommen, gehen wir leichtfüßiger durchs Leben.

**Wie man sein Verhalten ändert: SMART**

Die US-Amerikaner, so viel ist bekannt, sind Weltmeister in Selbstverbesserung. Nirgends anders gibt es so viel Literatur zum Thema »Machen Sie das beste aus Ihrem Typ!«. So ist es kein Zufall, dass auch das *SMART-Prinzip*, ursprünglich aus dem Projekt-Management, von dort stammt. Das soll uns nicht hindern, uns diese nützliche Gebrauchsanweisung zu Nutze zu machen. Obacht: Sie können sie auch zur Selbstperfektionierung in Richtung auf *Germany's Next Top Model* einsetzen. Ich kann davon abraten, mehr aber auch nicht.

Was heißt *SMART*? Dass man sich Absichten – wie die Befreiung von Antreibern – in konkrete Ziele übersetzt, die folgenden Ansprüchen genügen:

- **S** – Spezifisch
- **M** – Messbar
- **A** – Attraktiv
- **R** – Realistisch
- **T** – Terminiert.

Erklären wir das Prinzip am Beispiel des Antreibers »Streng dich an!«. Vermutlich machen Sie sich einen Tagesplan, morgens oder am Vorabend, und vermutlich landen darauf 10–20 einzelne Dinge: Anrufe, Termine, Mails, Besorgungen, was auch immer. Wenn Sie jetzt Ihr Leben weniger anstrengend gestalten wollen, können Sie sich vornehmen, jeweils 10 % der Punkte wieder von Ihrer Liste zu streichen (oder zu delegieren), also einen oder zwei. Sagen Sie jetzt nicht, dass Ihre *To-Do-List* ausschließlich Dinge enthält, die *unbedingt* gemacht werden müssen! Sonst hätten Sie nämlich nicht diesen Antreiber. Bestimmt nehmen Sie sich immer wieder Aufgaben vor, die in erster Linie Ihr Gewissen (d. h. den Antreiber) beruhigen sollen: Mit einem randvollen Tagesplan oder Terminkalender haben Sie die Gefahr eines Schuldgefühls gebannt.

Dieses Vorhaben ist spezifisch, messbar (10 %), und realistisch. Terminiert ist es insofern, als Sie auch noch einen Zeitrahmen fixieren, sagen wir, ein Vierteljahr. (Danach ist Ihnen die Gewohnheit hoffentlich in Fleisch und Blut übergegangen.) Wenn es Ihnen ernst ist mit der Antreiber-Bekämpfung, dann sollte das Ziel auch attraktiv sein. Um das zu verstärken, können Sie die ein oder zwei gestrichenen Punkte auf Ihrem Zettel zusätzlich durch das Wort **Pause** ersetzen. Und am Ende **Belohnung** darunter schreiben. Wenn Sie es nämlich am Feierabend geschafft haben, tatsächlich zwei entbehrliche Dinge *nicht* zu tun oder zu delegieren und stattdessen Pausen einzulegen, meinetwegen kurze, dann haben Sie sich eine Belohnung verdient! Jedenfalls sind Sie Ihrem Oberziel eines selbstbestimmten Lebens einen Schritt näher gekommen.

### Empfehlenswerte Lebensstellung

Ein Letztes zu den Antreibern. Die sorgen oft mit dafür, dass wir uns in einer unerfreulichen Lebens-Position befinden. *Lebenspositionen*, das sind vorübergehende oder auch stabile Einstellungsmuster zu sich und anderen. Wir haben alle die küchenpsychologische Floskel »Ich bin O.K., Du bist O.K.« gehört. Aber, vorausgesetzt, es ist mehr als ein Spruch: *Das* ist die Lebens-Position, die wir alle anstreben sollten. Sie fühlt sich am besten an, enthält das größte Energiepotential, führt zu den besten, kreativsten, dauerhaftesten Problemlösungen. Gleich mehr dazu. Erstmal die übrigen drei Positionen.

Ziemlich häufig sieht man »Ich bin nicht O.K., Du bist O.K.« (*Angepasstes Kind-Ich* mit Idealisierung anderer) und auch »Ich bin nicht O.K., aber Ihr anderen auch nicht« – die Welt ist hoffnungslos. Beides hat Energielosigkeit und Depression zur Folge. Oft stehen gnadenlose Antreiber dahinter: Wenn ich nicht perfekt, stark, schnell usw. bin – und wann bin ich das schon durchgehend? – dann bin ich nicht O.K.. Das lähmt.

Besonders unangenehme Zeitgenossen sind in der vierten Position: »Ich bin O.K., die anderen nicht«. Die fallen dann z. B. durch selbstgerechte Nörgelei und Besserwisserei auf. Wo das chronisch ist, wird es leicht pathologisch. Im günstigsten Fall sind das Weltverbesserer mit messianischen Zügen oder Sozialarbeiter, die ständig jemanden zum Retten brauchen. In solchen Fällen steht aber das »Ich bin O.K.« auf sehr wackeligen Füßen und braucht zur Depressionsabwehr die Abwertung anderer. Im schlimmsten Fall funktionieren so Diktatoren.

Zurück zu der erstrebenswerten Position »Ich bin O.K., Du bist O.K.«. Das bedeutet nicht Insel der Glückseligen oder platte Akzeptanz alles Bestehenden oder Abschalten jeder Selbstkritik – »Alles Banane!«. Es kann und sollte durchaus die Erkenntnis beinhalten: Nein, ich kann nicht alles, was ich können sollte; nein, ich tue nicht immer, was für mich und andere gut und

O.K., O.K.

richtig wäre; ja, ich tue zuweilen Dinge, die für mich und andere schädlich sind. Genauso ist es mit der Welt: Sie ist bekanntlich im höchsten Grade unvollkommen; bloß, es ist die einzige, die wir haben. Und ich brauche nicht nur das Fehlende und Falsche zu sehen, ich darf auch sehen, wo das Glas halbvoll ist und mich daran freuen. Ich werde mein bescheidenes Scherflein dazu tun, sie ein bisschen besser zu machen. Ich selbst, ich entwickle mich weiter und lerne, solange ich lebe. Selbst wenn ich nie den Zustand der Vollkommenheit erreiche: Ich bin im Grunde O.K. Ich darf alles fühlen, was ich fühle. Ich darf Streicheleinheiten annehmen und geben. Ich bin im Prinzip bei aller Unvollkommenheit, die nun mal menschlich-allzumenschlich ist, mit mir einverstanden, so wie ich bin.

»Muss« und »darf nicht«

Weil es für die Burnout-Bekämpfung so wichtig ist, wollen wir uns den Lebenspositionen noch einmal von einer anderen Seite nähern. Ausbrenner sowohl vom Typ »Selbstverbrenner« als auch vom Typ »Opfer« (vgl. ▶ Abschn. 2.7) folgen oft starren »*Imperativen*«, wie die Psychologin Angelika C. Wagner (2011) sie in einem tiefgründigen Buch aufgeschlüsselt hat. Das sind Glaubenssätze der Art »So und nicht anders *muss* es sein!« bzw. »So darf es auf *keinen* Fall sein!« Beispiele: »Ich muss unbedingt in kürzest möglicher Zeit die nächsten drei Karrieresprossen ersteigen (mein Mann sowieso); unsere Wohnung, die Autos, die Urlaubsreisen, mein Äußeres und mein Tennisspiel, alles muss *Spitze* sein, alle unseren Bekannten müssen uns bewundern und beneiden, unsere Kinder müssen ein Instrument spielen und sich auch sonst auszeichnen, keinesfalls dürfen sie schulische oder persönliche Probleme haben – sonst …« Tja, was sonst? »Sonst bin ich eine Versagerin, die ihr Leben verpfuscht hat. Jedenfalls *nicht O.K.!*«

**Beispiel**
Dorian Ulmer, der Kriminaler aus ▶ Abschn. 2.7, der sich freiwillig einen 20-Stunden-Tag verordnete, zitierte einen seiner Therapeuten: »Sie hätten der Präsident der Vereinigten Staaten werden können – es hätte Ihnen immer noch nicht gereicht.« Sein Kern-Imperativ war »Ich muss unbedingt geliebt werden!«. Und er war überzeugt: »Liebe gibt es nur für Leistung!«. Es war ein Durchbruch für ihn, als er begann, beides in Frage zu stellen.

Was tun mit kompromisslosen Imperativen wie den beschriebenen? Am elegantesten wäre es, man könnte ohne Umwege zu der Erkenntnis durchstoßen, dass diese ja nur im eigenen Kopf existieren. Und diese Kopf-Erkenntnis auch gleich in ein Bauch-Gefühl übersetzen. Aber so elegant geht es normaler Weise nicht. Wenn

Sie keine Angst vor akademischer Literatur haben, lesen Sie das erwähnte Buch (*Gelassenheit durch Auflösung innerer Konflikte*), vielleicht hilft schon das. Sonst suchen Sie einmal im Internet nach *Introvision*. So heißt das Therapieverfahren, das A.C. Wagner entwickelt hat.

Ich wünschte, all die *Superwomen* und *Supermen*, die sich derzeit in den Burnout-Präventions-Gruppen einfinden, würden die vorigen Absätze mehrmals lesen. Sie, der Sie ihn gerade gelesen haben, könnten sich einen zweiten Zettel an die Wohnungstür pinnen, auf dem einfach »O.K., O.K.« steht. Nur zur Erinnerung.

Übrigens: Bei der Kindererziehung kommt man nicht ohne Kritik und Tadel aus. Da ist es besonders spielentscheidend, den kleinen Unterschied zu betonen: Was Du gerade *tust*, ist nicht O.K. – aber Du *bist* im Prinzip O.K., und ich liebe Dich so wie Du bist. Wo diese Gewissheit fehlt, steigt das spätere Burnout-Risiko.

> Dieses In-sich-ruhen, Akzeptieren der eigenen Grenzen und aller Impulse (ohne sie notwendigerweise alle auszuleben), das ist die beste Basis für Kraft und Gelassenheit und die beste Immunisierung gegen Burnout und Erschöpfung.

### Zwischenfazit

Ich habe noch keinen Ausbrenner getroffen, der nicht mit mindestens einem überentwickelten Antreiber gesegnet gewesen wäre. Insofern ist deren Entschärfung ziemlich garantiert ein wichtiger Schritt aus einem Burnout-Prozess heraus (oder um einen solchen herum). In diesem Abschnitt haben Sie erfahren, wie's geht. Und wenn Sie auch noch Ihre Lebensposition in Richtung »Ich bin O.K., du bist O.K.« verschieben, haben Sie eine Menge für sich getan.

### 3.2.8 Gefahren und Hindernisse

Burnout ist im Kern etwas Emotionales. Dabei stehen Angst und Wut im Vordergrund; Angst vor Gefahren, Wut eher bei Hindernissen. »Angst essen Seele auf« heißt ein Film aus den 70ern, wahrhaftig eine schöne Beschreibung eines Burnout-Prozesses. Dass Stress ab einer gewissen Intensität Angst auslöst, ist eine Alltagserfahrung; dass Burnout die Folge von chronisch unbewältigtem Stress ist, davon war schon in ▶ Abschn. 2.7 ausführlich die Rede. Die übrigen Kapitel hier im Forschungs- und Entwicklungslabor sollten auf anderen Wegen Ihre emotionale Bilanz verbessern, z. B. über »Lebensanreicherung«. An dieser Stelle soll es darum gehen,

Gefahren und Hindernisse, die sich möglicherweise vor Ihnen auftürmen, nüchtern in Augenschein zu nehmen. Damit Angst Sie nicht unnötig lähmt.

Sie erinnern sich an den Radler, die Radlerin auf dem Hochseil? Aber radeln wir denn nicht alle (na ja, jedenfalls viele) auf einem tendenziell brüchigen Hochseil? Anno 2015 jährte sich die Einführung der sog. Hartz-Reformen zum zehnten Mal. Das Schreckenswort *Hartz IV* steht bei Vielen, speziell aus der Mittelschicht, für die Angst vor sozialem Abstieg. Diese rangiert möglicherweise noch vor den anderen Ängsten, die 2014 ihr grauses Haupt erhoben oder erhoben hielten: Den Ängsten vor ökologischen Zusammenbrüchen, Kriegen in nächster Nähe, tödlichen Seuchen. Es wurde schon einmal gesagt, wir leben in vielen Beziehungen freier als früher – aber auch weniger gesichert. Dabei geht es uns im Vergleich mit europäischen Nachbarn »immer noch gold«, im Vergleich zum großen Rest der Welt eh. Aber im Vergleich zu »früher« eben nicht, jedenfalls subjektiv. Und das ist leider, was fürs Gefühl zählt. Der Mensch funktioniert relativ.

Wenn Sie bis hierher durchgehalten haben, prüfen Sie sich doch bitte kurz einmal: Sollten Sie das Gefühl haben »Nee, eigentlich kann mir realistischer Weise nix Schlimmes mehr passieren« – dann ist der Rest dieses Abschnitts nicht für Sie. Höchstens zum Weitergeben an Menschen in Ihrer Umgebung, denen es anders geht. Andernfalls folgen hier zwei Übungen. Für die Sie sich, wie so oft, Zeit nehmen müssen, damit Sie etwas davon haben. Wenn das grad nicht passt, legen Sie besser ein Lesezeichen ins Buch und kommen später wieder.

**Schritt 1:** Nehmen Sie sich ein ausreichend großes Blatt Papier (DIN A4 sollte reichen; sie können anbauen) oder legen Sie sich eine Excel-Tabelle mit vier Spalten an. Drüber schreiben Sie: **Alle meine Sorgen**.

Alle meine Sorgen

Und nun listen Sie einmal in Spalte 1 alle Besorgnisse, Risiken, Engpässe, Unsicherheiten auf, die Ihnen Energie rauben – z. B. weil Sie zu oft daran denken. In beliebiger Reihenfolge, wie es Ihnen einfällt. Ein paar Themenvorschläge, sollte Ihnen nicht gleich etwas einfallen:
- Gesundheit
- Beruf
- Familie
- Finanzen
- Politik
- Umwelt
- Sozialer Status …

Bis Ihnen nichts mehr einfällt. Sie können ja jederzeit ergänzen. Aber den Zettel bzw. die Tabelle sollten Sie aufheben.

**Schritt 2:** Als nächstes richten Sie eine schmale Spalte ein, in die lediglich ein Kreuzchen passt. Das Kreuzchen setzen Sie bitte an Punkten, wo Sie das Gefühl haben: Vielleicht nicht die wichtigsten meiner Sorgen, aber hier sollte ich besser mal ein Auge drauf haben, ich möchte nicht kalt überrascht werden. Beispiele: »Mein Kerl nimmt in letzter Zeit unübersehbar zu – er wird doch nicht …?« Oder: »Ich war doch für die Projektleiter-Stelle so gut wie vorgesehen – sollte das geplatzt sein?« Oder: »Im letzten Monat kamen zwei Überweisungen von der Bank mangels Deckung zurück – hä?«. Oder: »Neffe Oliver hat, anders als versprochen, seine Rate zur Leihgabe für das Moped nicht zurückgezahlt. Nicht vergessen!«

Am Schluss sollen Sie die angekreuzten Punkte auf einen separaten Zettel (oder in eine Tabelle) übertragen. Dieser Teil der Übung wirkt der Verdrängungsneigung entgegen, die sich bei Ausbrennern unglücklicherweise gerade bei den lösbaren Problemen einstellt. Sie können auch gleich je einen *Projekt-Zettel* (vgl. ▶ Abschn. 3.2.1) anlegen.

**Schritt 3:** Die nächste Spalte nimmt Ihre Risikoabschätzung ein. Wie wahrscheinlich ist es, dass der besorgniserregende Fall eintritt? A = sicher bis sehr wahrscheinlich, B = etwa halbe-halbe, C = eher unwahrscheinlich.

**Schritt 4:** Für die letzte Spalte nehmen Sie sich die Folgenabschätzung vor. I = katastrophal bis schlimm, II = schlimm, aber nicht katastrophal, III = unangenehm, aber nicht schlimm.

Geschafft? Spätestens jetzt sollten Sie innehalten und sich ein Zuckerl geben. »Übung« hört sich ja wie Bodenturnen an, aber es geht hier um Ihr Leben! Wahrscheinlich ist es besser, frühestens morgen weiterzumachen. Schreiben Sie nur noch in die letzte Zeile: **Ansonsten geht's mir gut**.

Aber nun: Nehmen Sie sich den Sorgen-Punkt mit der besorgniserregendsten Kombination aus Eintretenswahrscheinlichkeit und Folgenabschätzung vor, also womöglich einen mit A/I. (Wenn es davon mehrere gibt, den, bei dem es am wenigsten Überwindung kostet.) Und nun malen Sie sich das Ereignis, das Sie »katastrophal bis schlimm« finden, einmal aus. »Ich könnte meinen Job verlieren und keinen neuen finden.« »Mein Freund könnte mich verlassen.« »Meine Firma könnte pleite gehen.« »Meine Schwiegermutter wird dement werden.« Würde oder wird es den Kopf

Was wäre, wenn

kosten? Auf die Gefahr hin, dass Sie jetzt erst einmal Ärger verspüren: Es wird wahrscheinlich *nicht* den Kopf kosten. Möglicherweise haben Sie Vergleichbares sogar schon einmal erlebt (was haben Sie damals gemacht?) oder kennen jemanden, der es überstanden hat (wie hat der das geschafft?). Es ist nämlich so: Wenn der Ernstfall eingetreten ist, mobilisiert das regelmäßig ungeahnte Kräfte, ganz von selbst. Bei Ereignissen, die sich eh nicht verhindern lassen, ist man also besser beraten, auf sich selbst zu bauen. Statt sich den Kopf in schlaflosen Nächten zu zergrübeln.

Wiederholen Sie den letzten Schritt mit allen Punkten, bei denen Sie es lohnend finden. Und nehmen Sie Ihren Zettel immer mal wieder zur Hand, wenn die Sorgen spürbar werden. Auch wenn Ihnen soeben eine gewisse Ent-Sorgung gelungen ist, wird der Effekt nicht ewig anhalten. Es wird gut sein, sich gelegentlich daran zu erinnern: »Auch wenn's Spitz auf Knopf kommt: Ich schaff das schon!«.

**Beispiel**
Frank Große-Wördemann war Erbe eines mittelständischen Elektro-Betriebes mit 80 Mitarbeitern. Um den Betrieb eines Tages übernehmen zu können, studierte er Betriebswirtschaft, obwohl er am liebsten Lehrer für Deutsch und Biologie geworden wäre. Nach Studium und zweijähriger Traineezeit stieg er als Geschäftsführer in das väterliche Unternehmen ein. Zwölf Jahre lang ertrug er den diktatorischen Seniorchef, vertrat dessen Fehlentscheidungen vor der Belegschaft, arbeitete mehr als 60 Stunden pro Woche. Dann rebellierte sein Körper; Schwindelanfälle, Ohrgeräusche. Schließlich, nach langer Überlegung, drängte er den Patriarchen zum Rückzug. Als dieser stur blieb, ging er selbst, mittlerweile Mitte Vierzig.
Und begann ein zweites Studium an einer Fachhochschule. Die gab ihm, für den branchenüblichen Hungerlohn, eine Halbtagsstelle in der Verwaltung. Mit dem Einkommen seiner Frau und Ersparnissen kamen sie irgendwie über die Runden. Mittlerweile, nach Abschluss auch des Zweitstudiums, leitet er die Geschäftsstelle eines Fachbereichs; »mein Traumjob« sagt er. Der kühne Neuanfang war richtig. Aber dafür musste er in ziemlich kaltes Wasser springen und auch noch viel opfern.

Plan B für den *Worst Case*

Nun wollen wir es aber nicht dabei bewenden lassen, Ihre Selbstwirksamkeitserwartung in Bezug auf Unabänderliches zu stärken. Nicht alles, was auf Ihrem Zettel steht, muss ja Ihrem Einfluss völlig entzogen sein. Nehmen wir das Beispiel »Ein Familienangehöriger wird pflegebedürftig«, heute nichts Seltenes. Da könnten

Sie schon eine Weile, bevor gehandelt werden *muss*, Informationen sammeln, im Bekanntenkreis, bei Sozialberatungsstellen, im Internet. Entsprechend, wenn Ihr Job in Gefahr ist, heute ebenfalls nichts Seltenes. Könnten Sie nach Alternativen suchen, z. B. in Sozialen Netzwerken? (Vielleicht sollten Sie da schon mal beitreten?) Bei Personalberatungen? Könnten Sie sich selbständig machen? Und so fort. Auch solche Pläne »B« pflegen die Nerven zu beruhigen.

Schon im ▶ Abschn. 3.2.4 (»Gebeugt unter fremden Lasten«) ging es kurz um die Möglichkeit, dass der Dienst am Mitmenschen (z. B. in der Krankenversorgung oder im pädagogischen Bereich) vor allem darum so belastend wirkt, weil er wegen Ressourcenmangel (zu wenig Personal, Lehrmittel, Räume etc.) nicht befriedigend verrichtet werden kann – ein Umstand, der obendrein vom quengeligen Klientel in der Regel nicht gesehen wird. Aber nicht nur in Sozialberufen, auch in der Privatwirtschaft muss nicht selten unter »unhaltbaren Bedingungen« gearbeitet werden. Erstklassiger Burnout-Hintergrund. Das kann ein Einzelner meist nicht ändern.

*Unhaltbare Zustände*

Ehe Sie abwinken, überlegen Sie kurz: Vielleicht können Sie ja doch etwas an den Umständen ändern? *Alleine* freilich meist nicht. Mindestens ein oder zwei Mitstreiter müssten Sie schon gewinnen. Und mit denen ein *Brainstorming* machen. Konkrete Vorschläge ausarbeiten, möglichst inklusive Einsparmöglichkeiten, damit die Sache »kostenneutral« vor sich gehen kann. Dann die anderen ins Boot holen. Und dann zum Chef. Wenn das nicht hilft, zum Betriebs- oder Personalrat. Schlimmstenfalls zur Presse. Oder zu ▶ www.kununu.com (Stand 3.4.2015), das ist eine Website, auf der Sie Ihren Arbeitgeber anonym beurteilen können.

Bevor Sie solche harten Register ziehen, schalten Sie allerdings besser erst ein bisschen Kommunikationspsychologie ein. Klar ist es empfehlenswert, wenn Sie Ihrem Chef die Verbesserungsvorschläge so präsentieren, dass er sie als eigene Ideen verkaufen kann. Oder jedenfalls einen eigenen Vorteil darin erblicken kann, wenn sie realisiert werden.

Nie vergessen werde ich einen *Comic*, den wir aus *Copyright*-Gründen leider nicht abdrucken können. Chef kommt zum Mitarbeiter und fragt: »Erinnern Sie sich an die Frage, die sie dem Ober-Chef bei seinem letzten Besuch stellten? Er hat die Antwort an mich delegiert. Ich delegiere sie an Sie. Ihr Projekt kann solange warten.«

Wenn es in Ihrer Organisation so zugeht, oder wenn Sie meinen, alles schon ausgereizt zu haben, wenn Sie jede Kampfanstrengung für sich persönlich sowieso für völlig undenkbar halten, wenn Sie aus dem einen oder anderen Grunde sicher sind, Sie haben wirklich keine Alternative – dann rate ich Ihnen, Ihren Frieden damit zu machen. Schauen Sie dann, wo das Glas doch wenigstens viertelvoll ist. Setzen Sie sich persönliche Entwicklungsziele, die Sie ziehen. Kultivieren Sie Ihr Privatleben. Minimieren Sie täglichen Ärger. Gehen Sie freundlich mit sich um. Gönnen Sie sich Belohnungen (notfalls sogar Schokolade). Aber versauern Sie nicht in dem Gefühl »Alles ist schrecklich! Warum muss gerade ich …?« Denn, vielleicht hilft das ja: Es hätte immer noch schlimmer kommen können. Ja, *noch* schlimmer.

**Der Kohärenzsinn**

Vielleicht haben Sie schon einmal von *Salutogenese* gehört. Den Medizinsoziologen Aaron Antonovsky (1923–1994) interessierte weniger, was Menschen krank macht, sondern, was sie gesund erhält. Dabei entdeckte er den sog. *Kohärenzsinn* (*sense of coherence*). Das ist ein mehr oder weniger stark ausgeprägtes Lebensgefühl, die Wechselfälle des Lebens vorhersehen und verstehen zu können, idealer Weise auch beeinflussen. Letzteres ist schon ein paar Mal mit dem Begriff Selbstwirksamkeitserwartung angesprochen worden.

In der Tat, wem dieses Lebensgefühl zuteil ist, der ist zu beneiden. Indes, kleine ketzerische Anmerkung: Er macht sich Illusionen. Schon Faust scheiterte mit dem Bemühen, zu erkennen, »was die Welt im Innersten zusammenhält«. Auch heute würde es einem nicht anders ergehen, selbst wenn er »Philosophie, Juristerei und Medizin, und leider auch Theologie« studiert hätte. Schon das Geschehen in einem mittelgroßen Unternehmen, zu schweigen von der großen Politik, unterliegt so vielen Wirkfaktoren, dass immer wieder mit unvorhersehbaren Überraschungen zu rechnen ist. Auch unangenehmen. Das darf einen dann nicht umhauen.

Meine Empfehlung ist nicht, Gefahren und Hindernisse gar nicht mehr absehen zu wollen, im Gegenteil. Ich rate aber, das Element der *Ungewissheit* einzukalkulieren. Und zusätzlich die eigene Gelassenheit zu kultivieren: Irgendwie werde ich schon mit allem fertig werden …

**Psychotherapie?**

Wir kamen her über das Thema »Angst vor Gefahren«. Wenn Sie das angesprochen hat, dann sei nicht unerwähnt, dass Sie u. U. an etwas Behandlungsbedürftigem leiden könnten, einer sog. Angststörung. Wenn Sie häufiger starke Angstgefühle haben, obwohl Ihnen Ihr Verstand sagt, dass dafür kein richtiger Anlass besteht, oder wenn Sie regelrechte Panikattacken kennen, dann heißt das nicht, dass Sie »verrückt« sind oder werden. Aber dann werden Sie sich mit Bordmitteln voraussichtlich nicht selbst helfen können. In diesem Fall und wenn Sie zu einigen Mühen bereit sind, sollten Sie einen Termin bei einem Facharzt oder Psychologischen Therapeuten machen. Allein das wird leider dauern. Aber hier wäre eine Psychotherapie angeraten. – Was in akuten Notfällen zu tun ist, dazu finden Sie einige Tipps in ▶ Kapitel 4.

**Zwischenfazit**
Was waren die wesentlichen Empfehlungen dieses Kapitels? Gefahren und Hindernisse immer mal wieder realistisch taxieren, mit Hilfe Ihrer Sorgen-Liste. Sozusagen das Licht anknipsen, um die Teufel zu verscheuchen. Denn die kommen immer wieder aus ihren Höhlen gekrochen, wenn man nicht hinschaut. Gleichzeitig tun, was getan werden kann, um realen Gefahren vorzubeugen. Es gibt nicht für alles einen Plan B, aber je mehr man hat, desto besser. Das eigene Selbstvertrauen stärken.

### 3.2.9 Magere Diät – Hunger nach Belohnungen

**Wenn alles schnell schal wird**
Unser Radler, unsere Radlerin, Sie erinnern sich an das Bild, zweifelt am Sinn des Radelns, weil er/sie die Belohnungen zu mager empfindet. Wenn sich auch Ihnen, liebe Leserin, lieber Leser, häufiger mal die Frage *Wozu das alles?* aufdrängt, sollten Sie dieses Kapitel nicht überspringen.

Eine erste Erklärungs- (und Lösungs-)Möglichkeit für dieses heute anscheinend weit verbreitete Lebensgefühl ist: Falsche Belohnungen, selbst wenn sie überreichlich fließen, machen nicht satt. Dass man Geld weder essen noch in einer Tasche des »letzten Hemdes« mitnehmen kann, ist bekannt. Dass auch Flachbildschirme, Brillanten, teure Autos oder Uhren, seltene Briefmarken oder Sammeltassen nicht (dauerhaft) satt machen, wissen die meisten zwar auch. Definieren aber »Lebensstandard« oder gar »Lebensqualität« immer noch über den Besitz von Gütern, womöglich Luxusgütern. Vielleicht sind auch Sie, liebe Leserin, schon einmal mit etlichen dieser wirklich ästhetischen Einkaufstüten »großer« Marken über einen Boulevard stolziert und haben sich *high* gefühlt? *Shopping* kann für die, die es sich leisten können, tatsächlich Suchtcharakter entwickeln. (Ach, leider auch für solche, die es sich nicht leisten können.) Keine Angst, es hört gleich wieder auf: Aber erinnern Sie sich, wie schnell das *High*-Gefühl ob der neuen Schuhe, des neuen Fummels, wieder schal wurde? Na, dann müssen wir das schnellstens nochmal machen … Dabei können große Schuhsammlungen heraus kommen. Auch beim Koksen ist Dosissteigerung die Regel. O.K., genug der Konsum-Geißelung, andere können das wesentlich besser als ich.

> Was macht zufrieden?

Wichtiger wären ja die Alternativen. Was macht denn dauerhaft zufrieden? Von »glücklich« wollen wir hier nicht reden; das ist eh etwas Flüchtiges, dem man besser nicht nachstrebt, will man es nicht vertreiben.

Endgültige Antworten auf die Frage wird die Psychologie vielleicht nie geben können. Aber schon einmal Suchfelder, auf denen Sie, in unserem Kulturkreis, Ihren persönlichen Metalldetektor einsetzen können: Was würde denn *mich* zufrieden machen?

**Wunscherfüllung verzögern**   Eine erste Regel, die Sie wahrscheinlich aus eigener Erfahrung bestätigen werden, lautet: *Vorfreude ist die schönste Freude*. Solange ein Ziel, ein Objekt der Begierde (meinetwegen auch die *Manolo Blahniks*) noch nicht erreicht ist, kann auch keine Sättigung eintreten. Heißt was? Die Bedürfnisbefriedigung länger aufschieben. Zwischen den Shopping-Orgien wenigstens Pausen machen. Bei den Zielen (z. B. »endlich Marketing-Direktorin werden«) ist ja eine gewisse Vorlaufzeit ohnehin eingebaut. Nicht enttäuscht sein, wenn der emotionale Nettogewinn magerer ausfällt als phantasiert! Auch *Job Titles* haben eine kurze Halbwertzeit. Zumal Karrieresprünge zumeist das Leben stressreicher machen.

**Langlebiges ist besser**   Zweitens: Lebens-Möglichkeiten, die eine Weile anhalten können, haben bessere Chancen als »Kicks«, die *per definitionem* nur Tischfeuerwerk bieten können. Wenn das Wichtige an den *Manolos* der Gedanke ist: »Endlich hab ich dieses geile Schuhwerk, das keine meiner Freundinnen hat«, dann wird die Freude nicht lange anhalten. (Vor allem, wenn die Objekte der Begierde auch noch drücken.) Wenn Sie dagegen gerne in den Bergen wandern und sich nun, nach einigem Ansparen, mal richtig geile Bergstiefel (oft auch nicht ganz billig) gegönnt haben, werden Sie sich an diesen Dingern viele, viele Stunden freuen können. Vor allem, wenn Sie sich an die Blasen aufgrund der Vorgänger-Modelle erinnern. Gleich noch eine Regel: Sich an nix gewöhnen, vor allem nicht an Luxus!

**Bewusst bewerten**   Drittens und wichtigstens: Was Belohnungen zu Belohnungen macht, ist eine *emotionale* Bewertung. An der können Sie bewusst drehen.

- Als Ihr Kind Ihnen die erste Kopffüßler-Zeichnung (»Für dich, Mama«) zu Füßen legte, haben Sie vermutlich ein Glücksgefühl bemerkt. Das flacht normalerweise irgendwann ab, ungefähr nach der Serie 200. Aber solange Sie sich die Sache immer noch als Liebesbeweis erklären können, müssen

3.2 · Das Radler-Modell

Sie alles natürlich in einer großen Mappe sammeln. Und dürfen sich jedes Mal freuen.
- Wer als *Junior Manager(in)* in eine Branche eingestiegen ist, die Boni ausspuckt, freut sich natürlich beim ersten Mal mehr als beim zehnten Mal, auch wenn die Summe inzwischen gewaltig gestiegen ist. Warum? Auch die Ansprüche sind gestiegen. Was, der Kollege hat mehr gekriegt? Skandal! Aber all das können, ja sollten, Sie herunterregulieren.
- Wenn Drei-Sterne-Köche sich etwas Gutes tun wollen, gehen sie dann bei Fünf-Sterne-Köchen essen? Nein, sie kochen Pasta oder Bratkartoffeln für die Familie, so sie eine haben. Macht viel glücklicher!

Überlegen Sie doch mal ein Weilchen, was für Sie eine echte Belohnung darstellt bzw. darstellen würde. Nicht notwendig *immer*, aber *meistens*. Einfach nur Ruhe – alle Viere lang machen? Zwei Stunden in einer Sauna? Zwei Stunden Handball mit den Kumpels? Zwei Stunden Schnattern mit den Mädels? Einen Sonnenauf- oder -untergang von Ihrem Fenster aus verfolgen? Eine Katze, die sich Ihnen schnurrend auf den Bauch legt? Ihre Lieblings-CD – von Heino bis Haydn oder Hardbop? Der abendliche Umgang mit Ihrem Hund? Zwei Stunden mit einem Buch Ihrer Wahl? Mit den Kumpels oder Kumpelinen etwas kochen? Die ZEIT hat seit einer Weile auf ihrer letzten Seite eine Leserbrief-Spalte »Was mein Leben reicher macht«. Was würden Sie da einschicken?

Die teuerste der obigen Anregungen war noch die Sauna. Alles andere kostet kaum Geld. Sollte aber Herz und Bauch besser erwärmen, als Pseudo-Befriedigungen wie *Shopping*. Und vor allem: Sie können's sich selbst bescheren. Wenn's schon kein andrer tut.

Aber vielleicht wird für Sie etwas erst dadurch zur Belohnung, *dass* es ein anderer tut? Ein ernst gemeintes Kompliment, ein liebevoller Gruß, eine Auszeichnung? Am Ende dieses Kapitels finden Sie eine Idee, wie Sie mindestens einmal an einen großen Löffel voll davon kommen können. Kurz davor finden Sie auch den Hinweis, dass man auch mit sich selbst großzügiger sein sollte, wenn andere den Hunger stillen sollen. Man gönnt sich ja sonst nichts. Und die Warnung, sich von äußeren Belohnungen nicht zu abhängig zu machen.

Aber was, wenn es bei Ihnen mit verbalen Freundlichkeiten nicht getan ist? Sie können sich fragen, ob die möglichen Spender *handgreiflicher* Streicheleinheiten einfach nicht wissen, dass Sie ausgehungert sind. In dem Fall können Sie am nächsten passenden Feiertag einen Wunschzettel verfassen, auf dem ausschließlich Dinge stehen wie die folgenden: – Massiert werden – die Haare

Wünsche äußern

gewaschen bekommen – bei der Rückkunft von der Arbeit ein Duftbad eingelassen vorfinden …

Tja. Ich weiß wohl, dass in manch gut abgehangener Ehe oder Beziehung solche Wünsche auf taube Ohren stoßen. Auch eine solche Situation kann eine Burnout-Falle sein. Wenn Sie sicher sind, dass Sie Wasser aus einem Stein schlagen müssten, dann kann die einzige Lösung sein, sich anderweitig umzusehen. Bewusst das Glas als halbvoll definieren, obwohl das Gefühl sagt: Halbleer. Sein Leben anderweitig anreichern. Notfalls hilft vielleicht ein Haustier.

**Geben und Nehmen – Gesamtbilanz**
Schon im Besucher-Pavillon (▶ Abschn. 2.8) war von der sog. *Gratifikationskrise* die Rede, die das Risiko für allerlei Krankheiten – Depressionen, Angststörungen, Herzinfarkte etc. – erhöht. An dieser Stelle beziehen wir das mal konkret auf Sie, liebe Leserin, lieber Leser.

Die Topf-Übung

Kleine Übung (wenn Sie mögen, schriftlich): Werfen Sie bitte alles, was Sie in Ihrem *Beruf* leisten, in einen imaginären Kochtopf. Die schiere Arbeit sowieso, aber ggf. auch, was Sie an Identifikation obendrauf legen, z. B. in Form von Kreativität, Verzicht auf Freizeit, wenn's mal brennt, gesundheitliche Gefahren, die Sie in Kauf nehmen, Gefühlsarbeit im Kontakt mit schwierigen Kunden, was immer.

Stellen Sie jetzt einen zweiten imaginären Topf daneben. In den kommt alles, was als *Belohnung* für die Leistungen zurück kommt. Das wird zuerst einmal das Einkommen sein, das Sie für Ihre Leistungen erlösen. Aber auch Anerkennungen, die Sie erhalten (von Vorgesetzten, Kollegen, Mitarbeitern, Kunden etc.), sollten Sie einfüllen. Ebenso den sozialen Status, den Sie aufgrund Ihrer beruflichen Position genießen (oder eben nicht), die Beziehungen, die sie Ihnen verschafft, die Erwähnung in der Mitarbeiterzeitschrift, die Tagungen oder Schulungen, die Sie besuchen können. Weitere Nebenleistungen Ihres Arbeitgebers, wenn Sie Arbeitnehmer(in) sind, bezahlter Urlaub oder Rentenanspruch beispielsweise. Die Selbstbestätigung: Ich habe einen Marktwert! Eben alles, was nicht zurück käme, würden Sie nicht arbeiten. – Und nun vergleichen Sie einmal: Welcher Topf ist voller?

Sollten Sie *Hausfrau/Hausmann* sein oder wenn Sie eine Familie versorgen, können Sie die Zwei-Töpfe-Übung analog für sich durchführen. In den zweiten Topf kommt dann wahrscheinlich primär alles, was an Anerkennung zu Ihnen zurückkommt. Vergessen Sie nicht, das einzufüllen, was Ihnen, im Vergleich mit berufstätigen Bekannten, aufgrund Ihres Status' *erspart* bleibt. – Es

## 3.2 · Das Radler-Modell

wäre wenig verwunderlich, wenn bei Ihnen der Vergleich der beiden Töpfe besonders unbefriedigend ausfiele. Jedenfalls ist Mangel an Anerkennung, seitens der Familie und der Gesellschaft generell, eine häufig gehörte Klage. Hausfrauen-Burnout ist praktisch unbeforscht, aber das gibt es sicher.

Ob Sie nun berufstätig sind oder nicht, Sie sollten die Übung auch noch für Ihre *privaten* Kontakte wiederholen. Vielleicht sogar spezifisch, für Nachbar X oder Freundin Y separat. Wenn sich da irgendwo eine Bilanz deutlich im Minus ergibt, muss Sie das nicht notwendig stören. Vielleicht sind Sie ja ein hilfsbereiter, anteilnehmender Mensch, der gerne mehr gibt als nimmt. Wenn es Sie aber doch stört, sollten Sie über Schlussfolgerungen nachdenken. Im Privatbereich haben Sie ja mehr Freiheiten als anderswo, sich auszusuchen, für wen Sie radeln.

Das war zugegebenermaßen keine ganz leichte Übung. Vor allem beim Füllen des jeweils zweiten Topfes müssen Sie ja in »fremden Währungen« rechnen: Wie viel ist es mir beispielsweise wert, dass ich für ein international bekanntes Unternehmen arbeite, darum eine entsprechende Visitenkarte habe, die mich auch im privaten Umfeld aufwertet? (Heute ein leicht überbewertetes Plus!)

Auch sonst kann die Übung zu einigen klärenden Überlegungen Anlass liefern. Beispiel: »Alles wäre ja gut und die Töpfe gleich voll, wenn bloß dieser Abteilungsleiter Z nicht wäre ...« In dem Fall könnten Sie das als konkretes Problem definieren, auf das die Lebensgrundregel – ändern, was zu ändern ist; sich abfinden mit Unabänderlichem; klug zwischen diesen Möglichkeiten unterscheiden (vgl. ▶ Abschn. 3.2.3) – anzuwenden ist.

Es kann auch sein, dass Sie nach gründlicher Überlegung Ihre erste subjektive Kosten-Nutzen-Rechnung etwas revidieren: »Mein Bauchgefühl war, dass ich viel zu wenig zurückbekomme. Wenn ich mal alles bedenke, bin ich vielleicht doch ganz gut bedient!« Oder, dass Sie sogar erkennen: Mein Belohnungstopf ist voller als mein Leistungstopf! In dem Fall lassen Sie sich von einem Gefühl der Dankbarkeit erfassen und strahlen Sie es ab morgen stärker aus! Der umgekehrte Effekt (»Gerade ist mir erst richtig klar geworden, wie wenig ...«) ist natürlich auch möglich.

Noch ein mögliches Ergebnis der Übung: Sie könnten erkennen, dass es vom »Umrechnungskurs« abhängt, wie voll Ihr Topf 2 wird. In bestimmten Branchen (z. B. Unternehmensberatung) wird extrem gut bezahlt, man muss freilich auch so etwas wie seine Seele verpfänden, jedenfalls seine Freizeit. Das ist natürlich nie mit Geld aufzuwiegen. Näheres Hinsehen könnte aber ergeben: Vor allem fehlt mir *Anerkennung*. Und Sinnstiftung. – Kurioser

*Nutzanwendung*

Weise ist es in anderen Branchen (da denke ich zuerst an Altenpflege) gerade umgekehrt: Es wird extrem schlecht bezahlt, man muss dennoch auch hier seine Seele verpfänden, will man gut sein. Das ist natürlich nie mit Geld aufzuwiegen. Näheres Hinsehen könnte ebenso ergeben: Vor allem fehlt mir *Anerkennung*. Wenn sich das bei Ihnen herausgestellt haben sollte: Gleich mehr dazu.

Eine letzte Möglichkeit: Sie könnten erkannt haben, dass die ganze Übung für Sie nicht taugt. Weil Ihnen nämlich Ihre berufliche Arbeit, Ihre häusliche oder Erziehungs-Arbeit, Ihre ehrenamtlichen Engagements und die im Freundeskreis so viel Spaß, soviel Lebens-Sinn, bescheren, dass Sie gar nicht buchhalterisch Kosten und Nutzen abwägen wollen. Aber seien Sie sicher, dass Ihre Bilanz tatsächlich ausgeglichen ist! Bleibt ein Magen-Grummeln, waren Sie vielleicht nicht ganz ehrlich mit sich.

*Rest-Hunger?*

Es kann nämlich auch sein, dass Sie Ihre Bedürftigkeit, Ihren Hunger, vor der Außenwelt sorgsam verborgen halten. Vielleicht sogar vor sich selbst. Solche Menschen wirken u. U. so stark und unnahbar, dass die Umwelt gar nicht auf den Gedanken kommt, eine positive Rückmeldung könnte vielleicht willkommen sein. Oder, was immer zurück kommt, wird nicht einmal wahrgenommen. Oder aber abgewertet. Bei Sozialberuflern, speziell im Gesundheits- und im pädagogischen Bereich, keine seltene Konstellation. Das Nie-satt-werden ist dann sozusagen hausgemacht. Sollte Ihnen dämmern, liebe Leserin, lieber Leser, dass das ein Thema für Sie ist, dann sollten Sie gründlich darüber nachdenken. Es könnte auch Anlass für ein Coaching, womöglich eine Psychotherapie sein.

**Fürs Innere Kind: Streicheleinheiten**
Genauso wichtig wie die Entschärfung von Antreibern (s. oben ▶ Abschn. 3.2.7) ist die Fähigkeit, sich selbst Streicheleinheiten zu geben. In nahezu allen Organisationen der Welt gibt es ein immergrünes Thema: Die Klage über mangelnde Anerkennung. Diese Klage richtet sich vor allem an Vorgesetzte, die damit in der Tat ein vorzügliches Führungsinstrument brachliegen lassen.

Aber: Der Misere kann man selbst entgegenwirken. Indem man sich klarmacht: Anerkennung muss ja keineswegs immer von oben kommen – Kollegen können oft viel besser beurteilen, ob jemand etwas gut gemacht hat. Oder ob eine(r) einfach ein netter Mensch ist. Man kann mit gutem Beispiel vorangehen und sich angewöhnen, wesentlich mehr Anerkennung auszudrücken als vorher. Wenn das Schule macht, dann kann das Klima in der Abteilung, in der Werkstatt, im Kollegium um vieles erfreulicher werden. Sie können daraus ein persönliches SMART-Projekt machen (vgl. ▶ Abschn. 3.2.7): »Ich werde im nächsten halben Jahr täglich jeweils zwei Menschen etwas Nettes sagen oder tun«.

Anerkennung muss übrigens durchaus nicht immer *Lob* bedeuten. Lob, das als unverdient empfunden wird, kann beim Empfänger sogar das Gegenteil des Beabsichtigten auslösen. Wenn Sie jemanden dagegen so anstrahlen, wie Sie das wahrscheinlich mit zu Besuch kommenden Freunden machen, können Sie diesem Jemand seinen Tag vergolden. So erkennen Sie ihn nämlich als Mensch an.

Oder, sollten Sie Vorgesetzte(r) sein: Ideen von Mitarbeiter(inne)n aufgreifen. Sich Zeit für sie nehmen. Rückmeldungen erbitten, ehrlich. Es muss allerdings *authentisch* ein, Tricks vom Führungsseminar werden mit hoher Wahrscheinlichkeit nach hinten losgehen.

Am allerwichtigsten ist aber, sich Streicheleinheiten *selber* geben zu können. – Anerkennung nur von anderen, das birgt auch immer die Gefahr der Abhängigkeit von außen. Also: Gehen Sie häufig in Ihr Fürsorgliches Eltern-Ich und geben Sie dem Angepassten Kind in Ihnen, was das braucht. Ebenso wie Sie Ihrem Freien Kind die Erlaubnis geben, Spaß zu haben. Machen Sie es zu einer festen Gewohnheit, jeden Abend, z. B. vor dem Einschlafen, den Tag Revue passieren zu lassen. Betrachten Sie alles, was irgendwie gut gelaufen ist. Und selbst wenn praktisch alles schief gelaufen sein sollte (aber da hätten Sie bestimmt etwas ausgeblendet!), sagen Sie zu sich selbst: *Das hast du gut gemacht! Heute warst du gut!* Oder was sich sonst gut anfühlt. Klingt wie Küchen-Psychologie bzw. Anstiftung zum Selbstbetrug. Ist aber die Wahrheit. Denn Sie werden versucht haben, aus den Gegebenheiten das Beste zu machen – wenn Sie absichtlich ein Scheitern heraufbeschworen hätten, würden Sie vermutlich nicht dieses Buch lesen.

Wenn Sie mit der Empfehlung Ihre Schwierigkeiten haben, dann überlegen Sie bitte, ob es in Ihrem Leben eine *gütige* Figur gab. Großmütter sind das erste Suchfeld, manche(r) hatte aber auch eine Lehrerin oder einen Lehrer, eine Nachbarin dieser Art. Sprechen Sie mit der Figur. Was würde sie zu Ihnen sagen, anlässlich Ihrer Tagesbilanz? – Sie hatten gar keine gütige Figur? Noch besser, dann phantasieren Sie sich eine. Jemanden, der Ihnen wohl will. Der Sie kennt, mit allen Wünschen und Nöten, aber auch mit Ihren Stärken. Was würde Ihre Traumperson zu Ihnen sagen?

Als kleine psychologische Unterfütterung betrachten Sie doch bitte die folgende Abbildung (◘ Abb. 3.6). Der linke Schneemann zeigt, zur Erinnerung, was bei aktivem Burnout vor sich geht: Das Kritische Eltern-Ich stellt mit Ge- und Verboten das Freie Kind

Selbstpflege

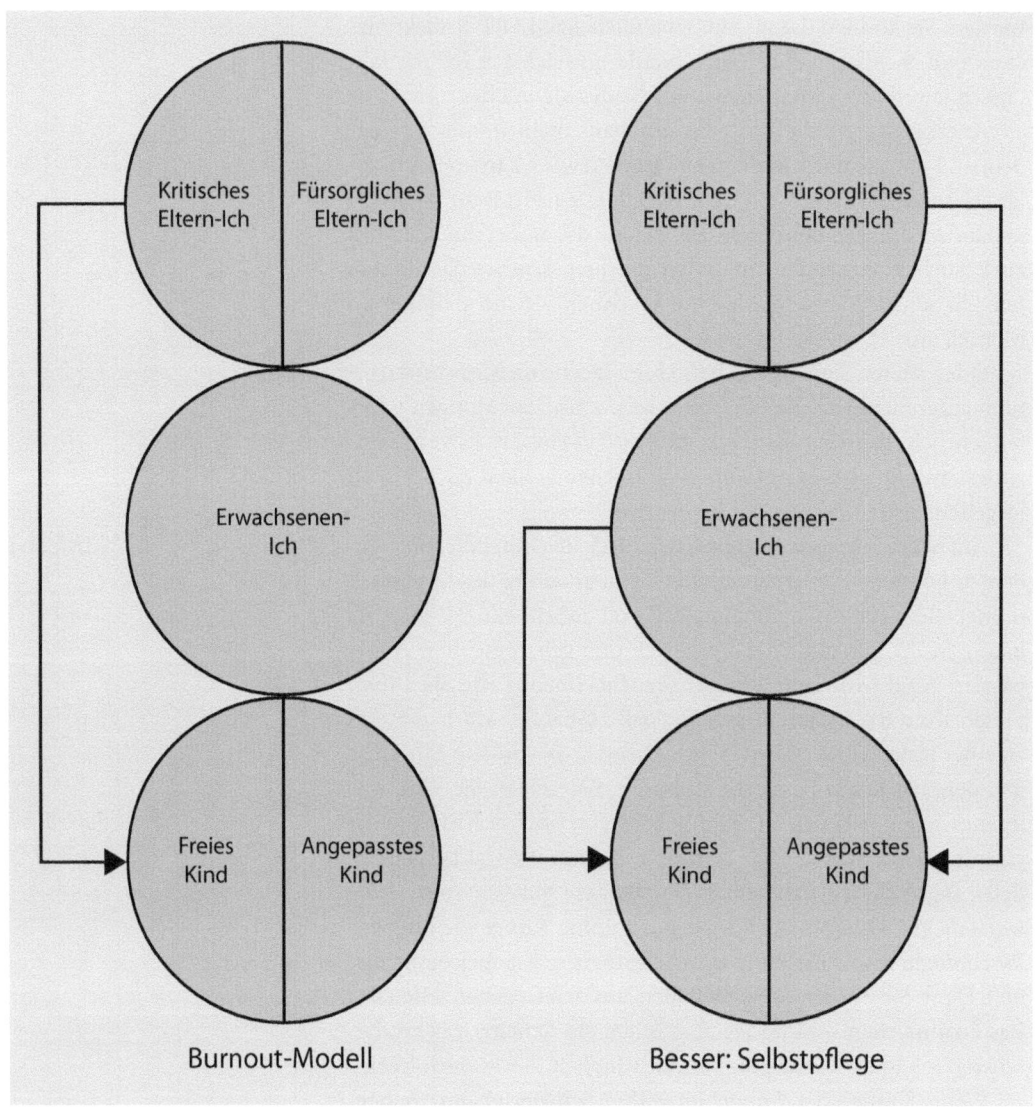

● Abb. 3.6  Selbstversorgung im TA-Model (Mit freundlicher Genehmigung der VBG, Hamburg/CConsult)

ruhig. Um das Angepasste Kind, das nach Belohnungen hungert, kümmert sich niemand. Rechts sehen Sie das TA-Modell von *Selbstpflege*: Das Fürsorgliche Eltern-Ich versorgt das Angepasste Kind mit Streicheleinheiten. Währenddessen berät das Erwachsenen-Ich das Freie Kind, wie es, ohne sich selbst oder anderen zu schaden, zu seinem Recht kommen kann. So sollten Sie mit sich umgehen.

### 3.2 · Das Radler-Modell

Liebe(r) .........................,
hier kommt eine etwas merkwürdige Bitte: Ich war auf einem Seminar (daher stammt auch diese Postkarte), und eine der Hausaufgaben besteht darin, »Stärken« zu sammeln.
Also: Du tätest mir einen großen Gefallen, wenn Du in den Apfel alle Stärken von mir schreiben würdest, die Dir einfallen – also Dinge, die Du magst, die Dir positiv auffallen, die ich gut mache usw. Schickst Du's mir zurück?
Herzlichen Dank im Voraus.

© 2016, Springer-Verlag Berlin, Heidelberg. Aus: Burisch, M: Dr. Burischs Burnout-Kur - für alle Fälle

**Abb. 3.7** Postkarte

Ich sehe schon, die folgende Idee werden vor allem *Leserinnen* aufgreifen. Na, vielleicht auch manche Leser, mal sehen. Die Dinge sind im Fluss.

Basteln Sie sich eine Kopiervorlage etwa wie in **Abb. 3.7**. Taxieren Sie Ihren Bekanntenkreis: An etwa wie viele Menschen könnte ich eine solche Postkarte schicken? Entsprechend viele Exemplare sollten Sie herstellen. Auf die Vorderseite kommen Ihre Adresse und das ordnungsgemäße Porto. Die rückversandfertige Postkarte verschicken Sie im Umschlag an Ihre Bekannten.

Spätestens hier gabelt sich der Weg: Wer sich schon beim Wort *Postkarte* (wer verschickt denn heute noch so was?) geschüttelt hatte, muss sich eben irgendwas Digitales einfallen lassen. Wichtig ist zweierlei: Erstens die mentale Ent-Schuldigung für so eine *uncoole* Aktion: Ich mach das nur, weil mir jemand gesagt hat, mach das! (In Wirklichkeit steh ich *cool* drüber! Is nur Spaß!) Zweitens, dass Sie die einlaufenden Rückmeldungen zu etwas komponieren, was Ihnen ins Gedächtnis ruft: Da draußen sind Menschen, die mich schätzen! Wenn Sie die Papier-Version bevorzugt haben, können Sie die Postkarten hinter dem Spiegel arrangieren oder die Texte in einen großen grünen Apfel collagieren. Die *Digital Natives* werden Möglichkeiten finden, ihre Kollektion als Bildschirmschoner einzusetzen. Wie immer Sie vorgegangen sind, Sie werden

Der grüne Apfel

voraussichtlich mindestens einmal täglich ein warmes Gefühl in der Herzgegend verspüren, das hoffentlich eine Weile anhält.

**Zwischenfazit**

Was konnten Sie aus diesem Kapitel mitnehmen?
- Eine Klärung dessen, was für Sie als Belohnung überhaupt taugt.
- Eine realistische Bestandsaufnahme dessen, was Sie im beruflichen und zwischenmenschlichen Bereich an »Ausgaben« tätigen. Und dessen, was Sie als Belohnungen dafür »vereinnahmen«.
- Empfehlungen, was Sie tun können, sollten Sie im vorigen Schritt auf Negativbilanzen gestoßen sein.
- Vielleicht am wichtigsten: Eine Anleitung zur Selbstpflege.
- Einen Bastelbogen zum Einholen von Streicheleinheiten aus dem Umfeld.

### 3.3 In der Röntgen-Abteilung

Dass Sie in der Burnout-Klinik in den Computer-Tomographen geschoben oder auch nur geröntgt werden, haben Sie hoffentlich nicht erwartet. Keine Angst, Sie *müssen* da nicht rein. Und wenn Sie tatsächlich wollen, dürfen Sie die Geräte eigenhändig bedienen!

*Lebens-Fragen*

Genug der Metaphorik. In diesem Abschnitt finden Sie einige Dutzend Fragen, mit denen Sie sich selbst zu Leibe rücken können. Wozu soll das gut sein?

Sie erinnern sich an den Radler, die Radlerin aus dem vorangegangenen Kapitel? Er oder sie hat keine klar abgegrenzte Identität – er oder sie weiß nicht, wer er oder sie ist. Und auch nicht, wie es so gekommen ist. Andernfalls würde er oder sie sich höchstwahrscheinlich gar nicht in einer Falle befinden, jedenfalls nicht in einer selbst gezimmerten.

Damit Sie nicht so leicht in Fallen geraten, sei Ihnen empfohlen, sich für die unten folgenden Fragen Zeit zu nehmen. Nicht notwendig für alle, aber für einige wichtige schon. Welche das sind, entscheiden Sie.

*»Mein Leben«*

Noch besser wäre es, Sie schrieben Ihre *Autobiographie*. Ja, Sie! Nur, wenn Sie unbedingt wollen, sollen Sie die dann einem Verlag anbieten. (Ich rate schon mal ab.) Und Sie können es natürlich auf Bütten abfassen, ebenso gut aber auf Karopapier mit Kopierstift oder in *Word*.

## 3.3 · In der Röntgen-Abteilung

Wozu soll denn das nun gut sein? Vor vielen Jahren brachte mich eine Freundin auf diese Idee, die das als Pflichtübung für ein Persönlichkeits-Seminar absolviert hatte. Ich brauchte, in vielen kleinen Anläufen, ein Vierteljahr, um ganze acht Seiten zu produzieren, die auch vorerst mit 13 Jahren endeten. Aber die Übung war äußerst lehrreich. Ich entdeckte viele Muster, die mich bis dahin geprägt hatten, ohne mir bewusst zu sein. Erkannt-gebannt; nein, so einfach ist es natürlich auch hier nicht. Aber sich selbst auf die Schliche zu kommen, birgt schon mal die Chance, Standard-Fehler nicht ewig zu wiederholen. Wichtig für die Burnout-Vorbeugung!

### 3.3.1 Wer bin ich und wenn ja, warum?

Wenn Sie während Ihres Aufenthalts im *Burnout-Forschungs- und Entwicklungslabor* schon einmal die *Burnout-Notfall-Ambulanz* (▶ Kap. 4) besucht haben, ist das Folgende sicher erst einmal nichts für Sie. Wenn Sie sich nach dem Besuch des *Burnout-Besucher-Pavillons* (▶ Kap. 2) eigentlich ausreichend informiert fühlen und eher aus Neugier auch noch der *Röntgen-Abteilung* einen Besuch abstatten wollen, wahrscheinlich auch nicht. Denn: Sollten Sie das Gefühl haben, *rasch* Hilfe zu brauchen, werden Sie für die Röntgen-Aufnahmen nicht ausreichend stillhalten können, es wird Ihnen die Konzentration fehlen. Sollten Sie andererseits zu dem Ratschluss gelangt sein, dass Ihnen aktuell wenig fehlt, wird Ihnen wahrscheinlich die Motivation fehlen, sich so intensiv und zeitaufwendig mit sich selbst zu beschäftigen. Wahrscheinlich, vielleicht auch nicht. Viele Menschen haben das vage Gefühl, es wäre gar nicht so dumm, sich mal »ein bisschen mit sich selbst zu beschäftigen«. Wissen aber nicht, wie das geht, kommen nicht auf die wichtigen Fragen. Die liefert Ihnen die *Röntgen-Abteilung*.

Sie können sich jeweils eine der Fragen heraussuchen und z. B. auf dem Weg von der oder zur Arbeit darüber nachdenken. Oben haben Sie gelesen, dass Sie über die Wichtigkeit der Fragen entscheiden. Das geht so: Lesen Sie die folgenden Listen durch und stoppen Sie, wenn es »klingelt« – wenn der Atem kurz stockt, der Magen grummelt, wenn Ihnen heiß oder kalt wird, was immer. Lesen Sie dann nicht weiter, Sie könnten auf zu viele wunde Punkte auf einmal stoßen. Sie können ja jederzeit wiederkommen. Aber machen Sie sich eine Notiz oder stellen Sie irgendwie anders sicher, dass Sie wissen, worüber Sie nachdenken könnten, wenn Sie das nächste Mal das Gefühl von Leere im Kopf haben (»weiß gar nicht, worüber ich nachdenken soll«). Und stattdessen Ihre

*Gebrauchsanweisung fürs Röntgen*

*Emails* checken, Ihre *Facebook-Likes* zählen, oder sonstwie die Zeit totschlagen (die doch angeblich so kostbar ist …), z. B. beim Warten auf den Bus, den Flieger, den Klempner. Sollten Ihnen wichtige Dinge einfallen – womit zu rechnen ist – und Sie haben weder Papier noch Stift zur Hand, schicken Sie sich selbst eine *Mail* oder *SMS*.

- **Vom Anfang bis heute**
- Was ist/war Ihre **Mutter** für ein Mensch?
- Hat/hatte Ihre Mutter Lieblingssprüche über das Leben? Lebensmaximen?
- Wofür hat Ihre Mutter Sie gelobt? Was genau hat sie in solchen Fällen gesagt?
- Wofür hat Ihre Mutter Sie getadelt? Was genau hat sie in solchen Fällen gesagt oder getan?
- Wenn Ihre Mutter mit Dritten über Sie (als Kind) gesprochen hat, was hat sie sinngemäß gesagt?
- Was hat Ihre Mutter von Ihnen als Kind gehalten?
- Wenn Ihre Mutter beunruhigt oder aufgeregt war, wie hat sie es gezeigt?
- Was waren die Auslöser für Beunruhigung oder Aufregung bei ihr?
- Haben Sie in solchen Situationen versucht, sie zu beruhigen? Wie?
- Was hat Ihre Mutter Ihnen als Kind geraten?
- Was hat Ihre Mutter gehofft, dass Sie werden würden?
- Haben Sie diese Hoffnungen eher erfüllt oder eher nicht?
- Welche Wünsche oder Bedürfnisse hat Ihre Mutter nicht oder zu wenig erfüllt?
- Was ist/war Ihr **Vater** für ein Mensch?
- Hat/hatte Ihr Vater Lieblingssprüche über das Leben? Lebensmaximen?
- Wofür hat Ihr Vater Sie gelobt? Was genau hat sie in solchen Fällen gesagt?
- Wofür hat Ihr Vater Sie getadelt? Was genau hat er in solchen Fällen gesagt oder getan?
- Wenn Ihr Vater mit Dritten über Sie (als Kind) gesprochen hat, was hat er sinngemäß gesagt?
- Was hat Ihr Vater von Ihnen als Kind gehalten?
- Wenn Ihr Vater beunruhigt oder aufgeregt war, wie hat er es gezeigt?
- Was waren die Auslöser für Beunruhigung oder Aufregung bei ihm?

- Haben Sie in solchen Situationen versucht, ihn zu beruhigen? Wie?
- Was hat Ihr Vater Ihnen als Kind geraten?
- Was hat Ihr Vater gehofft, dass Sie werden würden?
- Haben Sie diese Hoffnungen eher erfüllt oder eher nicht?
- Welche Wünsche oder Bedürfnisse hat Ihr Vater nicht oder zu wenig erfüllt?
- Welchem Elternteil standen Sie näher?
- Wohnten vor Ihrem 10. Lebensjahr **andere Menschen** mit Ihnen zusammen, die Sie beeinflusst haben (z. B. Geschwister, Großeltern, Tanten, Onkel etc.)? Wenn ja, wie haben die Sie beeinflusst? (Orientieren Sie sich an den obigen Fragen zu Ihren Eltern.)
- Welche Gefühle, Gedanken oder Einstellungen durften **Sie als Kind** nicht zeigen?
- Was haben Sie über das Leben gedacht (wie es sich anfühlt, worauf es darin ankommt, was Sie sich davon versprechen), als Sie 10 Jahre alt waren? Mit 15? Mit 20?
- Von welchem Beruf haben Sie geträumt, als Sie klein waren? Wie haben sich die Träume später entwickelt?
- Wie kam es, dass Sie den Beruf ergriffen haben, den Sie dann erlernt haben bzw. heute ausüben?
- Hatten Sie Vorbilder? Wenn ja, warum gerade diese?
- Gab es Geschichten (in Büchern, Comics, Filmen, TV-Serien etc.), die Sie besonders fasziniert haben, als Sie jünger waren? Figuren, denen Sie nachgeeifert haben?
- Drei Fehlentscheidungen, die Sie gerne rückgängig machen würden?
- Drei richtige Entscheidungen, über die Sie heute noch froh sind?

- **Heute**
- Drei Dinge, die andere an Ihnen schwierig finden?
- Drei Dinge, die andere an Ihnen schätzen?
- Drei Dinge, die Sie selbst an sich schwierig finden?
- Drei Dinge, die Sie an sich selbst mögen?
- Drei Dinge, die Sie an anderen nicht ausstehen können?
- Drei Dinge, die Sie an anderen schätzen?
- Drei Dinge, die Sie gut können?
- Drei Dinge, in denen Sie sich deutlich von anderen unterscheiden, die Sie kennen?
- Drei Dinge, die Sie immer wieder in Konflikt mit anderen bringen?

- Drei Dinge, die Sie immer wieder in Konflikt mit sich selbst bringen?
- Drei Dinge, die Sie anderen gerne geben?
- Drei Dinge, die Sie von anderen gerne bekommen oder bekämen?
- Drei Dinge, die Sie leicht aus der Fassung bringen?
- Wenn Sie beunruhigt oder aufgeregt sind, woran merken Sie das?
- Drei Dinge, die Sie um jeden Preis zu vermeiden versuchen?
- Drei Dinge, für die Sie beinahe alles tun würden?
- Drei Werte/Maximen/Prinzipien, die Sie hoch halten?
- Haben Sie einen oder mehrere Wahlsprüche?
- Etwas, was Sie nie tun würden?
- Etwas, was Sie für (viel) Geld tun würden?
- Vorbilder, an denen Sie sich heute orientieren?
- Was an Ihrem Leben gefällt Ihnen immer/manchmal/nie?
- Bei Meinungsverschiedenheiten: Geben Sie eher nach, halten Sie Ihren Standpunkt aufrecht, versuchen Sie, sich durchzusetzen?
- Wären Sie gerne *wie* irgend jemand anders? Wie müssten Sie sich verändern, um *so* zu werden?

- **Von heute bis …**
- Wenn eine Gute Fee Ihnen drei Wünsche frei stellen würde: Was würden Sie sich wünschen?
- Drei Dinge, die Sie an sich ändern würden, wenn Sie ganz frei wären, wenn keine Rahmenbedingungen Sie einengen würden?
- Drei Dinge, die Sie gerne (besser) können möchten?
- Drei Dinge, die Sie überhaupt nicht können, aber gerne können würden?
- Drei Dinge, die Sie noch erleben möchten?

### 3.3.2 Die innere Visitenkarte

Wenn Sie jemanden kennen lernen, auf einer Party, im Sportverein, im ICE, kommt normalerweise irgendwann der Punkt, wo man die Visitenkarten tauscht. Oder es kommt die Frage: »Und – was machst du denn so?« Wir definieren uns ja nicht über unsere Jobs, oder? Aber was eine(r) beruflich so macht, das ist in solchen Situationen doch wenigstens ein Lieferant von Anknüpfungspunkten, von Gesprächsstoff. Früher wäre die Auskunft »Ich bin die Marquise von X.« ausreichend gewesen, aber das ist eine Weile her.

Sollten Sie gerade erwerbslos oder dauerhaft in Rente sein (was dem Gespräch erfahrungsgemäß wenig Stoff zuführt), werden Sie hier nicht beraten, wie Sie dem Thema doch noch etwas Luftiges geben können (»mache gerade eine kreative Pause«; »kümmere mich um meine entzückenden Enkel«).

Vielmehr werden Sie angeregt, eine *Kürzest-Biographie* zu formulieren, die Sie zwar auch nach *außen* benutzen können, wenn Sie das Gefühl haben, jemandes echte Neugier befriedigen zu wollen. Die Ihnen aber vor allem so etwas wie ein inneres Stützkorsett geben soll.

**Damit Sie auf eigene Ideen kommen, einige Beispiele**
- »Ich stamme aus kleinsten Verhältnissen. Bücher gab es nur ab der Schulzeit. Aber ich wollte immer wissen, wie die Welt funktioniert. Habe dann auf dem zweiten Bildungsweg Abitur gemacht. Heute betreue ich Migranten in einer Beratungsstelle.«
- »Meine Eltern haben mir von klein auf das Gefühl mitgegeben, völlig überflüssig zu sein. Anfangs habe ich mir darum Aufgaben gesucht, wo ich unersetzlich bin. Mittlerweile brauche ich das Gebraucht-Werden kaum noch, ruhe mehr in mir. Wo ich besser helfen kann als andere, tue ich es, meistens.«
- »Meine sehr wohlhabenden und gut vernetzten Eltern haben mir jeden Wunsch erfüllt, bevor ich ihn überhaupt formulieren konnte. Ich musste mich von ihnen befreien und irgendwo eine blöde Lehre machen, die mich glücklicherweise geerdet hat. Ich habe gelernt, dass das Leben nicht zu leicht sein sollte.«
- »Aufgrund meiner Kindheit und Jugend hätte ich gut auch kriminell werden können. Habe aber Glück mit meinem Ausbilder gehabt, der an mich geglaubt und darum viele Augen zugedrückt hat. Heute habe ich selbst den Ausbilder-Schein und kümmere mich um den Nachwuchs.«
- »Ich halte meinem Mann und den Kindern den Rücken frei, ohne sie allzu sehr zu verwöhnen. Daneben führe ich ein Stück Leben auch ganz für mich: Ich male und fotografiere.«
- »Ich genieße meine Gesundheit und die Freiheit in der Rente in vollen Zügen.«

Ähnlich wie Ihren »Anlasser« (vgl. ▶ Abschn. 3.2.2) können Sie Ihre *Story* auch auf einem Zettel mit sich führen, um immer einmal einen Blick darauf zu werfen. Und sie aktualisieren, wenn sie nicht mehr passt.

**Literatur**

Bühler Ch (1969). Wenn das Leben gelingen soll. Droemer-Knaur, München.
Burisch M (2014). Die Erfolgsfalle. In: P Kürsteiner, Th J Lindemann (Hrsg.), 8 Jahre Fieber. Genuin-Verlag, Bad Vilbel.
Enzmann D, Kleiber D (1989). Helfer-Leiden. Asanger, Heidelberg.
Frankl V (1987). Ärztliche Seelsorge. (4. Aufl.) Fischer, Frankfurt/M.
Hurrelmann K, Albrecht E (2014). Die heimlichen Revolutionäre. Wie die Generation Y unsere Welt verändert. Beltz, Weinheim.
Husmann B (2012). Zur (Differential-)Diagnostik des Burnout-Syndroms – ein Update aus der Forschung. Entspannungsverfahren, 29, 25–48.
Knapp Th (2006). Burn-out: In den Krallen des Raubvogels. (5. Aufl.) Knapp-Verlag, Olten.
Küstenmacher M, Küstenmacher W (2011). Simplify your life: Küche, Keller, Kleiderschrank entspannt im Griff. Knaur, München.
Küstenmacher W, Seiwert LJ (2008). Simplify your life: Einfacher und glücklicher leben. Campus, Frankfurt/M.
Mann Th (1930). Buddenbrooks. (Original 1901). S. Fischer, Berlin.
Meynert L (1989). Life Management. Oldcastle, Harpenden.
Oetting M (2006). So entkommen Sie der Falle Stress. Windmühle, Hamburg.
Onken M (2013). Bis nichts mehr ging: Protokoll eines Ausstiegs. Rowohlt, Reinbek.
Parmenter R. (1990). School of the soldier. Profile Press, New York.
Storch M, Krause F (2014). Selbstmanagement – ressourcenorientiert. (5. Aufl.) Huber, Bern.
von Känel R (2008). Das Burnout-Syndrom: eine medizinische Perspektive. Praxis, 97, 477–487.
Wagner AC (2011). Gelassenheit durch Auflösung innerer Konflikte. (2. Aufl.) Kohlhammer, Stuttgart.

# In der Burnout-Notfall-Ambulanz

*Matthias Burisch*

4.1 Sie wissen nicht mehr ein noch aus und möchten sich das Leben nehmen? – 146

4.2 Sie wissen nicht mehr ein noch aus? – 147

4.3 Sie wissen schon länger nicht mehr ein noch aus – ohne dass das abrupt schlimmer geworden wäre? – 148

4.4 Ambulant, stationär, Tagesklinik? Coaching? – 149
4.4.1 Ambulante Psychotherapie – 150
4.4.2 Stationäre Psychotherapie – 150
4.4.3 Tageskliniken – 152
4.4.4 Coaching – 152
4.4.5 Zuhause sitzen? – 153

4.5 Die Abschlussübung – 153

Literatur – 154

Sollten Sie *gerade jetzt* das Gefühl haben, Ihr Leben entgleist und Sie wissen nicht mehr ein noch aus, was kann dann dieses Buch? Einerseits: Die nächstliegende Möglichkeit – »ich bring mich um« – nüchtern diskutieren. Anderseits: Ein paar Alternativen beleuchten. Die alte, weise Aufforderung »Ruhig Blut!« verbreiten, die bei jüngeren Generationen in Vergessenheit zu geraten droht. Es muss nicht alles ganz schnell gehen. Wenn man sich geschnitten hat, dauert es normalerweise ein bisschen, bis es heilt. Bei der Psyche ist das ähnlich.

Es ist nicht sehr wahrscheinlich, dass Sie dieses Buch in einer richtig akuten Krise zur Hand genommen haben, möglich ist es immerhin. Für diesen Fall einige rasche Antworten.

## 4.1 Sie wissen nicht mehr ein noch aus und möchten sich das Leben nehmen?

*Akute Krise*

- Es gibt Fälle, in denen das das Beste ist. Sollten Sie wissen, dass Sie innerhalb der nächsten 10 Minuten in der Hand von Kannibalen landen werden, kann es ratsam sein, sich nach einem Strick und einem festen Balken umzusehen. (Freilich: Dann werden Sie dieses Buch erst recht nicht zur Hand haben.)
- Sie leiden an einer unheilbaren Krankheit und haben Angst, vor der Abhängigkeit oder den Schmerzen? Dann ist das eine sehr überlegenswerte Option, meint der Verfasser im Einklang mit der deutschen Bevölkerungsmehrheit, aber gegen die geschlossene Abwehrfront der etablierten deutschen Parteien, die der Kirchen sowieso. Obwohl – oder gerade weil – gottgläubig, hofft der Verfasser auf einen Höchsten, der da Gnade walten lässt; er mischt sich auch sonst in Erdendinge nicht so ein. – Aber Sie haben hoffentlich schon einmal von »Palliativ-Medizin« und sog. »Hospizen« gehört, oder? Sonst sollten Sie sich erkundigen und überlegen, ob das für Sie nicht die bessere Alternative zum Suizid wäre.
- Fehler, die es zu vermeiden gilt: Nicht die längst abgelaufenen Schlaftabletten in zu niedriger Dosis nehmen. Oder auch die richtigen in hoher Dosis: Ihr Verdauungssystem könnte revoltieren; Sie finden sich dann mit ausgepumptem Magen in einem Krankenhaus wieder, wo das Personal *nicht* sehr einfühlsam mit Ihnen umgehen wird. Rasch entlassen, stehen Sie blöder da als vorher. Oder Sie tragen sogar einen bleibenden Schaden davon, der Ihre Restlaufzeit noch unangenehmer machen wird.

Besser: Es gibt Medikamente, die sicher und schmerzlos wirken. Die muss man freilich (rechtzeitig!) besorgen, was schwierig bis unmöglich und zudem zeitraubend ist. Also: Nix für den Spontan-Exit, aber von dem sei Ihnen eh abgeraten. Oder in die Schweiz (▶ http://www.exit.ch/startseite/ Stand 3.4.2015). Auch nix für den Quickie, aber eine ernsthafte Option.

## 4.2 Sie wissen nicht mehr ein noch aus?

Beinah immer gibt es noch eine bessere Lösung. Wollen Sie wirklich schon jetzt als Engelchen aufwachen (was Ihnen ja niemand garantieren kann)? Oder wollen Sie einfach nur noch Ihre Ruhe, niemanden mehr sehen, weg von allem? Dann wäre Ihnen ja wahrscheinlich schon mit einem Beruhigungsmittel geholfen. Sollten Sie so etwas im Hause haben, dann nehmen Sie allenfalls eine leicht erhöhte Dosis, keinesfalls die dreifache oder gar die ganze Schachtel (weil Sie die Wirkung doch so dringend und so lang anhaltend brauchen!). Sonst kann die Sache nämlich nach hinten losgehen. *Auf gar keinen Fall trinken Sie Alkohol zu Beruhigungs- oder Schlafmitteln!* Die Wirkung würde völlig unberechenbar. Höchstwahrscheinlich würden Sie *nicht* schlafen, möglicherweise müssten Sie mit einem kleinen psychotischen Schub rechnen.

Bedenken Sie doch auch: Wie oft ist Ihnen das schon so gegangen? War es nicht nachträglich immer so, dass Sie aus dem Loch herausgefunden haben? Natürlich könnte es »diesmal anders« sein. Aber ist das wahrscheinlich?

Wenn Sie kurz vor dem Einstieg in den Ausstieg stehen, lassen Sie sich von einem Taxi in das nächstgelegene Krankenhaus fahren. Besser, wenn es ein sog. *Akut-Krankenhaus* ist, noch besser, wenn es eine psychiatrische oder psychosomatische Notaufnahme hat. Dort muss man Sie aufnehmen, auch ohne ärztliche Einweisung. Ob Sie es dort prickelnd finden werden, ist offen. Aber eine Nacht mit einem ordentlichen Schlaf, vielleicht Gesprächspartner, können Sie schon erwarten. Und mindestens eine Empfehlung für die nächste Anlaufstelle kann Ihnen jedes Krankenhaus geben, und ein Bett für eine erste Nacht in aller Regel auch. Vielleicht müssen Sie erst einmal Ihren Stolz überwinden. So ohne ärztliche Einweisung hereinzuschneien, das geht doch eigentlich nicht. Geht aber doch, und wenn Sie die magischen Sätze »Ich weiß nicht mehr weiter – ich möchte mich umbringen« über die Lippen bringen, dann wird man das im Krankenhaus auch so sehen. Alternativ können Sie die Notrufnummern 110 oder 112 wählen; auch dort wird man Ihnen weiterhelfen bzw. sagen können, wohin Sie sich begeben sollen.

Leider spitzen sich persönliche Krisen gerne zur Nachtzeit zu. Dann ist normalerweise natürlich nur eine ausgedünnte Besatzung vor Ort. Sie müssen höchstwahrscheinlich warten, und ob man sich so um Sie kümmern kann, wie es nötig wäre, ist ungewiss. Also machen Sie die Sache mit dem Taxi besser schon am Nachmittag, wenn Sie merken, dass sich etwas zuspitzt.

Wenn Sie nicht mehr ein noch aus wissen und lieber *reden* wollen, dann wählen Sie eine *Hotline* an (s. folgenden ▶ Abschn. 4.3).

## 4.3 Sie wissen schon länger nicht mehr ein noch aus – ohne dass das abrupt schlimmer geworden wäre?

Es gilt die Grundregel:

> Suche in der Zeit, so weißt du in der Not!

Wenn die Hütte erst einmal richtig brennt, ist rasche Hilfe meist nicht leicht zu beschaffen. Da ist es gut, wenn man einen Zettel mit Telefonnummern für den Akutfall in der Schublade hat. Das gilt auch, wenn Sie gar nicht selbst in der Krise stecken, sondern sich um einen nahestehenden Menschen sorgen.

Wenn also dringend, aber nicht von heute auf morgen etwas geschehen muss, dann gibt es ein paar nahe liegende Ideen: Wenn Sie einen Hausarzt Ihres Vertrauens haben, fragen Sie den. Wenn nicht, rufen Sie den *Ärztlichen Notdienst* an. Oder schauen Sie in den Gelben Seiten unter *Beratungsstellen* nach.

Sollten Sie sich davon überfordert fühlen, vielleicht schon vom konzentrierten Lesen eines Buches, dann empfehle ich Ihnen *Erfolgreich gegen Depression und Angst* von Dietmar Hansch (2011). Denn dem liegt ein Hörbuch auf CD bei, das Sie auf dem Sofa liegend aufnehmen können.

Das *Internet* ist heute natürlich das flexibelste und schnellste Medium, um Anlaufstellen zu finden. Wenn Sie da keinen Zugang haben oder mit den Suchmaschinen nicht zurecht kommen: Können Sie vielleicht jemand anders darum bitten? Unter »Krisenintervention« oder »Notfallhilfe« oder auch »Burnout« sollten Sie fündig werden. Einige Adressen, die Sie direkt eingeben können, sind:

- ▶ http://www.deutsche-depressionshilfe.de/stiftung/klinikadressen.php (Stand 3.4.2015)

- ▶ http://www.neuhland.net/index.php/hilfsdienste/nach-bundeslaendern-geordnet (Stand 3.4.2015)
- ▶ http://krankenhaus.weisse-liste.de/ (Stand 3.4.2015)

Ein paar nützliche **Telefonnummern**:
- 0800 111 0 111 und 0800 111 0 222: Die *Telefonseelsorge* ist rund um die Uhr erreichbar. Auch wenn Sie weder kirchlich gebunden noch überhaupt religiös sind, können Sie sich dort beraten lassen, insbesondere in Bezug auf Beratungsstellen oder persönliche Ansprechpartner.
- In den meisten Städten gibt es einen *Sozialpsychiatrischen Dienst*. Der macht notfalls sogar Hausbesuche (und unterliegt der Schweigepflicht). Über die Telefonauskunft (11833) oder das Internet sollten Sie die Telefonnummer finden.
- Die *Schön-Kliniken* (▶ www.schoen-kliniken.de Stand 3.4.2015) sind eine Kette von 17 Kliniken, von denen acht eine spezialisierte psychosomatische Abteilung haben. Eine zentrale Informationsstelle (werktags tagsüber, 0800 887 8 887, kostenfrei) berät, auch was den Umgang mit Krankenkassen betrifft.

## 4.4 Ambulant, stationär, Tagesklinik? Coaching?

An dieser Stelle einige Worte zu den Behandlungsmöglichkeiten, die vielleicht noch nicht Allgemeinwissen sind. Für psychische Störungen wie Burnout sind (sozusagen offiziell) Ärzte, Psychologische Therapeuten und Heilpraktiker beiderlei Geschlechts zuständig. Es bieten auch Menschen ihre Dienste an (vor allem im Internet), die in keine dieser Kategorien fallen. Diese müssen nicht notwendig Scharlatane sein, ebenso wenig, wie ein anerkannter Abschluss bei den erstgenannten Spezialisten Kompetenz garantiert. Aber Sie begeben sich auf dünnes Eis, wenn Sie professionelle Hilfe bei jemandem suchen, der sein Wissen und Können nie einer Prüfung von außen hat unterziehen lassen. Zahlen, u. U. viel, müssten auf jeden Fall Sie selbst.

Sollten Sie ▶ Abschnitt 2.3 noch nicht gelesen haben: Jetzt würd's sich lohnen. Egal, zu wem Sie gehen, der Mensch, dem Sie sich anvertrauen wollen (bzw. müssen, sonst wird's nämlich nix), wird sich eine eigene Meinung bilden wollen, wahrscheinlich auch in einem Gutachten für die Kasse verschriftlichen müssen. Speziell bei Medizinern ist es nicht ratsam, mit der Selbstdiagnose Burnout aufzulaufen. Womöglich grient Ihr Doktor ob der selbstgestellten »Modediagnose« insgeheim (oder sogar offen). Erzählen Sie ihm oder ihr, was Sache ist. Schauen Sie, ob die Chemie stimmt. Beim Beinbruch sollte es weniger ausschlaggebend sein, wer Sie eingipst. Bei Krisen wie Burnout ist das anders, die Chemie ist möglicherweise schon die halbe Miete.

### 4.4.1 Ambulante Psychotherapie

Diese wird, wie gesagt, ausgeübt von Fachärzten für Psychotherapie, Psychiatrie, Psychosomatische Medizin, Psychotherapeutische Medizin, Psychologischen Psychotherapeuten und Heilpraktikern. (Letztere haben in der Regel keine Kassenzulassung.) An welche dieser Spezialisierungen Sie geraten, ist wahrscheinlich weniger wichtig. Seien sie froh, wenn Sie rasch einen Gesprächstermin bekommen, für den Sie nicht stundenlang anreisen müssen.

Sollten Sie in der beneidenswerten Lage sein, Ihre Therapie aus eigener Tasche finanzieren zu können (rechnen Sie mit € 100 aufwärts pro Stunde) oder eine Privatversicherung abgeschlossen haben, die dergleichen abdeckt: Dann kann's schnell losgehen. Ansonsten müssen Sie mit längeren Wartezeiten rechnen. Lassen Sie sich auf Wartelisten setzen und machen Sie brav Ihre Erneuerungs-Anrufe. Sobald Sie irgendwo gelandet sind, wo Sie bleiben wollen, können Sie Ihre Listenplätze löschen lassen; niemand ist Ihnen deshalb böse.

Sie haben übrigens das Recht auf sog. »probatorische« Sitzungen. Das heißt, wenn Sie nach, sagen wir, drei Sitzungen große Zweifel haben, können Sie eine Therapie auch ohne Nachteile wieder abbrechen. Müssen sich dann allerdings woanders erneut in Warteschlangen einreihen.

### 4.4.2 Stationäre Psychotherapie

Dies bedeutet: Sie lassen sich in eine Fachklinik einweisen und bleiben dort, na ja, mindestens drei Wochen bis drei Monate. Wichtig: Dies heißt nicht, Sie gehen »in die Klapsmühle«. Wenn Sie in eine Krise geraten sind, müssen Sie nicht »verrückt« sein.

Weil das Wort *Psychiatrie* bekannter ist als das Wort *Psychosomatik*, haben Sie vor ersterem wahrscheinlich einen größeren Horror als vor letzterem. Sie können aber in beiden Fällen Glück haben mit Ihren Behandlern, oder auch Pech; auch hier ist die Chemie ausschlaggebend. Möglicherweise haben Sie gar nicht die große Auswahl, vor allem, wenn es schnell gehen soll. Oder doch.

Komischerweise ist nämlich der Zugang zu stationärer Psychotherapie – obwohl für die Kostenträger deutlich teurer – oft leichter als zu ambulanter.

Wenn Sie den *Regelweg* gehen wollen, müssen Sie zunächst von einem Facharzt eine Einweisung und von Ihrer Kasse eine Kostenübernahme erhalten. Wichtig: Der Einweiser sollte das nicht zum ersten Mal machen, darum gehen Sie unbedingt zu jemandem aus den obigen Psycho-Kategorien. Dort wird man wissen, welche Formulierungsfehler zu meiden sind. Es ist nicht ratsam, z. B. das Wort Burnout zu verwenden. Auch gut zu wissen: Im Allgemeinen wird die Kasse verlangen, dass vor einer stationären eine (kostengünstigere) ambulante Therapie probiert wird. Aber auf so etwas muss man, wie gesagt, meist lange warten. Erfahrene Einweiser werden aber u. U. wissen, wie man diese Klippe umschifft. – Und, um es nochmal zu sagen: Eine medizinisch notwendige Notfallbehandlung muss immer bezahlt werden.

Rechnen Sie damit, dass die Kasse Ihren Antrag erst einmal ablehnen wird. Dagegen müssen Sie umgehend Einspruch einlegen; eine Begründung können Sie nachreichen, nachdem Sie sich mit Ihren Einweisern beraten haben. Eine Stelle, die Sie u. U. beraten kann ist die ▶ www.unabhaengige-patientenberatung.de (Stand 3.4.2015).

*Empfehlenswert* ist stationäre Therapie vor allem in folgenden Situationen:

- Die Krise hat schon Ihr Familienleben überwuchert. Das heißt, wenn Sie von der Arbeit nach Hause kommen, erwartet Sie nicht der ruhige Hafen, sondern eine weitere Kampffront.
- Sie haben gar kein Familienleben und, aus welchen Gründen auch immer, kaum einen Freundeskreis.
- Sie fühlen sich Ihrem Leben komplett nicht mehr gewachsen. Der »Zusammenbruch« naht oder ist bereits passiert.
- Sie sind schon halbwegs sicher, dass Sie irgendeine Form von Psychotherapie brauchen (und auch wollen). Sind aber ratlos bei den Fragen wie, wo, von wem. Zumindest bei solchen Unsicherheiten sollten Sie hinterher klarer sehen; und wenn Sie nur wissen, was auf keinen Fall in Frage kommt. Manche psychosomatischen Kliniken haben sogar Nachsorge-Netze, die in solchen Fällen nützlich sein können.

**Risiken und Nebenwirkungen** Sollten Sie irgendwann später in eine *Private Krankenversicherung* wechseln wollen, dann werden Sie einen Aufenthalt in einer psychosomatischen oder psychiatrischen Klinik angeben müssen. Die Versicherung wird das unbezahlbar machen. Ähnliches gilt, wenn Sie sich verbeamten lassen wollen. Bei der Verbeamtung müssen Sie alles oberhalb von fünf Therapiesitzungen offen legen.

Das muss man wissen. Es sollte Sie aber nicht davon abhalten, sich diese Art von Hilfe zu suchen, wenn Sie meinen, sie zu brauchen.

### 4.4.3 Tageskliniken

Vor allem in den Großstädten haben sich in den letzten Jahren sog. Tageskliniken etabliert, teils Einrichtungen innerhalb von Kliniken, teils innerhalb anderer Zentren. Wenn Sie dort einen Platz ergattern, heißt das: Sie kommen morgens zur Therapie – was alles mögliche umfassen kann: Einzel- und/oder Gruppentherapie, Gestaltungstherapie, Tai Chi, Yoga etc. – und gehen am Nachmittag nach Hause, wo Sie Ihr Familienleben (wenn Sie ein solches haben) bis zum folgenden Morgen fortsetzen können. In Ausnahmefällen können Sie sogar Ihren Job mit verringerter Stundenzahl weiter ausüben. Voraussetzung ist natürlich ein nicht zu langer Anfahrtsweg.

*Empfehlenswert* ist derlei, wenn
- Ihr Arbeitgeber ein solches Angebot bereit hält. Klar, Sie müssen sich erst mal *outen*, aber ich unterstelle hier, dass das schon passiert ist. Unternehmen schließen zuweilen Verträge mit benachbarten Kliniken, um betroffenen Mitarbeitern einen Zugang zu einer Behandlung ohne lange Wartezeiten eröffnen zu können. Spart möglicherweise Geld, kann aber auch Leiden abkürzen.
- Ihr Familienleben nicht allzu kompliziert ist. Durch das tägliche Eintauchen in dasselbe werden Sie möglicherweise von der Therapie etwas abgelenkt. Andererseits haben Sie die Möglichkeit, veränderte Verhaltensweisen gleich im realen Leben auszuprobieren.

### 4.4.4 Coaching

Wenn Sie – z. B. nach dem *Burnout-Besucher-Pavillon* (▶ Kap. 2) – das Gefühl haben, mindestens Beratung gebrauchen zu können, dann muss es nicht gleich ein Arzt oder Psychologe sein. Speziell, wenn Ihr Arbeitgeber die Kosten trägt, und wenn Ihre Fallen-Situation überwiegend beruflicher Natur ist, sollten Sie es erst einmal mit einem Coach versuchen. Oft lässt sich schon in einer einzigen Sitzung viel Klarheit herstellen, wie der weitere Weg aussehen sollte.

Adressen finden Sie im Branchenbuch oder im Internet. Am allerbesten ist es natürlich, Sie können sich jemanden empfehlen lassen. Wenn nicht, rufen Sie beim nächst gelegenen Coach an. Vor der Terminvereinbarung erkundigen Sie sich, ob er oder sie sich auch für persönliche Krisen kompetent fühlt. Prüfen Sie nach der ersten Sitzung Ihr Bauchgefühl.

### 4.4.5 Zuhause sitzen?

Krank schreiben kann Sie jeder Arzt, und manchmal ist das besser als nichts: »Erstmal raus!«. Aber spätestens nach ein paar Tagen sollten Sie aktiv werden. Wenn Sie gut darin sind, sich selbst zu helfen, kommen Sie vielleicht schon mit einem Buch wie diesem auf Lösungen. Auch das Internet ist, wie gesagt, eine gute Informationsquelle; es gibt dort u. a. Burnout-Foren, wo man nicht mit Rat für Sie sparen wird.

Wenn das nicht reicht, wäre der nächste Schritt ein Termin bei einer Beratungsstelle oder bei einem Coach. Oder, wenn Sie meinen, irgendeine Form von Therapie müsse wohl doch sein: Anrufe bei Tageskliniken, niedergelassenen Ärzten oder Psychologen. Wenn's richtig brennt, wie eingangs empfohlen: Ab in eine Akutklinik!

Bloßes Rumsitzen zu Hause jedenfalls bringt's nicht.

## 4.5 Die Abschlussübung

Stellen Sie sich vor einen Spiegel und sehen Sie sich aus naher Distanz in die Augen, für mindestens eine Minute. Denken Sie dabei: »*Mit Dir werde ich es für den Rest meines Lebens aushalten müssen. Mit Dir mache ich jetzt meinen Frieden*«. Sollten Sie nicht schon vorher geheult haben, wundern Sie sich nicht, wenn Sie es jetzt tun werden. Gelegentlich wiederholen.

Und dann lesen Sie die folgende Tröstung, die Sie sich auch an die Wand heften können:

> Am Ende wird alles gut! Und wenn's nicht gut geworden ist, dann war's noch nicht das Ende!

Damit haben wir das Ende dieses Buches erreicht. Wenn Sie irgendwo in der Mitte eingestiegen sind, lesen Sie vielleicht auch noch den Rest. Und wenn Sie Erfahrungen damit machen, die Sie mitteilen möchten: Wir freuen uns über Mails an info@burnout-institut.eu oder Post an BIND, Klevendeicher Chaussee 7, 25436

**Passen Sie gut auf sich auf!**

Moorrege. Ihr Autor jedenfalls wünscht Ihnen an dieser Stelle ein gutes Leben. Passen Sie gut auf sich auf!

**Literatur**

Hansch D (2011). Erfolgreich gegen Depression und Angst. Springer, Heidelberg

# Serviceteil

Stichwortverzeichnis – 156

M. Burisch, *Dr. Burischs Burnout-Kur - für alle Fälle*,
DOI 10.1007/978-3-662-46775-6, © Springer-Verlag Berlin Heidelberg 2015

# Stichwortverzeichnis

## A

Abschalten 8
Akutfall 147
Alarmzeichen 6
Alkohol 15
Altenpflege 20
Anerkennung 97, 133
Angepasstes Kind-Ich 63
Angst 123
Anlasser-Zettel 67
Ansprüche 57
Anteilnahme 97
– distanzierte 94
Antidepressivum 19
Antreiber 39, 65, 114, 116
– Bekämpfung 121
– Entschärfung 116, 123
– Gegengift 117
Anwältin 71
Arbeitslosigkeit 22
Ärger
– allgemeinpolitischer 90
– alltäglicher 56, 83
– technischer 83
– zwischenmenschlicher 86
Ärztlicher Notdienst 148
Ausbrenner 10, 28
– aktive 39
– passive 39
Ausgrenzung 35
Auslöser 26
Autobiographie 138

## B

Balance 45, 80, 104
Bedrohung 25
Behandlungsmöglichkeiten 149
Belohnung 57, 129, 130, 132
Beratung 152
Beratungsstelle 14, 148
Beruf 20
Berufseinstieg 104
Bremse 112
– innere 57, 110
Buchhalterin 81
Burnout-Prozess 46
Burnout-Quick-Check 6

## C

Call Center 21
Chefarzt 29
Chefredakteur 60
Coach 14, 105, 152
Coaching 89
Consultingfirma 22

## D

Dauerstress 28
Definition 11
Dekontamination 100
Depression 10, 13
Doktorand 69
Droge 15
Durchsetzungsvermögen 108

## E

Eltern-Ich 62
Energie 74
Energiemangel 75
Energienachschub 56
Entblockieren 54
Entscheidung 72
Entscheidungsspielraum 32
Entspannungstechnik 101
Erreichbarkeit
– permanente 36
Erschöpfung 52
Erwachsenen-Ich 62
Erzieherin 21, 46
Eustress 24

## F

Feedback 107
Fehlertoleranz 32
Folgenabschätzung 125
Freies Kind-Ich 63, 78, 79
Freundschaft 97
Frühwarn-Symptom 8
Führung
– indirekte 38
Führungsstil 33

## G

Gefahr 57, 124
Gefühlsarbeit 86
Gelassenheit 48, 128
Gespräch 86
– klärendes 88
Gesprächsanbahnung 87
Gewohnheiten 100
Gratifikationskrise 30
Grübeln 99

## H

Hausarzt 148
Hektiker(in) 41
Helfer-Syndrom 93
Hindernis 57, 124
Hoffnungslosigkeit 36

## I

ICD-Diagnose 9
Ich-Botschaft 87
Ich-Zustand 62
Imperativ 122
Ingenieur 73
Innere Emigration 79

## J

Journalist 60
Junglehrerin 25

## K

Kind-Ich 62
Kohärenzsinn 128
Kommunikation 65
Kompetenzkrise 104
Kompromiss 72
Kostenübernahme 151
Krankschreibung 153
Kriminalkommissar 29, 122
Krise 2, 146
Künstler 64

Stichwortverzeichnis

## L

Lebensanreicherung  81
Lebensposition  121
Lebensumstände
– veränderte  7
Lehrer  21, 108
Leidensdruck  52
Leistung  132
Leistungsdruck  115
Lösungsplanung  55
Loyalität  34

## M

Mentor  105
Misslichkeiten  55
Mitgefühl  103
Mobbing  35, 89

## N

Netzwerk  112
Niederlande  11
Notaufnahme  147
Notfall  2

## O

Ohnmachtsgefühl  83
Opfer der Umstände  28, 39, 41, 48
Ordnungssystem  84

## P

Perfektionismus  40, 106, 115
Pflegeberuf  63
Pflichtmensch  41
Planen  118
Pokerface  42
Popmusiker  28
Präventionsangebot  14
Projekt-Zettel  65
Prozess  15, 30
Psychosomatik  14

## R

Resignation  53
Ressourcenmangel  127
Risikoabschätzung  125
Ritual  100
Rollenvorschrift  111

## S

Schneemann-Schema  63
Schüchternheit  109
Schuldfrage  45
Schwachstelle  57, 104
Sekundärtugenden  43
Selbstachtung  44
Selbstbeschattung  105
Selbsterforschung  61
Selbstkommunikation  65
Selbstpflege  136
Selbstverbesserung  120
Selbstverbrenner  28, 39
Selbstverwirklichung  68
Selbstwertgefühl  25
Sicherheit  48
Sinn  78
Sinnkrise  31
SMART-Prinzip  120
SMART-Projekt  135
Sorge  57, 92, 124
Sozialberuf  102
Sozialpsychiatrischer Dienst  149
Spaß  74
Spielen  79
Standardthema
– Software  107
– Sprachen  108
Statistik  18
Stopp-Schild  118
Streicheleinheiten  134, 136
Stress  24, 26
Suizid  146
Supervision  89
Symptom  13

## T

Tagesklinik  152
Telefonseelsorge  149
Termindruck  32
Therapie
– ambulante  150
– stationäre  151
Transaktionsanalyse  62

## U

Unsicherheit
– berufliche  35
Unterstützung  33

## V

Verbitterung  30
Vereinzelung  33
Vertrauen  34
Vitalität  75

## W

Werte  37
Wohltäter(in)  42
Wut  123

## Z

Zielklarheit  56, 58
Zielkonflikt  70
Ziellosigkeit  58
Zielniveau  72
Zielsetzung  68
Zufriedenheit  130

springer.com 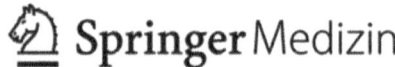 Springer Medizin

# Theorie der inneren Erschöpfung – Zahlreiche Fallbeispiele – Hilfen zur Selbsthilfe

- Umfassende Theorie des Syndroms von dem Experten für das Thema Burnout
- Zahlreiche Fallbeispiele
- Für Fachleute und Betroffene: Was kann man gegen das Ausbrennen tun?
- 5. Auflage aktualisiert und erweitert

**Jetzt bestellen!**

springer.com

2014. XIII, 161 S.
18 Abb. Brosch.
€ (D) 19,99 | € (A) 20,55 | sFr 25,00
ISBN 978-3-642-40930-1

## Das Erfolgsprogramm: Selbsthilfe zum Nichtrauchen

- Gesundheitstrend: Rauchen ist out - handeln Sie jetzt
- Selbsthilfe: Erfahrungen aus über 10.000 Beratungsgesprächen
- Erfolgreich: 1.000 glückliche Nichtraucher
- Experten: Seit über 15 Jahren Veranstalter von Raucherberatungsprogrammen

Jetzt bestellen!

springer.com

6., vollst. überarb. Aufl.
2013. XII, 198 S.
9 Abb. Brosch.
€ (D) 19,99
€ (A) 20,55 | sFr 25,00
ISBN 978-3-642-28623-0

## Umgang mit Leistungsdruck – Belastungen im Beruf meistern

- Verständlich: Leicht nachvollziehbare Strategien für den Umgang mit Stress, Mobbing und Burn-out
- Guter Transfer: Tagesprotokolle, Übungen, Arbeitsblätter
- Neu: Arbeitsrechtliche Aspekte bei Mobbing

**Jetzt bestellen!**

springer.com

14. A. 2013. XV, 159 S.
4 Abb. Brosch.
€ (D) 19,99
€ (A) 20,55 | *sFr 25,00
978-3-642-35351-2

## Der Klassiker für Betroffene.

- Selbsthilfe funktioniert: Bei Zwangsstörungen ist Verhaltenstherapie in Eigenregie nachweislich hilfreich
- Ausgewiesene Fachleute: Die Autoren bringen ihre Erfahrung als Therapeuten und Supervisoren verständlich auf den Punkt

Jetzt bestellen!

springer.com

2. A. 2013. 280 S. Brosch.
€ (D) 22,99
€ (A) 23,63 | *sFr 29,00
978-3-642-31700-2

# Von Betroffenen für Betroffene.

- Die "Innenansicht" einer der häufigsten psychischen Störungen
- Zahlreiche Internet-Postings der Betroffenen - zum Ratgeber verdichtet
- Fachlich betreut

Jetzt bestellen!

springer.com

4., überarb. Aufl. 2013.
IX, 149 S. 51 Abb. in Farbe. Brosch.
€ (D) 19,95
€ (A) 20,51 | sFr 25,00
ISBN 978-3-642-29008-4

# So gelingt Ihre Beziehung - Handbuch für Paare

- Selbsthilfe zu psychologischem Dauerthema
- Übersichtlich: z.B. 10 Gebote der Beziehungspflege
- Wissenschaftlich fundiert

Jetzt bestellen!

springer.com

2012. XII, 132 S.
2 Abb. Brosch.
€ (D) 19,99
€ (A) 20,55 | sFr 25,00
ISBN 978-3-642-24642-5

# Für Betroffene und Angehörige

- In der Krise lesbar: Wissenschaftlich fundiert und verständlich formuliert
- Erfahrenes Autorenteam: Beteiligt Praktikerin, Betroffene, Wissenschaftler
- Beratung: Kurze Übersicht mit praktischen Hinweisen
- Menschlich: Nicht medizinisch auf Krebsarten bezogen, sondern auf die Ressource Menschlichkeit

**Jetzt bestellen!**

GPSR Compliance

The European Union's (EU) General Product Safety Regulation (GPSR) is a set of rules that requires consumer products to be safe and our obligations to ensure this.

If you have any concerns about our products, you can contact us on ProductSafety@springernature.com

In case Publisher is established outside the EU, the EU authorized representative is:

Springer Nature Customer Service Center GmbH
Europaplatz 3
69115 Heidelberg, Germany

Batch number: 09193889

Printed by Printforce, the Netherlands